吴金梅 主编

书山脑洞

大连大学文学院
互联网+新文艺智匠创意写作课（2019）

中国青年出版社

图书在版编目（CIP）数据

书山脑洞：大连大学文学院互联网＋新文艺智匠创意写作课：2019 / 吴金梅主编．—北京：中国青年出版社，2022.7

ISBN 978-7-5153-6651-7

Ⅰ．①书…　Ⅱ．①吴…　Ⅲ．①汉语－写作　Ⅳ．① H15

中国版本图书馆 CIP 数据核字（2022）第 079736 号

书　　名：书山脑洞：大连大学文学院互联网＋新文艺智匠创意写作课（2019）
主　　编：吴金梅
责任编辑：陈静　张佳莹　庄庸
出版发行：中国青年出版社
社　　址：北京市东城区东四十二条 21 号
网　　址：www.cyp.com.cn
编辑中心：010-57350322
营销中心：010-57350370
经　　销：新华书店
印　　刷：三河市君旺印务有限公司

规　　格：787mm × 1092mm　1/16
印　　张：29
字　　数：410 千字
插　　页：1
版　　次：2022 年 10 月北京第 1 版
印　　次：2022 年 10 月河北第 1 次印刷
印　　数：1—1000 册
定　　价：88.00 元

本图书如有印装质量问题，请凭购书发票与质检部联系调换。
联系电话：010-57350337

序 智匠创意写作：从学海文心到书山脑洞

这些饱含文采情愫的创意文字，是一个个泛舟学海的青年学子的思绪与倾诉，充溢着真挚的情感，跳宕着青春的灵动：有感伤，有欣羡；有对逝去的不舍，亦有对过往的决绝毅然；还有少年的忧患、奋斗的不甘……青春如歌，韶华璀璨，却也时有无助迷茫、愤慨叹惋。

这是一群思绪飞扬的青年。他们或安静地沉浸在自己静谧的情感世界，或奋力奔跑在追梦向前的坎坷征途。

互联网+时代的一代青年，既重任在肩，也生逢其时；既要做奋斗的追梦者，也要做新时代的圆梦人。正如"横渠四句"所言：为天地立心，为生民立命，为往圣继绝学，为万世开太平。如何勤学苦练，成为有理想、有抱负的社会主义新时代的建设者和卓越人才，"立时代之潮头、通古今之变化、发思想之先声"？"文脉与国脉相牵，文运与国运相连"，如何以"智匠创意写作"来书写自己的"第二人生"，以"作品为时代立法"，创造"美丽新世界"，重建"世界新秩序"，从而为自己、为中国、为全球、为人类书写出一个更好的未来？

互联网+新文艺智匠创意写作课，就是要直接面向中国青年，培养"下一代中国智慧，下一个全球大脑”的智识阶层，从中国国家治理体系现代化到全球治理体系变革，“作品为世界立法”，重建“世界新秩序”。[①]

智匠创作，如何探求“爆款创作秘籍”？如何精致入微地发掘超级 IP“好故事密码”？如何全方位思考互联网 + 新时代全球—中国青年“故事革命”新时代？如何探索建构从新主流文学到新主流文艺的精品力作理念与生态系统？这就需要永字八法的“智匠创作”金三角：

第一，以智匠创意写作“讲好故事”（把一个“好故事”讲“好”和讲“好看”）的操作技术、技能和技法为“切入点”，以小见大，学习互联网 + 时代标杆性作品，学会讲故事，把好故事讲好看。当下的网络文学率先恢复讲故事的传统、本能和冲动，并迈上从“故事学徒”到“故事工匠”进化、进取和进击的引领型之路，从而表明：讲故事也是一门技术活，需要技能训练，需要技巧、技术和艺术的结合，需要“熟技”和“优术”。

第二，当下互联网 + 超级 IP 时代，需要梳理“从好网文到好故事”的优秀作品创作和内容生产机制体制，探求优秀作家作品群的转场（从故事场转到人生新场景）、升维（从生活维度升至时代新维度）和跨界（跨越产业和时代新界域）的“好故事密码”。

智匠创意写作如何映照、重组和建构现实？

从小说到影视，再到泛文化娱乐全产业链，如何“王者归来”？

---

① 参见吴金梅、庄庸：《互联网 + 新文艺创意写作理论与实践——作品为世界立法》，中国广播电视出版社，2017 年版。

从穿越“她世纪”到草根写史和全民造史，女性如何寻梦、奋斗和追爱？

从《扶摇皇后》到《知否知否应是绿肥红瘦》，女汉子潮流中的两性差异、性别革命和女性自我意识与身份重塑，何以成为畅销驱动力？

如何创作优秀的“讲故事的社会教科书”？

从“把老公当老板”到“追求势均力敌的爱情”，从自我 PK 世界，如何洞悉人心、人性、人际关系和人际伦理，到掌控整个世界的方圆和规矩……

如何在时代潮流中，在不同场景之中把好故事讲好看，在不同维度中把好故事讲好，在不同跨界之中讲一个好故事？

讲故事也需要精益求精的工匠精神——优秀文艺“作品”的精品化（思想精深、艺术精湛、制作精良），IP 产品从转型升级到迭代更新和跨界衍生，年轻主流新受众和新需求“三品”〔品质（讲究品质）、品味（审美格调）、品格（思想内涵）〕审美消费升维……新场景、新维度、新跨界需要新物种，网络文学亟须解构和重构“好故事密码”。

第三，以全球—中国故事革命“从网络青年到中国好故事”的新文艺潮流、新文创集群、新文化运动为“大格局”，如何全方位思考和挖掘在全球新一轮故事革命、中国新时代、新主流文艺发展趋势之中，贯通泛文化娱乐全产业链、新文创集群全平台链、网络青年全价值链讲故事的核心能力建设？如何建构现实主义和新时代感？

从“主角为王”到“配角经济”，重塑泛文娱带货力指数和粉丝经济；

从穿越“她世纪”到重生“第二人生”，“W 概念股”引爆新潮流；

从争爱到争宠到争自我的独立与梦想，从不婚到不爱等“否爱论”回归“女性之所以为女性的本质”，重塑“三有”（有爱、有信、有希望）……情感潮流的一波三折之中，隐藏着争权、确权和平权等女性核心权益的诉求与运动；

从“货币战争阴谋论”到“国家核心利益链”，从“意见领袖”到“文化领导权之争”……重构知识谱系、中国话语体系运动席卷而来；

从“人情练达、世事洞明之‘知否知否’”，到“规矩人心”，小说映照现实，“作品为世界立法”，成为社群自治/社会治理体系创新、国家治理体系现代化、全球治理体系变革的隐喻、象征和先兆……

故事革命，需要从“术”到“道”的变革与创新；从精益工匠到思想巨匠，“智匠时代”未来已来；从大神到大师，智匠创意写作直面“中国故事家”的全新时代理念、创作哲学和生态系统。

我们在创意写作课中研讨互联网+新文艺潮流中的中国文艺智匠时代的元概念、根命题、树逻辑，并将其提炼和命名为“智匠创作”：明道（如时代感），取势（如 IP 化），乘时（如 W 概念股），优术（如性别革命），熟技（如技术活），微雕（如人性细胞）……以及“人、事、钱”和“气运”（个运与时运、文运与国运）——文运同国运相牵，文脉同国脉相连。这便是新时代迎接全球故事革命、讲好中国故事、重塑中国青年的“永字八法”。

明道、取势、乘时，此为培养“智”（智慧）；

人、事、钱、运等，此为培育“创”（创意力、创造力、创新力）；

优术、熟技、微雕、深耕，此为培训“匠”（工匠技能）。

以上三个层面合为一体，便为“智匠精神”。

以此为出发点，我们将编撰系列作品研讨，持续深入地进行从“华语网络文学智匠创作”到“互联网＋新文艺智匠创意写作课”的理论和实践研究，本部作品即为其中之一。以训练为基础，“微雕深耕”技艺，基于智匠创意写作的创作实践、创新风潮、创生机制体制、重大理论和评论评价体系建构等时代土壤和内生能量，希望从实践到理论，再从理论到实践，与中国青年创意写作者同频共振、同情共理、共生共融，培育和创作真正无愧于这个伟大的时代、无愧于这个伟大的民族、无愧于伟大中国的“高水平创作人才”和“精品力作”。[①]

这部大连大学文学院汉语言文学及汉语国际教育专业学生的创意写作课作品集，字里行间跳宕着大黑山下这群莘莘学子泛舟学海的文心和诗情。一颗文心，一双文瞳，花开花落，四年匆促，岁月倏忽。这些文字，是一群大学生生活与生命的印记，也是一部激发当代青年创新创意与展现文采和情怀的创意写作实践指南：

一、借大连大学文学院青年学子的智匠创意写作文字，展示一代青年的情感世界与精神面貌，使广大师长了解当代青年大学生的思想情愫、激扬理想，增强青年一代的信心和希望。

① 参见吴金梅、庄庸：《华语网络文学智匠创作研究》，吉林大学出版社，2020年版。

二、借这些洋溢着青春况味的文字，寻找智匠创作与创新创意的星星之火。期待在这本文集的青年创作者与读者身上，点燃互联网＋新时代青年世代智匠创意写作的星星之火，进而形成燎原之势，抒写生命思索、生活印迹、奋斗身影、生命之美。

三、将智匠创作融入青春创新创意，以此提升青年一代的创新、创业、创意实践能力，能够在互联网＋新时代中，成为具有智匠创作意识的卓越人才，“书写”美好未来。

正因这些具有强国心态、时代共振、科学情怀、切问力行、理性思考、互联网精神、重塑偶像等特点的“强国一代”，中国的时运和文运可待，世界的未来可期。

创新创意，智匠微雕，书写第二人生，作品为世界立法，当代中国青年应当向世界“讲好中国故事，发出中国声音”。这是当下互联网＋新时代赋予“强国一代”青年的重要使命。

以智匠创意写作火种，燃爆“强国一代”中国青年的巨大潜能，让他们懂得：我愿！我能！使其成为驰骋的骏马和翱翔的雄鹰，创造美好新世界。

学海无涯，文心有智，做一叶飘摇知识海洋的扁舟，怀一颗创新青春的文心，立足时代，智创人生，创新世界，创意未来！

目录

上篇　非虚构

草饼与春来

有夏虫的地方

当时只道是寻常

菁园莘子

青春的颜色

爱与喜欢

文意情缘

中篇 虚构

诗韵情语

吟时思世

执子之手

心意心情

亦幻亦真

网络文学艺术性分析

经典网游对大学生创新综合能力提升影响研究

上篇

非虚构

乡情、亲情、爱情、友情，
是奋斗青春的种种真实陪伴；
时光、爱与喜欢，
是一份青春岁月中最为真实的情愫。
非虚构，恰是在抒写一场青春的焰火。

草饼与春来

对于我们来说，
草饼只是一种吃食；
对于有些人来说，
草饼是一种仪式；
而对于少数的某些人来说，
草饼就是春来。

记忆里的味道

中文161班　仲书贤

壮哉，我大美伊犁！绿草如茵、羊马成群、雪岭云杉、泉激松石、雾扫群山、毡房点点、炊烟袅袅相映成趣！油、茶、馕、蜜更是娓娓而至：晨间印象，令我沉醉。不知道，我这粗笔能记下多少草原的片段，但仅是饮品一点，就值得大费笔墨。

入毡房，上奶茶，这是草原人的规矩。奶茶的奶，是用土灶台热好了的昨日晚间新得的牛奶，奶上往往油着一层厚厚的、泛着黄的奶皮；奶茶的茶是用特制砖茶烧制而成，微苦、香郁，沾着厚厚的底色。奶、茶、奶皮融为一体，倒上开水，搅上酥油，撒上一把盐，便沏好了。奶茶，得趁热喝，便只能啜饮。"吸溜"一口，舌尖先是被烫得发麻，慢慢地滑口、微咸，香气穿过鼻尖，顺着喉咙，一点点铺开。奶皮游到嘴里，上唇一挑，一整块凹凸不平的糙面，就此黏住，下唇一收，完工！它有它的嚼劲，但那最薄的部分会像一条尾巴，沾着奶，再次润湿口腔。不管是童年还是现在，我仍喜欢奶茶凉下后，一饮而尽的快感，好像这才是新疆草原人应有的喝茶方式。

一盏茶，一刻钟，日悬高空、群山回唱、蜂蝶乱舞、牧羊人家、勤恳辛劳：

钉马掌、挤羊奶、驱羊群、套马驹。炊烟又起，沸水翻滚，宰羊、杀鸡、打馕、烧茶，预备起拉克盛宴——这是新疆草原上宴请宾客的最高规格。那畜膘的羊肉，是草原公认的味道。

羊蹄、羊头、肋骨、胸脯一齐放入大锅中煮着，有沫了就撇下沫子，待羊肉熟成七八分，放上一把洋葱一把盐。草原的吃食永远简单粗暴，可这看似简单的手艺活，外人是绝对学不来的。

这清水煮羊肉是主体，其余的——羊肉汤、羊肉串、纳仁、羊杂、羊蹄——或熏、或闷、或煮、或炒，其中大把盐、大把孜然、大把洋葱却是永远不变的基调。

一桌盛宴、一壶酒，比神仙更逍遥。小时候，小孩是准饮马奶酒的。因其开胃的缘故，父亲还鼓励我多喝。它的味道，怎么说呢？就好像吃了一把青草样儿的陌生，又涩、又酸、又膻。我还常常把马奶酒放入溪中冰镇，虽然每天都边喝边担心会不会拉肚子，但就是想喝。马奶酒毕竟是发酵成酒的，一杯杯没有节制地入肚后，我的脑袋往往就像充了气的气球，随时能飞。这种时候，父亲总会嘲笑我，笑我的酒量差。望着这乳白色的酒，我常常会记起和父亲单独待在草原上的时光：和他挤在一张床上，和工人们一起吃饭，周围一圈小伙伴领我爬山、赶牛、骑马、捉鱼。我记得喝过马奶酒后，躺在父亲床上醒酒的囧态；记得为了躲开一头牛，转身踩进牛粪的恼怒——记忆中的一切的一切，和着这碗酒被我一饮而尽。

最后说说草原上最后一道饮品——羊肉汤——就是刚才清水煮的羊肉，撇下沫后的清汤。听大人们说，煮肉功夫越好，这汤越清。如果说马奶酒的味道是嚼了青草，它的味道就是吃了羊粪——膻！

我记忆中的味道大部分是来自草原的。每道菜、每道工艺、每种佐料；花草的鲜味、牛羊的骚味、尘土的呛味；蜂蜜的味道、奶茶的味道、马奶酒的味道、羊肉汤的味道……这一生大概是不会与我分离了。

师评·智匠创作微论

以味道打开脑洞。“马奶酒毕竟是发酵成酒的，一杯杯没有节制地入肚后，我的脑袋往往就像充了气的气球，随时能飞。”这是醉酒的感觉。“如果说马奶酒的味道是嚼了青草，它的味道就是吃了羊粪——膻！”这是喝羊肉汤的感觉。这些是味道，却更是家乡，是一种遥远的怀想。

以“记忆里的味道”进行智匠创作，讲述关于家乡、关于亲人、关于景色的故事。那些味道、那些景色，虽然不一定要用美景和美味形容，但都是特别的、让人难忘和回味的。一种味道，一种情愫。每个人都有自己独特的怀念的味道，你的，又是怎样的一种？写出来，你会在记忆深处，找到自己最深的情愫。

草饼与春来

中文161班　郑昊

故乡湖北江之南，故乡青山绿水间。故乡小——山小、水小、民小、心气小，但小也有小的味道，小也有小的风物人情。生于斯，长于斯，故乡自有故乡的人事。如今，不说嫁娶婚俗，不说殡葬礼仪，只想说小事，想说小风物，想说细人情。

人生而不离饮食，那就从食开始。

春来绿一方，嫁娘红衣裳。在这漫野中，有大家都熟悉的一类蒿草。其实蒿草品种繁多，它们在小时相差无几，很难辨清。重阳时青蒿被四处安放，祈念安康，而这初春我们要的是一种可以食用的蒿草。

它长在田间地头，因为生长期长，而且对春讯敏感，所以它长在野草前头。寻找它，采摘它，并不是什么难事，就算是小孩子也可以做，小孩子也最愿意做。小孩子们挎上小篮，和一群伙伴们游际于初春的空气里，到了傍晚就采回来满满一篮蒿菜。

小孩子采蒿菜的标准是严格而认真的，甚至是苛刻的。他们只要每一株蒿菜最鲜嫩的部分，只要干净的叶片。他们仔细挑出叶柄，仔细收拾了叶子免得压坏，这么细致认真是为了保证质量和口感。

当蒿菜采回来了，奶奶便一边责骂着为什么这么晚才回来，饭菜都凉了，一边用清水冲洗蒿菜，仔细地剔除掉杂物，轻揉菜叶，洗去尘土。其实我一直觉得，那刚生出来的叶怎么会脏呢？那鲜绿色惹人眼馋，而那汁液散发出特别的味道时，让人不觉就陷入草饼甘香的想象中了。

洗净了蒿叶，有两种做法。

第一种做法，是直接将蒿叶倒入捣臼中完全捣烂，用白棉纱滗出汁水，然后用年后新磨的江米粉和糯米粉掺揉。这一步需要注意：江米粉和糯米粉二比一——多则发散，外形不好；少则发黏，口感不好。揉匀粉与汁液，粉团便呈现出迷人的草绿色，同时还散发出扑鼻的清新的独特草香。最后，若是爱甜，则可以在粉团中加入糖和蜂蜜，这样就能激发出蒿菜嫩芽本身的鲜甜味。

第二种做法，是将蒿叶倒入压力锅中，放入少许盐和白糖、少许水，以火煮之。原本就是极嫩的叶，这样一蒸煮，就全散溶在水中了。再将这汤和叶一同揉入江米糯米粉中，揉匀。这种做法的粉团和第一种做法在颜色和味道上都有所不同。

揉完粉面，这草饼也就完成一半了，接下来是馅料。

若是爱吃甜食，那么黑芝麻最好不过了。将半升黑芝麻倒到文火的锅里不断翻炒，待到芝麻噼啪作响时，芝麻香气也便出来了，整个屋子都香气四溢。隔壁几家闻到谁家炒芝麻的香气，便知道谁家要做馅料了，过不了一会儿也能吃上两个饼了。

炒了的芝麻和白糖要放到缸子里拿擀面杖一下一下地捣碎。这个环节是孩子们最喜欢的，因为可以时不时偷抓一小撮放到嘴里。甜蜜与芝麻酥香充盈着口腔，小孩子们只管吃着也不顾一会儿还要包饼了，直到有人轻轻揪着他们的耳朵，嘴里骂着馋虫轰他们离开。芝麻糖要捣得细碎，却又不至完全成为粉末，这样咬着那馅料，吃到一粒没有完全捣碎的芝麻时，口腔里就全是那芝麻的酥香气息了。

若是爱吃咸香的馅料，就得看向那猪里脊和田埂上的野春芥菜了。还是得派出孩子们，给一把剪子、一个篮子，他们就成群地出去了。待到回来时，必能带回满满一篮野芥菜。仍是仔细洗了，去了那粗老的叶，只留最嫩的叶心，水灵灵地摆在一边，再将那猪里脊细细切了——切块，再切细，再剁碎。此时，就该放些盐、醋、酱油去调味了。若是放了野芥菜再调味，野芥菜的水分就会被那些调料逼出去，失了脆爽的口感。切好细肉末，拌了，再将一旁备用的芥菜拿来，码齐，切细末。若不码齐，那颗粒也就不均匀，入味也会不均匀，吃起来也会失了口感。切了细末，待到要用时再拌入肉末，略添少许盐和白糖。必须有少许白糖，否则馅料虽然咸，却会失了鲜美的口味。面皮备好了，馅料也调好了，馋猫们也早就围在一边了。那就赶紧洗手都来包吧！掐取丸子大小的一块面皮，鲜绿在手上揉搓成团，再在其中捏出空洞，用匙舀一大匙或咸或甜的馅料，轻轻转圈，慢慢合上空洞的开口，合拢后轻轻压扁成饼状，放在一旁铺了细棉布的篦子上，盖上白布，不让水分流失。

这边正热火朝天地包着呢，另一边灶膛早已烧上热水，锅盖边沿冒出丝丝白气。于是，草饼可以下锅了。馋猫们总想尽量多放几个进去，为了能在第一锅多吃上几个……而大人就总说等下一锅，又拿孩子们没法儿，只好多放下几个。

等待是漫长的……大人们强调必须完全蒸熟，而馋猫们总想揭开锅盖看看，拿筷子扎一下看是否熟透了。每一次得到否定答案，总会马上耷拉了头，但不一会儿又自顾自地期待起来，继续看着锅沿。

终于出锅了！把整个笼屉放在白布垫着的篦子上，热气升腾上来，马上就会有几个脑袋从热气中漏出来。他们用手抓了饼，又不得不因为烫而尖叫着放下，飞一般地寻了筷子来，扎了一个就往嘴里送，烫得嘴巴一开一合，说不出话来。几个回合过后，定睛一看：一个嘴边糊满了黑芝麻，正舔着嘴唇；一个嘴边的油还在往下流，却顾不得擦……第一锅草饼，除了几个喂了馋猫，大人们是不吃的。他们细心地装了热饼子，甜咸各几个，分几碗，便要求孩子们给隔壁邻居家送过去。孩子们奔跑着喊着婶子姑姑就去了，只要不摔跤，任务总是会完成，回来便又可以再多吃一些。

大人们总是喜欢用这种方式表达邻里之间的善意，有时也用这种方式关爱一些孤寡老人。记得每年给里巷的瞎眼大爷送草饼去时，他总是感叹：这可又到春天了，总算又熬过了一年。

那时，我并不懂这些，只想早点完成任务回去再吃上几个。于是，我总是焦急地看着他慢吞吞地拿了饼放到口中，吃一口又放下，眼泪从皱了的老脸上纵横而下。我不懂这些，奇怪地看着他，可他却不知道我在看着他。他瞎了，他不知道春天来了。每年都是我把草饼递到他嘴边，他才知道，春天来了。于他而言，草饼就是春来。

对于我们来说，草饼只是一种吃食；对于有些人来说，草饼是一种仪式；而对于少数的某些人来说，草饼就是春来。

师评·智匠创作微论

对于“瞎眼大爷”而言，草饼就是春来。这也让“我”发现，美食在某种意义上就是时光的长河。以春季的美食、邻里的关爱为脑洞，写一个关于美好和温馨的故事。

以最普通却最难忘的家乡美食——草饼——来写春天的气息和人间的关爱，是美食，更是承载爱的智匠创意。小小的草饼，承载着长辈对儿孙的小家之爱、邻里之间的互相关爱。草饼，还是春来的象征。采、摘、洗、揉、包、蒸，每一道工序，皆是爱的传递、春的萌动。美丽的自然与美好的人情，一方水土养一方人。你的家乡，是否也有草饼？你的邻里，是否也有一位吃到草饼才知道春来的老爷爷？

归途

中文162班　李悦

2016年的暑假，踏上火车的那一刻我才意识到：从此，故乡只有冬夏，再无春秋。记得那年的双十一，当大家都在“剁手”抢购、清空购物车时，我默默地抢了回家的机票。于我而言，这就是最有意义的商品。

从订完机票起，我已归心似箭，每天都在进行回家倒计时，就连考试的紧张也没能冲淡我即将回家的愉悦。

这天，早上有计算机考试，但我丝毫没有紧张，只有即将回家的兴奋。考完试，我感觉从北区到南区的路突然变短了、变宽了、变美丽了，就连大黑山的风也变得温柔了。

心急的我提前两天就打包好了行李箱，在等待的两天里频繁地开箱关箱，生怕自己忘带了什么。回到宿舍，简单地收拾一番，和室友道别后，便踏上了归途。

我先和一起回家的小伙伴们汇合，四个女孩子一人一个大行李箱，让同行的唯一一个男生有些难过。赶往机场的路上很顺利，本来计划两个小时的车程，最后只用了一个小时。于是，为了消磨漫长的等待，我们在肯德基打起了扑克牌，时间在嘻嘻哈哈中不知不觉飞快地溜走了。

从大连到新疆，需要在北京周转。飞往北京的一个多小时，因为我们带了一个“脱口秀演员”而没有一丝无聊。这位“演员”，从她澳大利亚的朋友说起，她澳大利亚（澳大利亚一定要用港台腔读成“奥斯吹利亚”）的朋友在暖和的南半球剪羊毛，她的羽绒服就是用朋友剪的羊毛做的。当你问她：羽绒服用的不是鸭绒吗？她会用港台腔，捏着兰花指说：你们这些人，不懂我们时尚界的事。说到时尚，她又能说上好久，比如她的美甲、发型、围巾、包包怎么和她的衣服搭配得相得益彰……总之，一路上这位“演员”都没有闲下来。

在北京休息一天后，我们踏上了归途的第二段：北京—乌鲁木齐。这一段我们安静了许多，我们的“演员”应该已经讲不动了。晚上的航班，飞机提供餐饮。我们当时选的座位在飞机的“尾巴”上，离机组人员最近，所以最先吃到饭。餐食有牛肉饭和鸡肉饭，我们先是都选了鸡肉饭。在漂亮的空姐从后到前发完饭后，我们已经吃完了。旁边的男生没有吃饱，又要了一份牛肉饭。我和“演员”觉得不尝尝牛肉饭有点“亏”，又害羞地要了一份牛肉饭（全部吃完）。第二段归途就这样在吃吃喝喝中度过了。

下了飞机，手机显示时间已经是第二天凌晨了。猛然看到来接我的家人，有种做梦的不真实感，整个人飘飘然竟不知道第一句话该说什么。随即，看到家人远远地向我挥手，嘴角熟悉地微微上扬，突然又感觉我们好像从来都没有分开过。这大概就是家的魔力吧！想念家乡的美食，想念家乡的朋友，想念家乡的雪，但最想念的还是家乡的亲人们。当我们去追求诗和远方时，无论走多远，家一直在等我们。

师评·智匠创作微论

以一次具有特殊意义的旅途，打开一个关于前行与回首的脑洞。开始异乡求学，“踏上火车的那一刻我才意识到：从此，故乡只有冬夏，再无春秋”。之所以这样说，是因为只有寒暑假才能在故乡短住。当归心似箭，欣悦无限时，路也变得开阔美丽，风也变得温柔可感。而归来方知，“当我们去追求诗和远方时，无论走多远，家一直在等我们”。

回家的路，在心里，总是遥远而漫长的，更别提本来就遥远而漫长的归途。但每一程路，都会有每一程路的“风景”。一枚“开心果”，一餐美食，皆使归途多了欢声笑语。每次归途，每次远行，一样的路线，不一样的风景。以“归”向“家”的智匠创意，写亲情的眷恋，写求学的远行，写诗和远方与家和亲人的羁绊。

请神

汉外161班　迟羽洁

从小到大过了那么些年，最直观的感受就是这年过得越来越没年味儿了。

以前多好啊！一到过年，妈妈就会买全套的新衣服给我，不过得到了除夕才让穿。小时候，家里管得严，零食哪能随便吃？但是，过年就不一样了，大人都围一桌打麻将、话家常，谁还管小孩吃多了糖长蛀牙的事儿啊！这时候，我就能大大方方地吃遍桌上的小零食，真过瘾啊！最重要的是，还能拿到爷爷给的红包，虽说最后可能也不归我，但是小孩嘛，钱在自己手里攥一会儿也挺乐呵。

现在也许是讲究少了、娱乐多了，谁也不拿过年当个新鲜了。

去年我们一家人正一起看春晚的时候，奶奶叫我爸去楼下十字路口放鞭炮、烧点纸。我知道这是要干什么，这在北方叫请神。以前本山大叔的小品一出来，我爸就开始收拾下楼请神去了。那年，我爸让我一块儿去请神，我其实懒得动弹，但听他说他买的礼花很漂亮，就答应了。

到了路口，我爸把一垛纸搁在马路牙上，捡了根木棍，在地上画了个圈，又拧亮了提前准备的两盏小莲花灯放在圈两边。准备工作完事了，就可以开始烧纸了。我把木棍跟打火机接过来的时候心里还挺诧异：这事我能上手？我一直觉得请神既庄重又神秘。我爸噼里啪啦放完鞭，过来见我正烧着纸，告诉我嘴里还要念叨念叨，要说今天过年，请太爷太奶来家里过年之类的话。我这才明白请神请的是谁，请的不是观音娘娘，也不是财神爷，而是我的太爷太奶，也就是我爷爷的爸爸妈妈，是请我们的家人回家过年。纸堆燃尽后，我跟我爸溜达着往家走，趁着走这段路的时间，我问爸爸为什么要放两盏灯，爸爸说是为了照亮太爷太奶回家的路。我心想那放鞭燃礼花，是不是也有接太爷太奶回家的意思？

我记得前几年大家都宣传要环保，我们这片地方很少卖纸钱了，奶奶就拉着我这个商店那个市场地找。我也觉得烧纸的确不环保，再说实在买不到也没办法，我就跟奶奶说别烧了，家里烧个香意思一下就行了。可奶奶却执意要买，说请神没有纸烧可怎么行。后来我才知道那纸是烧给爷爷的父母的。老人们只知道这是他们半辈子用来接父母的方式，烧纸就是往父母那送钱，叫父母风风光光地来过个年，等到送神的时候再燃鞭炮烧纸，热热闹闹地送父母回去。我现在不觉得这是封建迷信，觉得请神是一种习俗。我看到的是这里头蕴藏的温情和孝心。这是中国人对亲人的记挂，对故人的怀念。老一辈总觉得眼见的实物才能表达出对父母祖辈实实在在的心意，只在家里头烧炷香那是心不诚。我能感受到他们竭力想把自己的情感传递出去，让父母知晓他们的生活过得不错，不必担心牵挂。我只知道我的爷爷奶奶年过古稀，是我的长辈，却忘了他们也是父母心中的小孩。如果只有这一种请神的方式能叫老一辈心安踏实，那这种方式就有它存在的理由。

今年请神的依旧是我，如今我眼中的请神多了温暖庄重，少了神秘遥远。请过神后照例是我爸燃烟花。那些金色的火光在漫漫无边的夜空中争先恐后地开出璀璨的花，声音震得隔壁区都听得见；我身边有妈妈带着半大的孩子放仙女棒，小孩子的笑声清脆又好听；对面楼还有往窗户上挂小红灯笼的人家，灯光一闪一闪看着甚是喜庆。瞧瞧，这才是我心中的中国年！这片土地上的人们都在用自己的方式庆祝着新春，其实是我们自己错过了喜庆热闹，并非喜庆热闹遗忘了我们。

“太爷太奶，曾孙女来请你们过年了。以后可能为你们念叨的人会更年轻，但一定都是你们的亲人来接你们风风光光地回家过年。希望您们能保佑我们这一年顺心遂意，平安和乐。”

师评·智匠创作微论

关于风俗的脑洞有很多，作者笔下的“请神”即为其中一种。“我只知道我的爷爷奶奶年过古稀，是我的长辈，却忘了他们也是父母心中的小孩。如果只有这一种请神的方式能叫老一辈心安踏实，那这种方式就有它存在的理由。”即使古稀，在父母心中也依然是小孩。这是亘古的爱。

以一种惯常的风俗，进行智匠创意写作，讲述一份对怀念和温情的守候。在除夕的晚上，要去烧纸，请去世的长辈回家过年。这也是寄托对长辈的怀念的一种方式。中国有很多民俗，这也是节日的氛围和标志之一，正如端午吃粽子、赛龙舟，中秋吃月饼，而不同的地方也常常有不同的风俗，不同的风俗有不同的趣味和意义——关乎家乡，关乎家庭。

可爱的你，过得还好吗？

中文162班　王晓晴

夜已深，路灯已点亮。我独自走在冷风吹过的寒夜里，瑟瑟发抖。抬头望着夜空中为数不多却璀璨耀眼的星星，我想起了你的眼睛，想起了我遇到你的那个夏天……

今年暑假，我做了一个目前人生中最有意义的决定——去贵州支教。

我们满怀期待和欣喜地踏上了旅程。载着十几个人的小客车，盘行在一圈又一圈的盘山路上，几乎要把人甩出去。经过三天两夜的颠簸，我们终于到了支教的地点。被艰辛的路程折磨得筋疲力尽的我们拎着大包小包的行李，几乎以爬的姿势走入支教的小学。还没来得及收拾好行李，学校就已经来了孩子。他们好像早就估算好了我们到学校的日子，有点“守株待兔”的意思。

嘿！可不，你也来了！留着小寸头、皮肤黝黑的你，不知受了太阳多少“喜爱”。你个头矮矮的，身体瘦瘦的，这让本来六岁的你看起来像只有四五岁。你的鼻涕总是不停地想探出头来，止也止不住。从那时起，我就随身带着纸巾，不断地提醒你与它做斗争。你总是乐呵呵地跑过来围在我们身边，跟我们打招呼。

“你叫什么呀？”

“田盼。”

“开学上几年级？”

“二年级。”

“真乖！明天要记得过来报名哦，我是你们的班主任。”

简单地聊了几句，听到我是你的班主任后，你的八颗牙齿亮闪闪地显露了出来。第二天，你早早地来到了学校，兴冲冲地报了名。之后的一个月里，你都是第一个来到学校，最后一个才离开。

放学后，你喜欢我给你放歌听。当你说喜欢听“左右手”时，我一时没反应过来，问了其他老师，才知道你说的是《青春修炼手册》。音乐一响起，你得意地说，你会跳那个舞，便跟着蹦跶了起来。虽然动作跟原版一点都不一样，但节奏感却很强，加上你那迷离的眼神、陶醉的表情，看得我们所有人都不停地叫好。音乐课上，同学唱《虫儿飞》的时候，你也可以跟着跳舞，动作、情绪收放自如。你不知道，在你跳舞的时候有多少老师偷偷地录了下来。在支教的日子里，可爱的你就这样一直给我们带来快乐，陪在我们身边。

支教时，队里很多的老师因为水土不服身上长满了红包，又大又痒。那天，我撩起裤子不停地抓挠，被你看到了。你赶忙蹲下来，往我腿上吹气，慌张地对我说：“老师，不要挠，越挠越痒，不要碰它。”我虽这样答应着，可是还是控制不住自己的手。“我带你去看医生，不要挠了。”你仰着自己的小脸，眨巴着眼睛告诉我。你陪我来到附近的小诊所，着急地叮嘱医生给我好好看看。我看到你两个食指紧张地抖在一起。小大人模样的你，真是越看越可爱。直到那天离校，你还不忘提醒我：不要再挠了。可爱的你呀，总是这样体贴、细心。

坐在楼前的滑梯上，我问你：“你是跟着爷爷奶奶生活吗？”你说：“不，有干爸干妈。”当时我还在想，这里还认干爸干妈这种亲戚吗？晚上，我去小卖部买东西的时候，和店家闲聊了几句才知道：你的妈妈因为家里太穷，生下你就走了；你爸爸精神不正常，时常发脾气，平日又不怎么说话；你所说的“干爸干妈”其实是你的大爷大娘。听了这些话，我心里不禁咯噔一下，像工厂里的齿轮对不上了一样难受。第二天，我又看见了可爱的你，你还是咧着嘴向我问好。这次依旧是爸爸送你到校门口。可那时，我却觉得倒像是你在拉着爸爸，怕他走丢。可爱的你呀，还是这样乖巧、善良。

支教的日子伴着欢笑声接近尾声，我们终归还是要离开了。队里商量好了不告诉孩子们几点走，因为不想让离别变得撕心裂肺。可是，你还是早早地过来了，你闷闷不乐地坐在小卖部里，不讲话。

“怎么了，田盼？不开心吗？”我打趣地问着你，极力掩饰自己。

你还是不讲话。店里的人向我使了个眼色，我便不再问。我抱了抱你，拍拍你的肩膀，道：“盼儿，走了。”不敢停留太久，不敢和你说太多，我急忙钻进车里，不停地向你挥手，直到你缩成了一个模糊到看不清楚的小点，我才舍得放下手。

回到家里，我兴奋地给家人讲支教的经历以及各种趣闻趣事，还有你。看到路边和你年龄相仿的孩子，我就会想到你在做什么，想到要是你出生在幸福的家庭里会是什么样子。我想，估计个头会比现在高些吧。

田盼，老师们走了，你现在是在和谁一起玩呢？有没有打败鼻涕虫？还有没有跳舞给别人看？上课还坐不住吗？有没有受欺负？……盼盼，我想你了。可爱的你，过得还好吗？

师评·智匠创作微论

以星星和眼睛为脑洞，讲述了一个可爱可怜的小男孩的故事。“抬头望着夜空中为数不多却璀璨耀眼的星星，我想起了你的眼睛，想起了我遇到你的那个夏天……”星星与一颗明亮的眼睛重叠，将记忆拉回旧时光，让我惦念起那个活泼、暖心、善良、可爱却又境遇凄凉的小男孩——田盼。“田盼，老师们走了，你现在是在和谁一起玩呢？有没有打败鼻涕虫？还有没有跳舞给别人看？上课还坐不住吗？有没有受欺负？……盼盼，我想你了。可爱的你，过得还好吗？”

以“可爱”这个含蕴丰富且会引出很多故事的词语，进行智匠创意写作。“过得还好吗？”这是一句关切的问候，因为好久不见，因为一个特别的孩子——田盼。对于那些缺少关爱的人来说，一点关爱就会让他们感受到莫大的幸福和温暖。爱心与爱心的碰撞和交汇，一定会有真挚的情愫产生。简单的一句“过得还好吗？”也传递了无限的关心和惦念。你有没有一个最惦念的人，想要道一句：过得还好吗？

嘿，光头

中文161班　陶倩倩

风跟往常一样穿梭在无人的大街小巷，天还没来得及变得透亮，光头一人却早已起床迎接他的一天。每天，无论刮风下雨都阻挡不了他骑着那辆早已过时了的二八自行车，哼着小曲在每条小巷巡逻一遍。“巡逻”这件事，并没有任何人规定他要做，但是他自发地每天都很努力地工作着。

自从有了这份工作，他了解的东西慢慢变得越来越多了：老李家的儿媳妇生了一个女儿，长得像极了他爸爸，有点不好看；薛大爷家的羊，今年不用自己喂养了，他把羊都放到山里面让牧民喂了，等到过年的时候再把羊接回来宰上几只；那个陶大婶家的水管爆了，他之前就跟大婶讲过，洗菜的时候不要把菜叶子一并冲到下水道，陶大婶就是不听，还说她们家下水道窟窿眼大，她孙子都可以钻到里面去，好嘛，下水管终究被大婶搞爆了。

他回家后，会把这些事儿都讲给他媳妇听。他有一个幸福的家庭，媳妇长得那叫一个好看，他还有一个乖巧的儿子。村里人都说他媳妇是他拿命换来的：当年他媳妇家并不愿意把女儿嫁给这么一个不太靠谱的人，于是他就准备了一条绳子去对方家里提亲，想着如果还是娶不到这个姑娘，他就打算上吊自杀。这可吓坏了对方的家长，于是把女儿嫁给了他。大家都说他能娶到这样的媳妇是他的福分。结婚已经20多年，他们依然像刚结婚不久的小夫妻。

光头多才多艺，能歌善舞还喜欢主持。每当听说谁家有喜事他就会奔过去，争着要当司仪。后来，村里的人对他主持婚礼的方式都有些厌倦了，就开始另请别的有经验的主持人。尽管有时他没收到邀请，但他还是会去婚礼现场唱歌跳舞。有段时间，光头找到了新的工作——在县文工团当保安。这期间他威风了好一阵，穿着一身制服，比街上站着的防暴警察看起来还要厉害。刚发制服那天，他立马穿上到别人家里溜达，来炫耀新的制服。光头爱岗敬业，该他管的他要管，不该他管的，他也要掺和一把：那时候的文工团，就像又多了一个新的领导。

光头这个名字是大家给他取的外号。光头当年有没有头发我不知道，但是在我的记忆里，他的头发从来没有从他那光溜溜的头顶上冒出来几根过。光头爱多管闲事，村里有的人很讨厌他，但奇怪的是，在光头的眼中大家却都很喜欢他。他从来不想知道别人在想什么，在他的世界里一切都是美好的。光头还有另一个外号——小儿子，因为他在村里人的眼中一直都是一个永远长不大的孩子。没人知道他有什么烦恼，或许他真的没有。

那天，光头骑着车开开心心地去了医院，却检查出肝上长了一个小东西，得切除。家人陪他去了市内的大医院，手术前光头还很开心地发了一条朋友圈，来纪念第一次住院、第一次动手术。没想到噩耗来得那样突然，由于医疗事故导致他器官大出血，身体各个器官很快衰竭，光头没来得及道别就悄悄地离开了这个小镇。

光头一直不被大家理解，甚至有人觉得他脑子有点问题。但是，光头从不揣测别人怎么看他，他就一直享受着这样的生活方式——一直保持一颗童心，从不担心明天会发生什么，每天吹着口哨唱着歌开始新的一天。光头一直活得很开心。

光头的生命永远停留在了五十岁。谁都没想到村里的“小儿子”会以这样的方式离开，就连离开的方式都是那么与众不同。小镇里刹那间好像少了什么：那个骑着二八单车的影子再也看不见了，每天路口的口哨声再也听不到了，文工团门口那个威武的背影也再没有出现了……

师评·智匠创作微论

关于“光头”的脑洞，呈现出来的就是这样的一个形象，“风跟往常一样穿梭在无人的大街小巷，天还没来得及变得透亮，光头一人却早已起床迎接他的一天”。光头，是日常生活中一个再普通不过的人，“他有一个幸福的家庭，媳妇长得那叫一个好看，他还有一个乖巧的儿子”。他多才多艺，热情热心，“光头多才多艺，能歌善舞还喜欢主持。每当听说谁家有喜事他就会奔过去，争着要当司仪”。但光头却命运多舛，“光头的生命永远停留在了五十岁”，“那个骑着二八单车的影子再也看不见了，每天路口的口哨声再也听不到了，文工团门口那个威武的背影也再没有出现了”。

生活中总有些擦肩而过，让人久久难忘。

以一个“光头”的形象进行智匠创意写作，不是惯常所想的“光头”形象，而是一个鲜活热情的形象。《嘿，光头》，是虚构，抑或是非虚构，在此并不重要，重要的是在生活中，那些悄然而逝的生命是不是有人知道？还会不会有人铭记？生死无常，聚散无痕。唯有珍惜，唯有念起！光头，或许已成为天上的某颗星星，静观世事，瞩目亲人。身边那些逝去的人，你念起，他便曾经在，是一缕情、一丝悲悯。

一双手

中文163班　杨旭艳

盛夏时节，蝉鸣声声，吃着冰棍也不能消除夏天的恶意。每到此刻，更加希望自己是一根冰棍，消融消融。

离学校放假的日子还早着呢，我每天例行乘公交车上下学。这一天与往常一样，亮着红色灯的12路公交汽车驶来，看到挤得面红耳赤的乘客和那公交车司机永远不好看的脸色，我理了理衣服，整理好心情，去上课。

公交车上，我闻到了车内各种混杂的味道，一阵反胃。因为抢不到座位，我只好倚着人墙上学去。

时间一分一秒过去，疾驰的车似乎也带不来半点凉意。车内，好多人昏昏欲睡。没有高声喧哗，我想这个氛围是适合睡觉的，当然也适合一些人的内心挣扎。

身前的大汉仿佛隔断了我与外面世界的联系，只留下我的一双眼睛勉强从侧面看出去和一只小鼻子用来呼吸少而又少的新鲜空气。

而就在此时，我突然看到了一双手，一双年轻的、富于青春活力的手。这双手似乎是在寻找目标，如雄踞高空的老鹰，在草木丛中寻着胆怯的小白兔。显然，这双手已经占据了绝佳的制高点，清楚地窥视着这只包的动向。包的主人全然不知，倚着头在护栏上睡着了，身边的轻声谈话根本惊扰不了她。这双手停留了几秒，定准了小白兔的位置，伸手下去，拿到了那只红色的钱包。女人还在熟睡，她的心里没有半点涟漪，我的心里却掀起了狂风巨浪。

我该去叫醒女人，还是大声制止这双手的主人？我有一丝恐惧，不知道该怎么办，脑海里浮现出千万种退缩的理由——怕被这双手的主人报复；怕车上人冷漠地袖手旁观；更怕我是一个懦弱的人，不像心中的英雄，敢于同恶势力做斗争。但我还是艰难地做了决定：我要揭露他，他应该受到群众的唾弃和责骂。

然而，就在此时，一个猛刹车打乱了我的计划：证据丢了，红棕色的钱包掉在了地上。那双手似乎也有一些紧张局促，我仿佛看到了那双手的主人的急躁和愤怒。

我在等他捡起钱包来的那一刻，当众揭发他的丑行。终于等到了，本想大声地告发，却发现了这双手的摇摆不定。他是在纠结吗？他是刚上道的新手，还是良心发现了？如同熟练取包的前奏，我看到这双灵活有力的手，在这个女人快要醒来的前一分钟，将红棕色的钱包归还到了她的手提包中。

我咽在喉咙里的话不用再说了。随着口水吞下，我感觉自己看到了实实在在的人心：在摇摆不定夹缝间生存的人的渴望，在犹豫不前冥思中的新的生机，在踟蹰不前停留着的人的善良。这双手，既不是天使，也不是魔鬼，却让我看懂了更多的人性。

也许，世上本就没有“好”“坏”分明的标签，大多数好像都处于黑白的中间地带，是灰色的。在大多数的事情上，我们犹豫不敢向前。但在大义上，我们是非黑即白的。“好”“坏”的标签都很单薄，不足以描述人的复杂。我们是入世未深的人，却都带了些灰蒙蒙的色彩。但是最后，心中灰色的阴霾终将被驱散，我们所有的就是一颗纯净的心灵和一双透明的眼睛。

师评·智匠创作微论

以普通一天短暂几分钟的一个场景开一个脑洞，写出两个内心的挣扎：要不要偷？要不要制止偷？这一天与往常一样——忍受着各种气味，还有那公交车司机永远不好看的脸；这一天，却又是与往常不一样的一天——因为遇到了一双手，这双手的主人和目击者各自在心中掀起惊涛骇浪。“这双手已经占据了绝佳的制高点，清楚地窥视着这只包的动向。包的主人全然不知，倚着头在护栏上睡着了，身边的轻声谈话根本惊扰不了她。”此时此刻，“我”该何去何从？就在我要去揭发和制止这双罪恶的手时，“我看到这双灵活有力的手，在这个女人快要醒来的前一分钟，将红棕色的钱包归还到了她的手提包中”。或许只是一分钟的事，却让人想到：“也许，世上本就没有‘好’‘坏’分明的标签”，“我们所有的就是一颗纯净的心灵和一双透明的眼睛”。

“手”有巧手，有粗糙的手，种种不一。这里以“手”进行智匠创意写作，写一双特殊的手，是一双关于犯罪、真实和心灵挣扎的手，也是一双关于正义和勇敢、理解和包容的手。一双眼睛，看到一个意欲行窃的小偷；就在这双眼睛挣扎纠结之际，这双手停止了犯罪——这就是人性的复杂。在生活中，我们常常遇到这样触动自己心灵的事情。思考和记忆，也是对自己灵魂的自省和审思。

有夏虫的地方

那年夏天，
寨里格外热闹——
每天晚上，
各种各样的夏虫都哼着小曲儿，
寨口那口早已被遗弃的水井里，
青蛙也一直呱呱地叫个不停。

有夏虫的地方

中文161班　汪琴兰

我弟刚上学前班的时候，我上二年级。

第二个学期开学的时候，父母为了让我们接受更好的教育，把我和弟弟送进了县城的小学。要知道，那时候能够进城上学，是周围大人和孩子们都很羡慕的一件事情。

因为是学年的第二个学期，公立学校不招生，我和弟弟就只能去学费高昂的私立学校上学。后来母亲告诉我，有人劝过父母把我们送回乡下学校，这样就可以为我们那个几乎就要揭不开锅的家庭节省一笔不小的开支。可父亲告诉那人说：什么都能耽搁，唯独孩子的教育不能！没人知道，那年父母把我和弟弟的学习、生活都安排妥当后，带着仅有的三百元，再次踏上了背井离乡的路途。

后来母亲背着父亲悄悄把这些告诉了我们。每每想起，我总是控制不住自己的泪水。尤其是看着父亲一次次走出寨口，踏上去往他乡汽车的背影，我的内心是说不出的酸楚。我想，他也一定是，只是，他从来不说。

云贵高原的夏天是闷热的，用母亲的话说，人就像是在烤烟房里生活着。

我记得半年前一个夏天的下午，我跟着祖父祖母正在离家很远的一个山头的地里做农活。父母带着我年幼的弟弟，扛着大包小包的行李从外地突然回到家。因为没有钥匙进不了家门，父亲就向寨子里的老人打听并来地里找到了我们。

父亲老远就呼叫着我的名字。

我当时正倚着土坎在一堆灌木丛树荫下睡觉。隐约听见有人在叫我，我便醒了过来，但并没有回应，而是一脸没睡醒的样子坐在地上。看见祖父祖母都朝着同一个方向望去，我却睡眼惺忪地扭过头看着旁边发呆，用右手挠着左臂。我身旁放着两个竹背篓，旁边一个塑料袋里装着中午吃完饭没洗的碗筷，还有一个铝质的茶壶。一小群蚂蚁在塑料袋上连成一条线，我瞪大眼睛看着它们，然后提起塑料袋一抖，它们就全被我抖掉在地上，迅速散开了。

在我正饶有兴致地看着它们如何散去时，不经意一转头，一个陌生的中年人突然出现在地里。他看上去不太像是农村人：一身洁净的牛仔装，脚上是一双黑色皮鞋，远远看去他的头发比我见过的中年人的头发长了些。

从看到他的那一刻，我的目光就再没从他身上移开过，或许是因为好奇吧。他老远地就和祖父祖母打着招呼，然后看见了在田角的我，原本走向祖父祖母的他突然径直向我走来。他越走越近，我越来越怕。我迅速起身跑到祖母跟前抱住她的腿，躲在她后面，只露出半个头。看着那个人又朝我走来，祖父祖母都让我别躲着，告诉我那是爸爸。我从他们的语气中听出了他们的激动，那是一种与亲爱的人久别重逢后的欣喜。那个人越走越近，祖母把我从她身后拉过来推向那个人。我紧紧拽住祖母的裤脚，几乎快要哭了。他似乎看出了什么，便没再走近。我隐约听见祖母嘀咕了些什么。

那个“爸爸”帮着祖父祖母收拾东西，然后背起竹背篓朝回家的方向走去。在他背上背篓起身的那一刻，我觉得他应该是个农村人，因为他的动作是那样熟练。

一路上，他不断尝试找话题跟我聊天，可我还是躲着他不愿多说一句话。他尝试了几次便放弃了，便和祖父祖母聊了起来。他们聊了好多我听不太懂的问题。但我记得他说了一句：两年多没回来，家里变化不大，除了……他扭头看了我一眼，没再说下去。

我不知道父亲当时的心情是怎样的，但很多年后母亲告诉我，那天晚上因为赶车连续好几天没睡好觉的父亲却彻夜没闭眼。

回到家后，我对母亲却有种自然的熟悉感，或许是我还能记得她的样子吧。父亲仍旧试着和我交流，可我还是不肯。他用玩具、糖果和新衣服都没能让我试着和他说句话，我也一直没开口叫他一声“爸爸”。几次尝试后，他暂时放弃了，但他一直都在用自己的方式努力地让我和他说话，却一直没有强迫我。直到相处的时间久了，我才慢慢地接受了他，慢慢地和他亲近了些，慢慢地和他说的话多了起来。

长大后我才明白，一个真正懂得爱的人，宁可扮演输家，也不愿去打败自己爱的人，就如同当年宁愿自己承担压力，哪怕彻夜不眠也不强迫我去认他的父亲一样。

接下来的那半年里，是我能够记起的童年生活里最快乐的时光。因为那半年，是父母陪我一起上学的半年。

那年夏天，寨里格外热闹——每天晚上，各种各样的夏虫都哼着小曲儿，寨口那口早已被遗弃的水井里，青蛙也一直呱呱地叫个不停。

半年时间很快就过去了，我去了县城上学，那是我第一次与祖父祖母分开。而才和我熟悉起来的父母，也再次踏上了去往他乡的旅途。

我在别人的羡慕中走进了县城。但没有人知道，在接下来的很长一段时间里，我每天晚上都在被窝里悄悄抽泣，直到哭累了才慢慢睡去。不管对于当时的我，还是后来的我而言，那都是一段很长很长的煎熬。

每年，只有暑假和寒假，我和弟弟才能回到那个日日思念的家。而我们的父母，也只是每年春节回家二十来天。每年春节后不久，我又要和祖父祖母、弟弟站在寨子路口，看着父母背井离乡的背影慢慢离去。过不了几天，祖父祖母又站在同一个地方，看着我和弟弟坐上去县城的车。年复一年，很多年。

从大学第一个暑假回家，我在寨子里就再没有听见各种夏虫热闹的声音；就连寨口那口原本干枯的水井，也已蛙声不再。

后来啊，我一直都在找寻那些哼着小曲儿的夏虫和在那枯井里呱呱叫的青蛙，却再也没有寻到过它们的痕迹。

如今，房前再没有了折腾，窗外再没有了田野。

师评·智匠创作微论

关于家和亲人的脑洞，可以有无数视角，正如这个“夏虫”为声的念想。“长大后我才明白，一个真正懂得爱的人，宁可扮演输家，也不愿去打败自己爱的人，就如同当年宁愿自己承担压力，哪怕彻夜不眠也不强迫我去认他的父亲一样。”这是一份爱和懂得。有些问题，时间会给出答案。“后来啊，我一直都在找寻那些哼着小曲儿的夏虫和在那枯井里呱呱叫的青蛙，却再也没有寻到过它们的痕迹。如今，房前再没有了折腾，窗外再没有了田野。”有些远去的却长长地驻留心头。

以“有夏虫的地方”为主题，进行智匠创意写作，有生活气息，有思念怀想。它是哪里？是家乡，是有亲人的地方；是绿色的家园和田野；是装满儿时记忆的地方。让你心心念念的那个地方，是哪里？是不是一样有夏虫，或有秋实、冬雪？亲人在哪里，爱就在哪里，家就在哪里。不论是北国还是南疆，不论是夏虫还是春雨，都是最温馨的记忆，从笔尖流淌出，就是最深的生命印记。

家

中文162班　刘一达

清晨，第一缕阳光推开窗帘，叫醒熟睡的我。睁开眼，映入眼帘的是一盏熟悉的顶灯。我立刻就认出了它，因为几乎每个早晨我第一眼看到的都是它。但是清醒了一些后，我突然感觉有些不对劲。因为，我已经有四个月没有见过它——我卧室里的顶灯——了。我看到的本应该是学校寝室里单调的白色腻子粉敷房顶，现在忽然看到了家里熟悉的顶灯，还真有些不习惯。我，回家了吗?

推开房门，一道金色的闪电从我面前闪过，接着是伴随着闪电出现的轰隆的雷声。不要误会，这并不是闪电进了我家，而是我的金毛。我的卧室外就是楼梯间，每次金毛总是挪动着它肥硕却并不迟缓的身躯，连滚带爬地从楼梯上飞奔下去，去找我们的爸爸。这是爸爸每天早晨必须要做的事——带金毛去游泳。

爸爸从来不需要定闹钟。有了这只金毛之后，爸爸再也没有睡过懒觉。每天早晨六点半，准时有两只毛茸茸的爪子扶上爸爸的肚子。若是爸爸还不起来，金毛就会用一张喷着热气的大口对着他哈气。

离家不太远的一个公园有个湖，金毛每次一到那儿，就会像一匹脱缰的野马一样，猛地冲向属于它的大草原。有时候，我都怀疑它到底是一只狗还是一只鸭子！金毛的游泳技术还真不错，虽然也是标准的“狗刨”式游泳，但也许是熟练了，它在水里游得不但自在，甚至游出了优雅的感觉。阳光透过水波洒在它亮金的毛发上，它自己也好像变成了个小太阳。等游够了，它就缓缓爬上岸，甩干净身上的水，胖乎乎的身体摇动起来，成千上万的小水珠四处飞溅。只要阳光充足，它就能甩出一道小彩虹。

回到家，妈妈准备好了丰盛的早餐，爸爸和金毛像两头饿狼一样冲向自己的早餐。爸爸一手拿面包，一手扯过一张报纸，往阳光最好的躺椅上一靠，美好的一天就这样开始了。金毛就没那么幸运了——妈妈抓住那只拼命想溜走的水球，拖进卫生间，嘴里念叨着：如果这个小水球大摇大摆跑进去，家具可就都要遭殃了。等妈妈细心地帮金毛洗个澡擦干净，她才准备开始真正的忙碌。

本以为妈妈会照常从客厅开始打扫，我却看到妈妈拿着扫帚、拖把、抹布进了我的卧室。看着整整齐齐的床铺和一尘不染的书桌，与我以前住在里面的时候可是大相径庭。而妈妈只是看了床铺一眼，就开始认真打扫起来。我有些诧异，毕竟很长时间没有人住了，就算需要必不可少的清扫，也不用每天保持一尘不染吧？回想高三时，每次妈妈都是拿着清扫工具走到门旁，往里面偷偷瞥一眼，只要看到我在伏案看书，就悻悻地走开。只有抓到我去吃饭的空当，才冲进房间打扫。妈妈总说我的房间太乱，我虽然也清楚，但是准备高考的我根本不会在意床和书柜到底哪个才是放书的地方。妈妈说，再忙再乱，也不能乱了生活，所以每次都会尽力帮我收纳整齐。现在我出门上学，没有了杂乱的房间，妈妈应该可以轻松不少。但是看着仍然细心打扫的妈妈，我忽然很心疼。

等妈妈把家里收拾好，也快到中午了。妈妈把正窝在沙发里看电视的爸爸赶走并找到了手机，看着墙上的挂钟慢慢走到了十一点三十五。这个点，在学校的我就该下课了。每天中午放学，我都会和妈妈通电话，长则四五分钟，短则一两分钟。决定权看似在妈妈手里，其实都是取决于我。因为每次电话，一般都是我听妈妈唠叨：妈妈今天做了什么、遇到了什么；我那个笨拙的老爸又干了什么令人哭笑不得的事；那只好斗的金毛又和谁家的狗打架了……她每次都会像个幼儿园的孩子，开心地炫耀着。我也挺喜欢听妈妈的唠叨，知道家里发生了什么有趣的事儿，知道家人一切都好，真的很开心了。有时候有别的事儿，我会应付地嗯几声，就急着说再见，每次听着妈妈有些失落的应答，心里真不是滋味。出了家门才知道，心再大的人，也会想家。

沙发上，妈妈静静地等候着我的电话。如果我没有打过去，妈妈就会打给我。爸爸在一旁看着，过了一会儿说：儿子忙呢，可能又忘了，打过去吧。

我刚想开口，铃声响了——是我的闹钟。

原来，是个梦。

我很快就可以回家了！爸妈，我要回家了！

——作于放假前两星期

师评·智匠创作微论

以写梦的形式，写遥在远方的家中场景，亦真亦幻，这便是青年关于“家”和“梦”的脑洞。熟悉的顶灯，金色的闪电……梦见，即是怀念和牵挂。每日一个固定的通话，“每天中午放学，我都会和妈妈通电话，长则四五分钟，短则一两分钟。决定权看似在妈妈手里，其实都是取决于我”。而在等待儿子电话的过程中，爸爸会“在一旁看着，过了一会儿说：儿子忙呢，可能又忘了，打过去吧”。忘了？是爸爸所说，却是儿子的自省。描写亲情，以梦为脑洞。

“家”的智匠创意写作，太过丰富，小小一梦，深深一情。家是温暖的港湾，而每个港湾的暖却各有不同。一场梦，是一个最真切的愿望——回家。从清晨到中午，从熟悉的卧室到淘气可爱的大金毛，还有勤快整洁的母亲、善解人意的父亲……一切都是那样熟悉而真切。此时此刻，你的家人都在做什么？某时某刻，你会不会也如往常一样和母亲在电话里聊上几句？这就是家。你的家呢？一定也有别样的温暖吧？

多想对您说

中文162班　周远疆

幼时

“我的爸爸可厉害了！”

“我的爸爸也可厉害了！”

“不对，不对！我的爸爸更厉害！”

“我爸爸比你爸爸更厉害！”

“我爸爸就是比你爸爸厉害！我不管，就是厉害！”

少年

“我爸怎么不会这个？”

“我爸也是。哎，问啥啥不会。”

“二娃子他爸好厉害，给他做了……”

“就是，我也想让我爸给我做一个。”

“你爸会吗？别逗了！”

"哎！"

青少年

"你烦不烦！我就是想去，你别管我！你又不会，现在这个是新潮流！"

"儿子，来帮我把你叔叔的电话存一下，这个智能机你老子不会弄。"

"就点这个，再点这个，然后再点这个……"

"儿子，来，再存一个。"

"不是才给你弄过吗？行行行……等我下。"

现在

"爸，我谈恋爱了。"

"你谈对象了？对人家姑娘好一点，自己也要收收心，玩心别那么大了，多让着点人家姑娘。嗯，你的生活费再加五百吧。"

"你不说我吗？我以为你会教育我。"

"我以为你小伙子找不到对象的，现在你有对象了我说你什么？"

"爸，感觉他们一点都不好相处，什么都那么计较。我觉得我没做错，我为什么要将就他们？"

"你出去上学了，谁还一天到晚伺候你？都是自己顾自己的。有相处得好的朋友可以多交流交流，别一天到晚就知道疯玩。对了，没有烟瘾就别抽烟了，抽多了不好，你还年轻。"

"嗯，我知道了。爸，你早点休息，少打麻将、熬夜。"

从我心中无所不能的大英雄变成什么都不如别人的老爹，又变成我现在无比依赖的男人——您的地位一直在变化。

以前我跟您没有交流，最起码的那种问候和关心都很少，打电话也都是因为没生活费了。越来越大，跟您的话题也多了些：一起看新闻，会扯扯政治；看纪录片，能扯扯历史；看电视剧，能谈谈我的感情生活，说说您年轻时的过往。

去年八月，临近开学，方便舒适的车票都没了，机票又太贵，所以我买了硬座。到学校后跟家里提了句“硬座坐得我的腿都肿了”，您突然说了一句：“都是老子没用，才让你受这委屈。”我突然觉得，这个时候的您那么让人心疼。大学里我尝试着去做兼职，才发现一直以为自己什么都厉害的我原来什么都不会。当我拿到自己挣的第一份工资给家里打电话时，您第一句话就是：“你那边出了什么事吗？还是生活费不够？我给你打钱，你别去做兼职了，怪累的，好好学习吧。”这种突然的关心，让我感到很不适应。

后来，步入社会，开始上班，和朋友们聊天的内容也自然而然地从游戏变成了工作和以后的生活：怎么养活自己，怎么创建家庭，怎么养活家庭……能想到的一切关于以后生活的困难，我都在问自己：我能做好吗？我可以像您那样吗？我有这个能力吗？于是，我开始默默回忆您为这个家付出的我所知道的一切——我长大了，思考得多了，我理解您了。您老了，年轻时候的劳累导致的身体问题也越来越多。那次您的肩膀酸痛到睡不着觉，叫我给您捏一捏。五分钟，十分钟，十五分钟……手酸到没有力气，可我还是不愿停下来。

您爱了我这么久，也让我来爱您吧。

我多希望我可以亲口对您说这些，但性格使我觉得这个很矫情、不爷们。不懂得表达爱意的我和您，都愿意用我们的行动让对方感受我们的爱。

谢谢您，给了我一个健康成长的家庭，给了我健全的爱。

师评·智匠创作微论

以不同时间的瞬间场景描写讲述父亲在自己心中形象的变化，是不是智慧的脑洞？从幼年时“我爸爸就是比你爸爸厉害！我不管，就是厉害”，到少年“我爸也是。哎，问啥啥不会”，再到青少年“你烦不烦！我就是想去，你别管我！你又不会，现在这个是新潮流”，直到现在，终于懂得“嗯，我知道了。爸，你早点休息，少打麻将、熬夜”。而自己做兼职时，爸爸的第一反应是：“你那边出了什么事吗？还是生活费不够？我给你打钱，你别去做兼职了，怪累的，好好学习吧。”言语总是太浅，父恩深深如许。“我多希望我可以亲口对您说这些，但性格使我觉得这个很矫情、不爷们。”“谢谢您，给了我一个健康成长的家庭，给了我健全的爱。”

“多想对您说”——谁想说？您是谁？说什么？不同的说者与听者，不同的情，不同的话语，便是不同的人间万千情意。“多想对您说”，或许，很多情，不是想说就可以有机会，也不是想说就可以被听到，还可能不是想说就能够说得出口。此时此地，此情此景，文字，是最好的倾诉！

父亲的泪

中文162班　刘文琦

父亲的泪，是自我初三他生病的那年才有的。那之前，我从未见过父亲的泪。那之后，我陆续见过三两回。

那年，父亲因血管堵塞而导致轻度中风，高血压、高血糖等病症也接踵而至，一向百病不侵的父亲从此便要终身以药为伴。

我与父亲仅一日不见，父亲就已不是昨日的父亲。父亲的手臂蜷曲着，手指僵硬地撑展着，像是被某种力量控制而被迫撑开，摆出怪异的姿势。父亲自己控制不了自己的手臂了！酒桌上侃侃而谈、掌控气氛的父亲，此刻舌头竟像打了卷似的在口齿中搅动着，发出的声音像没有信号的电视机，呜呜啦啦。父亲唤不清我的乳名了！父亲，甚至连走路都走不顺了，左腿像没了筋骨的软条壳，脚尖刚轻轻着地，便像弹簧般立刻弹向弯曲。望着父亲，我的泪止不住地往外溢。泪水朦胧了我的视线，我看不到父亲的眼睛，或许早已湿透了。

父亲流泪了，父亲一个人躲在房间里偷偷地流泪了。遭受病痛打击的父亲是脆弱的、无助的。父亲心中有多少倒不尽的苦水啊！可他是这个家的脊柱，是女儿心中不可崩塌的伟岸。所以，父亲选择一个人在墙角抹一抹积攒已久的泪。可他还未走到已选好的倾诉地，眼角就已划过几道沟壑。他想赶在自己的思绪未被泪水冲垮前到达，于是他加快自己踉跄的脚步，左脚漂水般轻而小的步子，极力催促着右边的步伐。他身子一前一后，歪歪斜斜地摇着，却怎么也摇不到终点。父亲走得是多么艰难啊！可泪水却丝毫不怜悯父亲，只管自己痛快地哗啦哗啦地流着。

父亲终于到了！他倚着墙，用手捂住嘴巴小声地抽噎着。刚才艰辛的一路让父亲更觉心酸。他不明白自己正值壮年怎会有如此遭遇；他不明白为什么自己连自己的腿脚都无法控制。他想到女儿还这么小，想到这个家对他的依靠，想到自己，如此，今后该怎么办啊！父亲越想越情难自已，带有缝隙的手掌终于也抵不过心中汹涌的波涛。父亲的动静被母亲察觉，父亲的狼狈无法掩饰了，父亲抱着母亲孩子般号啕大哭起来。这是母亲告诉我的，是母亲后来偷偷讲给我听的。

第二年，父亲渐渐康复，但四肢却远不如原来强健有力了。我去异地上了高中，只能不断打电话询问父亲的恢复状况。他总是笑着对我说他的变化：今天走路比往常快了些，还尝试了小跑，只不过有些吃力，过段日子就好了！

除夕夜，我与久日不见的父亲静静地坐在沙发上，看着电视里的喧闹，听着外面欢呼的喜悦。我们两个人像被搁在了小小的匣子里，匣子里只剩下两个至亲的人。那一刻，浮在心头的阴霾全部显现出来，我只想逃离学校，永远留在父亲身边。鼻头一酸，忍不住埋在父亲怀里痛哭。不久，父亲身子开始抽动，我惊慌失措地抬起头来，看到了父亲鼻尖上存留的泪珠。

父亲的泪是我十五岁那年有的，如今父亲已年近半百。我仍在外地求学，每每想家、想到父亲，我的泪总是会来，而我却再也不想让父亲流泪！

师评·智匠创作微论

如何讲述亲人的生病？以“泪”为切入点，打开脑洞。父亲生病，一定有种种痛苦可以讲述，这里选取的是以“泪”为线。“父亲的泪，是自我初三他生病的那年才有的。”“父亲心中有多少倒不尽的苦水啊！可他是这个家的脊柱，是女儿心中不可崩塌的伟岸。”父亲流泪，不只为自己身体的病痛，更为对女儿的疼爱、对家的愧疚。“而我却再也不想让父亲流泪！”懂事的女儿，是一个要为父亲撑起一片天地的青年！

幸福的家，不幸的家，各不相同，但患难更见真情。关于亲情、关于坚强、关于病痛的智匠创意写作，感人至深。男儿有泪不轻弹，而父亲有泪，一定是至痛。因为正值中年的父亲生病了，当中风、高血压、糖尿病降临在一个壮年人身上的时候，一定是令人难以承受的。父亲的泪不仅是为自己，更为这个家。人生那些至痛，也是教人珍惜。亲人安好，便是幸福。喜怒哀乐，皆为挚情，可写可抒，便是人生最宝贵的文字。

我的奶奶

中文161班　汪桂鑫

我的奶奶现在变得有点糊里糊涂的，不信你看我的日记。

今天下午，奶奶让她的手机洗了一个小时的澡。怎么回事呢？原来下午下了场倾盆大雨，奶奶上楼收衣服时发现邻居家的衣服也没收，而且他们家还晒着被子，奶奶就忙拿手机给邻居打电话。打完电话，奶奶就随手把手机放在了洗衣机上。等奶奶手忙脚乱地收完衣服，她居然把洗衣机上的手机给忘得一干二净。一个小时后，奶奶发现自己的手机不见了，才猛然想起放在洗衣机上的手机。等奶奶去拿时，手机已经变成“落汤鸡”了。

昨天，奶奶也发生了一件悲催的事——她竟然活吞了几条小鱼。在我上素描课时，奶奶带着妹妹在池塘边抓小鱼，抓来的小鱼被放在了刚刚喝完的矿泉水瓶里。奶奶到少年宫门口等我，她感到有点渴，就拿起那只装了小鱼的矿泉水瓶“咕咚咕咚”喝了起来，边喝还边想：这矿泉水怎么有点鱼腥味呢？是不是出了最新口味啊？于是，她拿起瓶子一看——哦，天啊！瓶里有几条小鱼正在欢快地游着。奶奶顿时感到胃里一阵恶心。但我还是很“感谢”奶奶，因为她说本来这个矿泉水是要给我解渴的！那样的话，我的肚子里岂不是会多出几条鱼宝宝？！

哎，可怜的奶奶！

师评·智匠创作微论

关于奶奶的脑洞，无限丰富，这里只说“变得有点糊里糊涂”这一点。“我的奶奶现在变得有点糊里糊涂的，不信你看我的日记。”奶奶不是给自己的手机洗澡，就是活吞小鱼。以趣事写人，写的不仅是可怜、有趣的奶奶，更是善良、可亲的奶奶。

“我的奶奶”，看到这样的题目，你一定会想：一定又是一个如何疼爱孙子，如何勤俭持家，如何絮絮叨叨，如何巧手可做佳肴的奶奶。然而不是，这是一个现在变得有点“糊里糊涂”的奶奶。不过，也是一个在下雨天帮邻居家收衣服的奶奶，还是一个不辞辛苦陪着孙子上辅导班的奶奶。为自己的奶奶写一写文字，权当是不在奶奶身边时的一点想念。智匠创意，更在不期而遇的新奇。

目送生命

中文162班　韦梓怡

死亡是什么？

中国佛教文化里有一个词叫“轮回”。曾经，我觉得死亡是一个人生命里必不可少的轮回，这一世不能继续的痛苦或美好，将在下一世继续。

2016年仲夏，我站在那棵百年榕树下，想要透过细密繁茂的树叶看清头顶的阳光。斑驳的树影和燥热的风，吵闹的人群和喑哑的猫叫，就连脚下渺小的蚂蚁都彰显着生命的鲜活。

我从未想过我会两次目送生命离去，至少不会在这样的年纪，不会在这样紧凑的时间里——一次在炎炎的仲夏，一次在凄寒的严冬。

我站在医院安静的长廊上，路灯沉闷的灯光照进窗户，病房里断断续续地响起咳嗽声。在这个安静得连哭泣都是妄想的深夜里，我突然认真地思考起生命。

生命是由无数伤疤编织成的网，不断受伤又不断痊愈，直到最后带着一身伤痕缓缓闭上双眼。那些美好的记忆，变成汹涌的泪水，留在还活着的人的眼里。从口齿不清的稚童，到白发苍苍的翁老，最后生命化成病床上瘦弱的背影，在寂静的午夜里唱出最后的哀曲。

三天以前，我还笑着和他聊着他最爱吃的芒果，还在计划着等他病好了带他去湖边钓鱼，他甚至还如顽童般地打趣我可以找个男朋友了。三天前的他，一如他年轻时最帅的模样。

三天后，我站在医院冗长又寂寥的走廊上，目送一个生命的离开。他留给我的，只剩下一张薄薄的死亡通知书，以及无尽的思念。

2016 年，医院似乎成了这一年的一个标签。一次又一次查房的医生，缓慢滴落的透明药水，以及她快速瘦下来的脸颊和体格上的衰败。

她是个唠叨的人，一件小事能从日出念叨至日落。她在进入八十岁的时候突然养了一只喂不胖的狸花猫。她说："你看这猫多可爱啊！养着它吧。"平日里儿女们都不在身边，她只是寂寞了。她喜欢说一些稀奇古怪的话，听一些稀奇古怪的歌。她八十二岁的时候，头发已经很少了，灰白的发色挣扎着耷拉在她的头顶，天气好的时候她会仔细地打理这些所剩不多的头发。

她似乎没有年老的样子，却满是年老的样子。

在寒冬的时候，我目送第二个生命的离开。我离家的前一天，她还倔强地不肯吃碗里的肉，却欢喜地吃下了两个梨。直到最后，院子里的狸花猫还是没能等到她把它喂到发胖。

2016 年，我目送两个生命的离开，突然对生命和死亡多了敬畏，也突然明白了那段话——所谓父女母子一场，只不过意味着，你和他的缘分就是今生今世不断地在目送他的背景渐行渐远。你站立在小路的这一端，看着他逐渐消失在小路转弯的地方，而且，他用背影默默告诉你：不必追。

一个人需要一个漫长的过程去证明自己活着。而死亡，却是须臾。

我站在他们的身后，满含泪水地目送他们穿过冗长又漆黑的隧道，隧道的尽头闪烁着点点星光。或许多年后，我去他们的墓地，就能看见墓地上遍野的苜蓿花，回想起那年深夜里的目送。

师评·智匠创作微论

关于死亡的脑洞，“曾经，我觉得死亡是一个人生命里必不可少的轮回，这一世不能继续的痛苦或美好，将在下一世继续”。生离死别，依然是最难以放下的痛。仲夏和严冬，是生活的两极，就像生死，是生命的两极。经历生离死别，也渐渐明白，“生命是由无数伤疤编织成的网，不断受伤又不断痊愈，直到最后带着一身伤痕缓缓闭上双眼。那些美好的记忆，变成汹涌的泪水，留在还活着的人的眼里”。一个人需要一个漫长的过程去证明自己活着。而死亡，却是须臾。

至亲的生离死别，总是痛彻心扉。目送亲人离开，那种恸和无奈，唯有经历过的人才会真正懂得。唯有感受亲人远去，才会真正深入思考关于生死的问题。如果你还幸福地和每个亲人安好相伴，请珍惜；如果你有亲人远离，也请珍惜还有亲人陪伴的每一天。智匠创意，在抒写，在回忆，也在思索。

还乡去

中文162班　杨玉洁

（一）

五岁之前，我在村子里跟着爷爷奶奶生活。

奶奶每天都会在路口等着她的儿子儿媳下班。后来，撒欢儿地玩了一天的我，也会和她一起等。暮色之中，一大一小两个身影，两对脚印。

这样等他们的习惯，我保持了很久，但并没有和奶奶一样百分百地完成任务。住进楼房后，我的身高从需要踩着凳子才能看见窗外到只需要踮脚就可以，于是我每天都会准时地守在窗边等他们回来。后来，在我不需要踮脚就可以望得见的时候，我有了人生中第一个芭比娃娃和一只会唱歌的毛绒兔子，再后来又有了各种各样的小布偶。我和它们玩得不亦乐乎，只有在爸爸妈妈过分迟到的时候，才会趴在窗台上张望。

然而奶奶却一直那样望着她的孩子们。

我们走了，她送；我们来了，她迎。

（二）

20世纪末出生的孩子们户外的游戏都差不多，部分农村孩子多了个环节——爬小山。确切地说，那不是山，而是一些沙堆，不高——约七八米，可对于不到一米的孩子们来说，也够爬一会儿的了。我们爬上去又爬下来，然后又很快地爬上去，累了就在山顶上休息，看着在地里干活儿的农人们，胡乱地聊着。

小山堆离家有一定的距离，我们望不到家里的炊烟，但看到落日的余晖铺洒下来，就知道要回家了。

那个年纪，总是觉得还有明天。白天，我们在小石凳那儿集合；天黑了，就各回各家。我们没有约定明天来不来，因为我们知道大家一定会来。

再长大一点，有一年，家里的挂历上印着一组青梅竹马的写真照。小小的我看着他们，开始试着给“青梅竹马”这个词语下定义。

七年级的暑假，我回去给奶奶“烧七”。那天，小时候的玩伴来家里找人，我蹲在门口逗猫，看到他后起身，他迎着光，冲我笑。

那时候我觉得，他比电视里正当红的明星还要明朗清秀。于是，我在心里把他定义为我的“青梅竹马”。

小孩子的记忆浅，我们之间到底经历过什么，我都记不清了。我做这个决定只是因为他长得好看，还对我笑。

可是你知道的，长大之后，没有约定也就没有明天，那一次见面是我最后一次见他。

所以，记忆里的人永远都那样好看。只要我不去试图窥探现状，他就永远年少，且笑意盈盈。

（三）

奶奶除了鱼肉不吃别的肉，至于这是为什么，她的子女也不清楚，只说这是她的习惯。

每次爸爸载我回家，都会去集市上提一两条大鲅鱼。爸爸做饭，我逗猫，奶奶望着我们。

奶奶的文化水平不高，但她会拿着我的课本翻来翻去，而我则会开心地向她展示我新买的文具，等她问我“这个多少钱”。

是的，她总是会问我们这些话。

“这件衣服多少钱？”

“这些肉你买了多少钱的？以后别买那么多了。”

……

奶奶1932年出生，原是地主家庭，幼年生活优渥。后来经历了几十年的社会变迁，她俨然成了一个过惯了苦日子的农民，可她身上到底还保留了些大家闺秀的气质。

从我记事起，就知道她的耳朵不太好。她没有完全失聪，但我们必须大声讲话，她才听得见。

所以你常看到的景象是：儿孙们冲她大吼大叫、手舞足蹈，而她温和地笑着对他们说：“什么啊？”

她的温柔是基于她的一切都是慢的。

她走路慢吞吞的。有一年夏天，我陪着她走路的时候，发现一只苍蝇伏在她身上，陪她走完了一整条路。

她吃饭慢吞吞的。她常常一边做饭一边吃饭，而后又坐下陪我们大家吃。吃到最后，桌子边只剩一个撑着的我和一个笑呵呵的她。

她讲话也是慢吞吞的，这一点建立在她听话同样慢吞吞的基础上。

她特别喜欢养猫。爸爸说，从他有记忆开始，她喂养过的猫差不多有上百只。我想了想，从我记事起到13岁，我在家里见过的猫也有二三十只了。

我们并不知道那些猫从哪里来，它们后来去了哪里也无人知晓。

它们在家里吃，在家里休息，跑去外面玩，来去自如，去留随意。它们如果再也没有回来，奶奶就嘟囔一会儿，然后就开始喂剩下的猫。

她的性情太像猫了，可能是因为她同猫生活太久了，也可能因为她本就想与同自己差不多的生灵做伴。

农村的猫没有很强的归属意识，至少在我家是这样。家猫不会觉得这里是它的家，也不认同这里的东西由主人所有。

所以，等到人们差不多都睡熟的时候，家里的猫会把别的猫领进来，分享锅盖底下的食物。

我想，它们在夜里行进时，恐怕是和“百鬼夜行”差不多诡异的“百猫夜行”。

（四）

如果把“招摇”和“小时候”挂钩，我唯一能想起来的就是：爷爷骑着三轮车载着我，优哉游哉地绕了周边几个村子三圈。那时，我手里还握着一根冰棍。那得意劲儿，总觉得是大王带我来巡山。

人们总说戒烟很难，可爷爷好像突然就不吸烟了。我还记得他坐在炕上，把烟草用纸包好，划开火柴，点上烟，一天会抽好几根。我安安静静地坐在炕头看电视，安安静静地吸着二手烟。

他从来没有抽过不需要自己动手包裹的烟。如果那时候可以给他一支，这个老烟鬼一定会高兴坏了。

以前，他可以在田地里待一整天。有时做农活，有时只是静静地坐着，望着大地或者天空。

大约在我初中的时候，他劈柴时伤到了手。也是从那时候起，疾病和灾难似乎总是围绕着他，住院是他晚年的常态。

后来，他由三个子女轮流接到自家照顾。

刚住到我家里的时候，他会在阳台里原地踏步走，开心地说：“我觉得我今年回去可以骑三轮车了！”

再到后来，他连走几步路都觉得麻烦，都会摔倒。

（五）

奶奶秉持“宁可食无肉，不可居无竹”的理念，在家里种了一小片竹子。

我不记得是听谁说的，要我远离竹子，因为竹子最是吸引蛇。这导致我现在每次喝竹叶青茶的时候，尝到竹子的味道，都觉得是在与蛇共饮。

我当时十分喜欢在“竹林”下，拿着一只小棍，模仿电视剧里的大侠，手舞足蹈，蹬腿下腰，大有一种谁与争锋的气魄。

棍的指向通常是家里的大白狗。它瞪着圆溜溜的眼珠看着我这个大侠把手里的“剑”刺向它，却从容不迫，面不改色。看来，我们两个旗鼓相当。

它年纪不小了，但至于到底多大，没人清楚。

二十年里，我最难忘的一双眼睛，就来自它。我不明白，为什么随着时间的流逝，我敬重的人、我喜爱的人，甚至是我怨恨的人，他们眼睛的模样都在我的脑海里消解了，只有它的眼睛，我一直记得。

我抚摸它脑袋时，它会仰起头，闭上眼，表现出一副很惬意的样子。当我把手拿走，它就用那双水汪汪的眼睛凝视着我，看得我心里说不上来什么滋味。与它对视一会儿之后，它会伸出舌头舔我的手。然而，在很长的一段时间里，我都不喜欢手上满是它的唾液的感觉，所以，在预测到对视这一步骤即将完成的时候，我就抽身离去。

我不知道它会不会觉得，这个人是因为不喜欢它，所以走掉的。但它一定会觉得，自己的热情被一桶冰水浇熄。原来让人觉得是“热脸贴冷屁股”的事儿，我自小就开始做了。

找到双方最喜欢的相处模式是需要时间的，所以幸好，我后来爱上了被它亲近的感觉。

（六）

那时的春节承载着我人生前二十年里最热切的期待和喜悦。每次做梦梦到过年，笑着醒来之后，发现是梦，总还要失落一会儿。

除尘时，奶奶什么东西都不舍得扔，无论还有没有用。所以，每一年的这时候，奶奶总是会发脾气，哭嘤嘤地唠叨一阵子。哭完，这事儿也就翻篇了。

年三十的晚上，妈妈包好饺子之后，爷爷、奶奶、妈妈和我就坐到炕上，爸爸去发小家里打麻将。

那是可以把看春晚、打扑克、逗猫这三项重要活动同时进行的时刻，而我还在悄悄地进行着另一个活动——时刻张望着窗外的秸秆、杂草有没有被别家的鞭炮碎屑点着，以及有没有坏蛋因为我们给爸爸留门而趁机潜入家中。值得庆幸的是，由于我的安全意识颇高，每一年我们家都可以欢度春节。

村子里的风俗是家里如果有人离世，三年之内不得张贴春联，不得去外姓人家拜年。简单说来就是，抛掉了春节的形式外衣。

故人不在，又没有仪式，那春节可真是太无趣了。

所以奶奶去世之后，我很少再回村子，幼时的玩伴也因此没有再见。

三年后，我满心欢喜地以为我们终于可以再过一个像样的春节了，爷爷却在那年的腊月去世。

当然，家里的狗早就被送了人，猫们也终于散尽。

终于，我再也不期盼过年了。

师评·智匠创作微论

关于故乡的脑洞，是风物，更是亲人。还乡去，因为有奶奶。儿时跟着奶奶长大，“奶奶每天都会在路口等着她的儿子儿媳下班。后来，撒欢儿地玩了一天的我，也会和她一起等。暮色之中，一大一小两个身影，两对脚印”。而且想定义一个“青梅竹马”，“那时候我觉得，他比电视里正当红的明星还要明朗清秀。于是，我在心里把他定义为我的‘青梅竹马’”。时光荏苒，而今“故人不在，又没有仪式，那春节可真是太无趣了”，“终于，我再也不期盼过年了”。还乡去，成了一个久远的怀念。

在“还乡去”的智匠创意里，故园、家国等美好的一切，都让人无限留恋。还乡去，曾经是那么快乐幸福的一件事，因为有奶奶的相迎和送别，有爷爷式的“大王巡山”，有那只难忘的狗狗的眼睛，还有无数只诡异的夜行猫。而当爷爷奶奶去世，猫狗也散去，便没有了“回乡”的热望。所谓，爱在哪里，家就在哪里。还乡去，是寻找亲人和故旧。希望每一个离乡的人都可以还乡，但愿也都有乡可还。不一样的旅途，不一样的还乡。

我和我的足迹

中文161班　刘丽

花开花落，朝去夕来，时代在变革，我也在成长。

——题记

（一）

那年，我在所有亲人的期待中来到了这个世界。从此爸妈有了女儿，哥哥有了妹妹，外婆有了孙女。就算当时环境不好，条件不是那么富裕，他们却给了我最多的关爱，尤其是外婆。

（二）

那年，我刚4岁，到了该上学的年纪。爸妈为了给我更好的生活，便到离家较远的工厂做工，每天都要早出晚归，于是外婆便承担了接送我上学的责任。那时候，我不喜欢上学，不喜欢在一个地方待很长时间。我不理解他们为什么一定要送我上学，常常因为上学闹别扭。直到有一天傍晚，我和外婆吃完饭在家看电视，看到了一个纪录片。那个纪录片讲的好像是：山里的孩子们都希望自己能上学，能实现自己的理想。可是现实很残酷——因为贫困，没有老师愿意留下来教孩子们。想要上学，他们要翻过两座大山到另一个小镇，路途中就要花费3个多小时，但孩子们都坚持下来了。原来，这就是理想啊！那时候，外婆跟我说，只有你好好上学，有能力了，才能帮助那些想上学的孩子。我懵懵懂懂地找到了自己人生的方向。

（三）

那年，我初中毕业，要去离家90公里的地方上高中。那个时候，我不想离开家，不想孤身一人去上学。我不知道该怎么面对外面那么复杂纷繁的世界。我犹豫了，想留在离家较近的地方。然后，外婆对我说："既然世界那么大，就去看看吧！长大了，你可以面对很多事了，外婆希望你去开开眼界。"然而，就在我高二那年，突然有一天，我接到妈妈的电话，说外婆生病了，想见见我。顿时，我感到很心酸，怎么发生得那么突然？结果妈妈告诉我，其实外婆已经生病好久了，只是一直没告诉我。原来只有我不知道。那天，我去医院看她。她的脸上依旧挂着慈祥的笑容，很温暖很温暖，还一直跟我聊天，说希望我越走越远。但在我不知道的背后，她忍受了莫大的痛苦——癌症的折磨。两天后，我再次接到电话时，外婆已经去世了。

我立刻请假回去，见到外婆那恬静的笑容，似乎只是睡着了。可是，她却永远都不能和我说话了。我很想哭，可是妈妈却告诉我说："外婆不希望你哭，她希望你一直是那个爱笑的女孩。她知道你哭会失望的。"后来，我学会了笑着面对人生。

（四）

那年那天，我拿到录取通知书，去了一趟公墓，把这个消息告诉外婆——我要去更远的地方上学了。我相信自己会越走越远，默默在心底说了一句："您希望的，我都会做到。谢谢您陪我成长，我已经长大了。"

如今，虽然外婆不在了，可是她教给我的却一直在，她似乎从没有离开过我。

外婆，谢谢您在我的人生旅途中留下那么多重要的足迹。

师评·智匠创作微论

关于足迹的脑洞，和外婆有关，因为关于世界的见识，是外婆给的。外婆有各种各样的事情可写。“既然世界那么大，就去看看吧！长大了，你可以面对很多事了，外婆希望你去开开眼界。”在外婆一次次的鼓励下，自己闯荡到了外面的世界，学会了笑着面对人生。“如今，虽然外婆不在了，可是她教给我的却一直在，她似乎从没有离开过我。外婆，谢谢您在我的人生旅途中留下那么多重要的足迹。”“我”的足迹，是外婆的叮咛和鼓励。

我的足迹——有着外婆的陪伴和外婆的叮咛的陪伴。生命中除了父母，还会有爷爷奶奶和外公外婆这样的老人，在父母为了谋生无暇顾及孩子的时候，常常陪伴着孙辈们。而孙辈最初面对的生离死别，就是这些慈祥仁爱而勤勉的老人们的离开。外婆或奶奶曾经说过的话，你还记得吗？有没有哪句一直陪伴着你？智匠创意，这里是在小处落笔，大写人生足迹。

回忆时，像喝醉了

中文161班　贺宗迪

童年，还有童年里的人，只会越来越远，远得模糊，远得朦胧，远得再也忘不掉、记不起。

——题记

学校总是把地砖撬起来，重新铺上，给原本素净的墙砖贴上花哨的浮花——诸如此类的工程，乐此不疲。电钻在耳机音乐声外轰鸣的一个下午，读完《活着》，我仿佛过完了一生。“在时间的节奏里各自流淌。”余华在序言里写道。

读到福贵被国民党抓去当壮丁、做炮灰时，我突然想起了我的爷爷——那个已经去世十多年的老人；那个身体佝偻，老得被世界忘记的老人；那个爱把炸得脆香的“小猫鱼”放进只剩牙床的嘴里慢慢咀嚼，对小孙女万般宠溺的老人。关于爷爷的故事，到底是在那昏暗的老房子里，在老人独特的腐朽味道里，爷爷操着那口我不太能听懂的外省话亲口讲述，还是从别人那里道听途说，我已经记不清了。

爷爷是湖北人，湖北与他有了几代子孙、寿终正寝的云南，离了几千里。他自小没了父母，由哥嫂拉扯长大，所以与他们感情甚深。后来，他不幸被国民党抓了壮丁。饥饿、死亡、恐惧……轮番折磨着他。

“我和几个同乡假装撒尿然后逃跑……后面的枪一直响……就我和另一个老乡逃了出来……两年后我才回到了家。”我似是忆起了大眼睛洋娃娃上空的背景音。

第二轮被迫征兵，壮年的爷爷自愿替已有家室的哥哥去，跟着军队辗转湖南后再次逃跑。居然又活下来的他，不敢再回家，逃到了西南边疆。爷爷脸上的皱纹被说话的嘴扯得一动一动——做了逃兵的老人语气里透出自鸣得意。我不再不屑、不解，战火滔天里的凡夫俗子，活着，有多么不易。

年龄一岁一岁地堆积，那和蔼苍老的面容前像有块毛玻璃，怎么也看不清。

那天，两个大些的堂姐到舞蹈培训班找到我，对我说：“爷爷死了。”于是我跟着她们回到了那昏暗老楼的客厅。记忆里，那方不大的客厅里站满了见过没见过的亲戚。现在回忆，怎么使劲，那一张张人面也是模糊的，但已经被移到客厅的床垫，亮蓝色的氧气瓶，被掀开毯子让看最后一眼变成铁灰色的爷爷，我却记得清清楚楚。毯子的掀开，仿佛协奏曲指挥下达的命令，哭声开始此起彼伏。我的脑子晕乎乎，跟着一咧嘴，眼泪也啪嗒啪嗒掉下来……

三周后，一天晚上洗脸时，水进了眼，涩得厉害。我见到，最后的爷爷，是铁灰色的。凉凉的液体自己淌了下来。8 岁的我，10 岁的我，19 岁的我……几岁的我，也不能再牵起他温凉干枯的手了。

昨天，我和外公外婆通了一小时的视频电话。外公前几天胆结石的老毛病犯了，这信奉忍的犟老头啊，居然自己悄悄到床上硬熬，到凌晨才准外婆通知老妈、孃孃（西南人称阿姨）。于是，外公发着高烧在医院住了好几天。

我在这边愠色责怪着他，让他下次不准这样了。他打着哈哈像小学生一样不好意思地点点头。聊一会儿就突然想起问我最近身体好不好，一会儿便又忘了，又问一遍在那边身体好不好。翻来覆去好几次，每次我都认真回答：我好着呢，你们才要注意身体！

外婆又提起他们差不多就要离我而去了，还能不能帮我带孩子呢？我也打了个哈哈，转过了这个话题——我讨厌这个话题。

师评·智匠创作微论

回忆和醉酒相关的脑洞，是因为读了一本书，想起一个人。“读完《活着》，我仿佛过完了一生。”想起了和福贵一样曾被抓去当炮灰的爷爷。对爷爷当逃兵，从不理解到理解，“战火滔天里的凡夫俗子，活着，有多么不易”。爷爷已经去世，而外公外婆也已年老。回忆，常常会在恍惚中散漫无边，有些却又牵念久远。

回忆有千万件，醉态有千万种，关乎过往，也关乎喜怒忧伤。在《活着》忧伤又不乏温馨的文字里，福贵坎坷的一生让“我”想起和福贵一样曾经被抓壮丁的爷爷，和人生的一场永别。回忆的智匠创意，是醉的感觉。恍如昨日，却又物是人非。是沉浸，是神情迷离恍如回到彼时彼地，勾勒已然远去的亲人的身影和感觉，记下回忆。醉，在深情……

当时只道是寻常

长大以后，
我们要在同一座城市，
住同一间房子，
穿一样的衣服……

那年夏天

中文163班　任柯

那年夏天，是你我的初见，从此便结下了属于我们两个一辈子的缘。

那年夏天，我们开启了一场艰辛的旅程。在这旅途中，我们相互鼓励、相互加油，只为最终能够见到荆棘后那一片盛开的鲜花。

那年夏天，是高三的开始。阳光炙热，在闷热的教室里，我们在埋头苦学。只是时不时地有一阵微风拂过，才能给我们带来一丝丝的慰藉。

那年夏天，我们每天早早起床，便开始了一天的学习生活，直到下了晚自习才回到寝室，结束这充实的一天。

那年夏天，是你给了我继续坚持下去的勇气。你每一天都超级努力，好像一个永远都不知疲倦的小陀螺。每天下了晚自习，你都要再坚持学一段时间，直到大爷来催，你才不得已回到寝室。正是被你坚持的毅力感染，最终我也加入了你的行列，将放学后再学一会儿当成了一种习惯。

那年夏天，我们将要进入考场，我们彼此鼓励，说着“我叫不紧张”的话语。

那年夏天，阳光炙热依旧，我们却已是到了要说再见的时候。尽管不舍，却也相互祝福，希望彼此未来会更好。

那年夏天，我们说了再见，拖着行李开始了我们的另一段旅行。在我们彼此的旅行中，我们虽不曾时时相伴，却也把彼此当作最好的伴侣，放在内心深处，伴着彼此一起前行。

那年夏天，我们不说再见，空间和时间的分离并不能将我们真正分开。我们依旧心与心紧密相连，根相握在地下，叶相触在云里。

那年夏天，时光荏苒，我们不散。

那年夏天，我们的故事还未完。

那年夏天……

师评·智匠创作微论

关于一个夏天的脑洞，“那年夏天，是你我的初见，从此便结下了属于我们两个一辈子的缘”。从那年夏天以后的无数个夏天，直到分别，“那年夏天，我们说了再见，拖着行李开始了我们的另一段旅行。在我们彼此的旅行中，我们虽不曾时时相伴，却也把彼此当作最好的伴侣，放在内心深处，伴着彼此一起前行”。未来还会有无数个夏天。“那年夏天，时光荏苒，我们不散。那年夏天，我们的故事还未完。”

智匠创意，是以人写一种人生的感受，为友情立传，谱写时光长河中的朵朵浪花，闪烁晶莹。那年夏天，一场生命中美好的遇见。一起努力拼搏，一起挥洒汗水；彼此鼓励，彼此陪伴，直到开始新的旅程。时光荏苒，曲终，人不散。每个人生命中总有一个“那个夏天”、一场遇见、一场心灵的邀约、一场生命的陪伴。你记起，它便是永远；你写下，它便在生命间……

那年夏天

中文163班　王子怡

那年夏天，花开正盛，绿树成荫，微风轻拂我们稚嫩的脸。暴雨过后，空气清新无比，沁人心脾。一簇簇盛开的花丛旁，玩泥巴的我们笑得很灿烂。四个小伙伴，在无忧无虑的日子里，享受自己的童年。

那年夏天，阳光明媚，空气里弥漫着零食的气息，香香的，甜甜的。开始上学读书的我们凑在一起，品尝当时认为是世界上最好吃的佳肴。欢快的六一儿童节，飞向天空的气球，偷偷咽下的泡泡糖，一笔一画的作业，放学的铃声……伴随着我们，一天又一天。

那年夏天，阳光炙热，空气中飘浮着躁动的气息。步入青春期的我们渐渐有了隔阂，懂得了男女有别，出现了嫉妒与怨恨，敏感又多疑。四个小伙伴分割成了两个小团体，彼此间有了吵架和战争。最后的最后，我们还是好朋友，却再也回不到从前。

那年夏天，六月骄阳似火，空气闷热，校门口人影攒动。走出考场的我们仿佛再也不属于身后的那个世界。告别了无休止的考试，告别了压抑得人窒息的作业，告别了灰头土脸拼命做题的日子，仿佛看到了雨后的彩虹。

那年夏天，河水清澈，叮咚作响，曾经一起长大的我们分道扬镳，从此我们的世界便不再相同。

那年夏天，我们四个无意中碰到一起，彼此都惊讶于彼此的变化。步入社会的多了一些成熟，谈吐之间却不再流利自如；已为人妻的挺着肚子走在路上，满是欣喜；成为幼师的抱怨工作的辛苦……我们聊了现状，互相问候，却发现，面对面交谈的我们之间似乎有了一堵墙。我们都知道，再也回不到从前。

我们一起度过欢乐的童年，步入懵懂的青春期，走过大大小小的考试，在交出那最后的一张卷子后，人生很少有交集。我们各自选择了想走的路，有了自己的生活，再相见，却只是相顾无言。

今年夏天，风景依旧，却只有我独自一人走在家乡的路上。我独自一人外出求学，童年的小伙伴们都已奔向远方，徒留我一人回味童年的记忆。

逝去的时光那样美好，却再也无法重现。四季轮回，时光渐远，默默在心底祝福你们：各自安好。

我会好好珍惜人生中的每一个夏天。

师评·智匠创作微论

关于那年夏天的脑洞，“那年夏天，花开正盛，绿树成荫，微风轻拂我们稚嫩的脸”。夏天，因为“四个小伙伴，在无忧无虑的日子里，享受自己的童年”而使岁月充满欢乐。但人生聚散，“那年夏天，河水清澈，叮咚作响，曾经一起长大的我们分道扬镳，从此我们的世界便不再相同”。不同的人生经历改变了彼此，“面对面交谈的我们之间似乎有了一堵墙。我们都知道，再也回不到从前”。唯有祝福，“逝去的时光那样美好，却再也无法重现。四季轮回，时光渐远，默默在心底祝福你们：

各自安好”。

那年，夏天，不知经年，也不知是夏天的哪一天，或许是很多年的很多个夏天，从童年到青年，甚至老年……那些曾经的人和故事，已然远去，却还在心头久久飘荡、回响。那些未来的人和事，在今天的憧憬和孕育中，会不期而至。暴雨后，会有清新的风和明朗的天，这就是生命和自然的赐予。踏实地走过每日，铭记一场场聚散情缘。智匠创意，一段文字，书写就是最好的生命之礼，与我，与你。字里行间，情在不言。

当时只道是寻常

中文161班　吴爽

“长大以后，我们要在同一座城市，住同一间房子，穿一样的衣服……”“好呀，那我们待会儿去吃雪糕吧！”

曾经的我们，一起去城郊的河边树林冒险；约好一起夜探学校，见识白天鬼怪传闻中的主角；一起沿着马路徒步回家，只为省下一块钱去吃小布丁。有些事情，我们一起经历；有些，却再也没办法说出口。

我们之间隔了1898.4公里。回忆在翻越崇山峻岭、涉过无数河流后，终于倒下。从此我的回忆像一部默片，安静得可怕。时有时无的色彩，提醒着我那些过往终将归为尘土，消失在阳光下。现世的光怪陆离像不知饱的饕餮，蚕食着过去。从此，我的世界只剩春花秋月。

再次见面，我们俩竟像陌生人一般：没有话题，不知喜好。两张和十年前大不一样的脸庞拼命地想要表达出喜悦、兴奋、开心，最终却只是抽搐了几下，挂上了一张无害的笑脸。我们局促地坐着，颇有默契地拿起了手机，像是惊喜于我们不变的默契一般相视而笑。你借口有事，我说好巧。我们就这样，向左走，向右走。我曾经想，在这圆形的地球上，我们沿着自己的方向，各自安好，会不会在未来的某一天再次相遇？我期待，又害怕；我欣喜，又犹豫。我们会相视一笑、擦肩而过，还是停下脚步、互汲温暖？

这便是人啊！

有时候自嘲“我们永远是最好的朋友”。你看，我连开玩笑都在欺骗自己。对呀，你就是我的心上人！可是十年的岁月流转，时光荏苒，曾经的欢乐像一道诅咒，揭不开，也撕不下。结成的痂像铁壁一样，落不下，愈不了。常常在夜里祈祷，愿你余生鲜衣怒马少年时，一日看尽长安花。

祝顺！

师评·智匠创作微论

当时只道是寻常，是关于记忆的脑洞，也是关于今天的脑洞。“我们长大以后要在同一座城市，住同一间房子，穿一样的衣服……”这些话像海誓山盟，但“我们之间隔了 1898.4 公里。回忆在翻越崇山峻岭、涉过无数河流后，终于倒下”。于是，“再次见面，我们俩竟像陌生人一般：没有话题，不知喜好”。此时此刻，“我期待，又害怕；我欣喜，又犹豫。我们会相视一笑、擦肩而过，还是停下脚步、互汲温暖？”终于明白，“这便是人啊！”但无论如何，还是要祝福，“常常在夜里祈祷，愿你余生鲜衣怒马少年时，一日看尽长安花”。

以人人耳熟能详的诗句，表达一种相似的情感。智匠创意，有时把至爱至痛至真至情说得云淡风轻，不是薄情，只是世情人情。为你的生命中那些令你百般珍惜，却又无奈悄然随风而逝的情意，写一首诗。如此，是迹，是记，是纪！“等闲识得故人心，却道故人心易变。”总有一些，在不经意间，渐行渐远，唯有珍惜，唯有铭记！

青春

中文162班　蔡佳文

要谈起我的青春，那就不得不提起那个随着我的青春到来而到来的人。

10岁那年，妈妈给我报了个书法班，和我一起上课的还有很多差不多大的孩子。没过几天，大家就熟悉了，每次下课都会追着打闹，然后在岔路口恋恋不舍地道别。我渐渐发现一个身影，好像每次都在追着我跑。那是个和我同级却不同校的女孩，留着比男孩长那么点的锅盖头，戴着副黑框眼镜，乍一看就是假小子样。不过，我印象最深的是她的小虎牙，因为她每次追到我后，都会露出那颗小虎牙，一脸坏笑地抓着我不让我再逃走。不知为何，她很瘦很漂亮的手好像有很大的力气，跑得也和男孩子一样快，每次都能追上我，无论我怎么逃都逃不掉。

慢慢地，我们俩变得亲密起来，每周上课时都会坐在一起，下课路上也一块儿疯。就在这样的你追我赶中，我们升了初中。她学习比我好点，上了市里比较好的中学，而我只能去离家近的那所二流中学。书法班也因为学业都没有再上，但我们之间的联系却没有断。初二时，我的成绩在班里名列前茅，于是开始整天浑浑噩噩、不求上进，可实际上，这样的成绩根本上不了一个好高中。她不知从哪里听来的风声，在一个下午约我见面。那还是春寒料峭时节，她的支气管炎正严重。在广场冰凉的石凳上，我们并肩而坐，她哑着嗓子说："要是你高中考不到我们学校的高中部，我们就别再联系了。""怎么可能！现在我的成绩连普通高中都不一定能考上！"然后她只说了一句话，就头也不回地走了。那句话我一直记到现在——她说："时间能改变一切。"

经过一年的努力，我如愿考到了那所学校的高中部。本以为终于可以和她一个学校了，结果她却被分到了分部。但是偶尔的晚安，考试时的互相激励，天冷时不忘提醒一句要加衣，深夜时吐露不曾对外人道的心迹……我们已然成为对方的闺蜜。生活上没有她，我仍可以过得很好，但精神上没有她却万万不行。

现在的我在祖国东北的海滨城市，而她在祖国西南的绵延山城；我套着大棉袄追忆青春，她穿着短袖在篮球场享受阳光。她还是像当时那样，不时干点坏事，然后露出一脸坏笑。

我的青春因她而改变，这美好诗篇里的许多优美辞藻都是她。我的青春，大半她都在了，剩下的日子她也不会走了吧？谁让我也逃不掉呢！

师评·智匠创作微论

青春的脑洞丰富多彩，青春的故事数不胜数，关于你的故事却是最重要的一个。"时间能改变一切"，是指要珍惜时间，努力拼搏。"现在的我在祖国东北的海滨城市，而她在祖国西南的绵延山城；我套着大棉袄追忆青春，她穿着短袖在篮球场享受阳光。""我的青春因她而改变，这美好诗篇里的许多优美辞藻都是她。我的青春，大半她都在了，剩下的日子她也不会走了吧？谁让我也逃不掉呢！"

“青春”，短短一个词、两个字，涵容每个人最美好的一段岁月。智匠创作，抒写青春中最难忘的点点滴滴，尤其是那个和“我”一起，你追我赶、奋斗青春的陪伴者。所以，每一个美好的事物，一定都有一个依托，就像美好的辞藻于美好的朋友——“你”。这样的文字，才是真挚的文字。

你是我的朋友

汉外161班　杨宛霖

在我们的身边，通常会围绕着四种人：一出生就围着你的亲人；成人之后互相吸引组成家庭的爱人；只匆匆瞥过一眼的陌生人；能一起谈天说地的友人。

孩提时，我们能成为朋友，大多是因为住在同一个地方。闲暇的午后，由父母带出来，小孩儿之间向来没有隔阂，叽里咕噜地说着彼此才能听懂的语言。如果下次有缘再见，他就会被父母称为“你的朋友”。幼年的你，还没有选择朋友的意识。

逐渐长大，拥有了独立的三观和思想，我们开始选择朋友。渐渐摸索出自己的交友法则和底线，知道哪些人只是过客，哪些人只是短暂的朋友，哪些人可以成为挚友。凡事都有三六九等，朋友也不外乎如此。

简单来说，一种叫作普通朋友。这类朋友见面可以热情打招呼，可以一起聊八卦、一起打游戏、一起学习、一起享受美食。可以一起做很多事，可始终不能分享悲伤和忧愁。

要想在对方心里占据一定地位，成为有分量的人，共享悲伤和忧愁是不可缺少的。有些话我们可以和所有人讲，有些话却只想告诉你，这就是好朋友。不是因为利益，仅仅是欣赏彼此的灵魂，我愿意无条件地信任你。好朋友像是午后屋内的暖阳，温暖着躺在摇椅上的你；又像是冬日里捧在手里的热可可，喝一口令人身心舒畅；又像是电闪雷鸣之中帮你遮挡风雨的一把小伞，和你一同为生活烦忧、为未来迷茫。你们彼此鼓励，互相扶持，一起解决种种烦恼。

两个人能在茫茫的人海中成为朋友是一件很幸运的事情。能找到一个好朋友，就像是从千万分之一的碎片中挑选两片，而这两片正好成对。同时，朋友之间没有防腐剂。如果不常采取保鲜措施，也是会过期的。

每次听到大人说起往事，提起朋友，都会在心里默默惋惜。曾经的朋友，被时间的长河冲散，说起那段往事的时候，只能用“我们那个时候真的是很好的朋友”作为结尾。其实，我也很害怕，因为有过长久不联系而失去好朋友的经历。

如果你很珍惜某个朋友，不要轻易告别，多多联系吧。

你是我的朋友，是一路同行的喜悦，也是遗憾分别的悲伤；是无尽的祝福，也是不绝的思念；是年少的轻狂，也是老年的念想。

师评·智匠创作微论

关于朋友的脑洞，同样无限丰富。“在我们的身边，通常会围绕着四种人：一出生就围着你的亲人；成人之后互相吸引组成家庭的爱人；只匆匆瞥过一眼的陌生人；能一起谈天说地的友人。”所以，“两个人能在茫茫的人海中成为朋友是一件很幸运的事情。能找到一个好朋友，就像是从千万分之一的碎片中挑选两片，而这两片正好成对。同时，朋友之间没有防腐剂。如果不常采取保鲜措施，也是会过期的。”当彼此珍惜的我们一起走过岁月，“你是我的朋友，是一路同行的喜悦，也是遗憾分别的悲伤；是无尽的祝福，也是不绝的思念；是年少的轻狂，也是老年的念想”。

智匠创意，“你”和“我”之间的故事。“朋友一生一起走”，一首传唱大江南北的歌曲，正是朋友情谊最好的表达。人可能有很多朋友，也可能一生朋友无多，所谓“人生得一知己足矣”。想想你的那些朋友，是知己还是过客？可以谈天说地还是可以分享悲伤和忧愁？那些陪伴，是岁月最值得珍藏和抒写的记忆。

得不偿失

中文 161 班　樊文玉

“什么是得不偿失？”“就是亏了呗！”舍友问我什么是得不偿失，脑子还没有反应过来，嘴里就已经说出了答案。似曾相识的场景，一模一样的问答。

这让我想起了我“青梅竹马”的好玩伴。我们一起长大，在独生子女众多的时代，我们是陪伴彼此时间最多的人。她从小学习拉丁舞、美术，妥妥的才女式路线；我就比较自由散漫，野孩子式长大。过去的十二年，我们就像石榴籽一样簇拥在一起。本以为一切都会这样一直继续下去，可在某一天，她面带娇羞地对我说：“我谈恋爱了。”我先是一惊，随后一喜，接下来就剩悲了。年少的我们根本不懂恋爱。

此后因为我搬家，我们的距离好像又拉远了一段。后来在网上聊天，她发来三个字：分手了。还外加三个表情符号。隔着屏幕我看不见她的神情，也不清楚原因。不在同一个初中，我对她的了解少了几分。或许是因为从小她爸爸不在这个城市工作，对她陪伴较少，又或许是情窦初开的诱惑，她再次踏上了恋爱之旅。不出意料她中考考砸了，进了当地最差的高中当了艺术生。这无疑是一条艰难的路，可这也是她唯一的路。

“他的自拍全是P图……他跟他爸爸关系不好……他有一点点同性恋倾向……”她眉飞色舞地描述着她的男友。

我不解地问：“他这么糟糕，你喜欢他什么？”

“因为懂得，所以喜欢。”她当时眼睛里流露出来的深情与爱意，使我相信了那句话。高中毕业，我们一起吃饭，她说：“他去了乌克兰，连再见都没说。”

那不加掩饰的失落让我不得不岔开话题，隔着火锅的烟雾问她：“艺考考得怎么样？准备去哪？”

“哎，都没有考上！可能去上大专吧。去江西，我妈应该会打死我。”

那天，她说，这几年让她明白了什么是得不偿失。

“什么是得不偿失？”

她回：“就是亏了呗！”

我心里一沉，看着满眼的热气，心里却是凉透的。后来去唱歌、去逛商场，玩得很开心，离别时淡淡地招招手，我们一个天南一个地北，就这样越离越远。我们从躺在父母的怀里开始，到离家千万里，都维持着我们的感情。她身边还是有各种奇奇怪怪的男生，抛弃她的、她抛弃的。每个人的人生都不同，在每次的选择中种下因，在后来的时间中品尝果。我相信因果循环，相信人各有命，可我们不能认命，不能在日子中妥协。

在未来的日子里，请好好地保持善良，它会给我们带来希望。

师评·智匠创作微论

“什么是得不偿失？”“就是亏了呗！”“每个人的人生都不同，在每次的选择中种下因，在后来的时间中品尝果。我相信因果循环，相信人各有命，可我们不能认命，不能在日子中妥协。在未来的日子里，请好好地保持善良，它会给我们带来希望。”寥寥数语，一词之解，一个青年的生活，跃然纸上。如此脑洞，启人思索。

得不偿失，是一个常见的简单成语，却蕴含着不简单的生活和人生。什么是得不偿失？由一个看似不经意的问题，引出自我对成长和学习的思考。这就是智匠创意，抒写青春心情和文字。青春，是奔跑的季节，但也应该时时回首，调整方向，向着更明媚的自己和未来前行。生活中的一句话，就会引起善于思考者的种种思绪，流淌在笔端，即是富有青春思绪的文字。

青园苹子

迷雾、叶子、
蓝天、白云、
小河、青山，
都在告诉她：去吧，宝贝。
即使成长会很难、很累，
但一颗红心将指引你实现
全部的愿望。
所以你要学着去成长，
而且你绝对不会后悔。

念

——仅以一字赠予回忆

中文162班　高萌

重山围绕蜿蜒的道路，点上轻轻的迷雾，不会消散。寂静的村庄里传来鸡的鸣叫，就连叶子也有它的自由，随意飘散，任性而为。欢脱的小脚啪嗒啪嗒，那是一个小姑娘，她叫灵惜。

灵惜走不稳，就开始跑了，如同叶子一般自由，园子里尽是她的天地。她纯净的眼睛里出现了她——鸽——一个会惹得灵惜笑得不顾一切的人。灵惜飞奔上去，拥抱着她。她上学了，灵惜就静静地等、遥遥地望。

不久后，她的生活更有趣了，一个精灵般的男孩出现，两人经常打架。菜刀、车子竟都成了打架的工具。那种感情是真真切切的爱和害怕伤害的恨。三人的组合缺一不可，有领导的、有跟随的、有附和的。

山间笼罩的迷雾变轻，但仍未消散，就像灵惜的名字。山村给予了她善良、坚毅、要强、灵气的性格和懂得珍惜的品性。她是同龄孩子中最优秀的，虽然山里孩子不多。灵惜总是和伙伴一起上下学，一起嬉笑、玩耍在蓝天绿地间。周围有个富人家，吃着各种珍贵的水果，开着豪华汽车，但是那又怎样呢？她却享受着穷人家孩子最难得的快乐、幸福。

寂寂的山村迷雾被戳开了个洞，灵惜钻了出去，却什么都没意识到。游走在题海、课堂间，带着固有的单纯，她参与着有趣的学习和学校新奇的一切。当风吹得迷雾变色，悄然间，她不再是以前的模样，成绩单已无法满足她的高傲。习惯山水相伴的她，不喜欢和不熟的人讲话，游荡在人们的冷漠之间。当学习无法填满她的生活，去寻求友谊又失望而归，于是她开始抱怨学校的无聊，埋怨父母的不理睬。这些让她的心变得灰暗。灰暗，她不习惯说出来，于是这灰暗慢慢病变、溃烂……

熬着，挣扎着，虚度着……不懂得成长，不懂得所有该懂的、不该懂的。让一个一心只读圣贤书的孩子，在一年的时间里去接受太多事情，也许很难。但已经艰难度过这一年，多少个日日夜夜，一季春夏秋冬，该长大了。同时，山里那宁静自然的迷雾在召唤：心早已经飞走，身却不能随行。她爱上了那个美景城市，也许将来会留在那里，也许会脱离那个因为自然所爱上的城市，但也绝不会走很远。若是只有梦想，没有自然，那就太苦了。她不愿让自己处于烦恼中，自动逃避世事，不“争”不“抢”。她感谢命运没有安排她走得太远，心离得远，怕是更加孤寂。

迷雾、叶子、蓝天、白云、小河、青山，都在告诉她：去吧，宝贝。即使成长会很难、很累，但一颗红心将指引你实现全部的愿望。所以你要学着去成长，而且你绝对不会后悔。即使现在没有能力、没有钱、没有方向，但还好可以用青春去努力，到了秋天，总是收获的季节。

山村里不变的寂静，灵惜仿佛又听到了儿时自由纵情天地的声音。她回不去，但她依旧带着童年，带着大山给予的单纯、要强、坚持或者固执，探索着向前。不再自卑，留下自己的点点印迹，或有意义，或是失败的打击，都是最美的收获。灵动自由，珍惜一切，等待这一生的使命。

师评·智匠创作微论

念，一个字，脑洞如何打开？“欢脱的小脚啪嗒啪嗒，那是一个小姑娘，她叫灵惜。灵惜走不稳，就开始跑了，如同叶子一般自由，园子里尽是她的天地。”一念之间，一生之长，何去何从？“不再自卑，留下自己的点点印迹，或有意义，或是失败的打击，都是最美的收获。灵动自由，珍惜一切，等待这一生的使命。”灵惜，以富有象征意义的词语为姓名的脑洞。

念，不是想念，不是怀念，而是回忆，在回忆中构建一个热爱生命和生活的人的一生和未来。灵惜，是一个与众不同的山村女孩，亦是一种生命的信仰。以灵惜智匠创意，抒写唯有珍爱自己的生命，才会懂得给自己的生命一个信仰，并用一生去努力，去靠近它的心意。这便是所谓的初心吧，且行，且念！生活中的无数闪念，会有一个成为永恒，值得抒写，值得记忆。

爱与被爱

中文161班　王潇莹

大连大学最具特色的，除了寒气逼人的“妖风”以外，就是校园内出镜率极高的小野猫了吧。它们不像别处的流浪猫，用一双怯弱的眼睛盯着你，随时都会逃走，反而淡定自若地躺在路边，慵懒而随意，任同学们在它身边来来往往也绝不挪一下身子。

我曾以为这些猫儿是柔弱的、楚楚可怜的。直到一次在食堂吃饭，我彻底被它的霸气震撼。那时我正津津有味地埋头扒着盘子里香喷喷的饭菜，无意间一抬头，竟看到一只橘黄色的猫正迈着端正的猫步缓缓向我走来，双目直直地盯着我，仿佛要让目光穿过我一般。在我正好奇它竟然不怕人时，它已在和我的对视中走到了我的脚边，缓缓地坐了下来，并依然用那坚定的目光望着我，仿佛在向我暗示。终于在吃到肉以后，它心满意足地迈开步伐，踩着光洁的地板缓缓离开，继续寻找下一个“蹭饭点”。我看着它高傲的背影，在惊奇于这种难得的经历的同时心里忍不住诧异：为什么学校里的猫如此傲娇可爱？

冬日，凛冽的寒风带走了校园里最后一点温暖，平时躺在路边晒太阳的野猫也都不见了踪影。我不禁担心起来，不知道它们在冷风彻骨的冬天能不能撑过去。上课途中，发现路边草丛里有两只蜷缩在一起的猫，在寒风里互相取暖，它们弓起的脊背控诉着冬日的寒冷。它们一动也不动，仿佛睡过去一般。在它们身后，是一个用自制的纸板做成的猫窝，也许是没有经验，洞口对于它们的身躯来说有些狭小，并且纸板在扑打过来的寒风中没撑多久便变了形，只留下摇摇欲坠的外壳。正当我想走过去查看时，却看到一名少年抱着一个崭新、硕大的猫窝向两只猫走去。猫窝是用木头钉成的，甚至还贴心地贴了墨绿色条纹壁纸。对于猫来说，这是再温暖踏实不过的家了。一时一股暖流缓缓注入心里。这些猫儿之所以不怕人，过着高傲安逸的生活，正是因为有这么多善良的人们呵护与宠溺着它们。对于这些受过恐吓或打骂的流浪动物来说，能够放下戒备、相信别人实属不易，但爱与呵护终会建成一座心灵的桥梁，通向双方心底。我不禁感到庆幸，也许这种被动物信任并依赖的经历，也只有在这样的校园里才能遇到。

不知为何，今日校园里的风出奇地比平时少了些许，竟让一向怕冷的我感受到了暖意。也许，温暖从未离开，只是在不经意的角落，静静地等待。

师评·智匠创作微论

“大连大学最具特色的，除了寒气逼人的‘妖风’以外，就是校园内出镜率极高的小野猫了吧。”它们之所以不怕人，是因为寒风凛冽中，“爱与呵护终会建成一座心灵的桥梁，通向双方的心底”。在菁菁校园里，“温暖从未离开，只是在不经意的角落，静静地等待”。关于“爱”与“被爱”的脑洞，不只是丰富的想象，还有深邃的思想。

爱与被爱，可以是父母亲情之爱，可以是恋人之爱，还可以是人与自然万物之间的和谐共处、友好珍爱。每一种事物，都自有它的意义，尤其是那些弱小的、无助的，就像这只饥饿却依然傲娇的猫咪，就像这对寒冬中无以为暖的野猫……智匠创意，以校园的小猫，抒写人间大爱，爱每一个生命，心怀悲悯，有一颗善良的心，就会让世界充满温暖。

浮云二记

中文161班　熊娟

成都的雨

阿秋要去成都念书，问我成都气候如何。我想了一些时候，成都的天气，就像川剧的脸谱一般，你想要的，几乎都能演绎。于我，我想念成都的雨。

我记得杜甫有一首诗：

好雨知时节，当春乃发生。
随风潜入夜，润物细无声。
野径云俱黑，江船火独明。
晓看红湿处，花重锦官城。

这首诗广为流传，成都的夜雨也因此为人们所熟知。一想到夜雨，胸中就有一个挥之不去的画面，一种萦绕于心而说不清的朦胧。前段时间，民谣歌手赵雷的一首歌很火，叫作《成都》，里面有一句歌词：和我在成都的街头走一走……走到玉林路的尽头，坐在小酒馆的门口。一看到这句歌词，我便想起夜雨后的午夜，街上几乎没有人，只剩下树叶上的雨滴擦着空气回归大地的声音。道路尽头，微弱的路灯在水的反射下，明晃晃地照着小酒馆厚重的木招牌。

五月鸣啁，六月精阳，闷热的空气里，温暖的风时不时地吹一吹，说不出的胸闷气躁。我期盼成都的雨，从不曾注意春秋冬日的雨。

成都的雨总是澎湃的、激情的、让人畅快淋漓的。下午两三点钟，烈日当头，骄阳似火，还不等你找到树荫偷凉，忽而一大团黑压压的云过来，遮住正在兴头上的太阳。不一会儿，后脖子突然钻进了什么，一阵清凉渗入汗背，直入骨髓。还未等你反应过来这是下雨了，一颗又一颗拳头般的雨点便开始砸向你旁边的玻璃，发出啪啪的声音，让你直怀疑玻璃是不是碎了，赶紧走远几步。地面一摊又一摊的雨水迅速集结，蔓延成小溪，洗刷冒着热气的地面。你站在屋檐下，看着隔着薄薄空气偶尔砸向你身上的清凉，笑笑摇头，就那么踏入了雨里。

夏天念书的时候，教室里吱吱呀呀转着摇摇欲坠的老婆婆风扇。一到下午放学，我们就冲到校门外的冒菜摊摊儿，选上一篮子的菜和肉，以最快的速度交给阿姨丢进锅里煮。在热气腾腾的大锅前，在摩肩接踵的人群里，从阿姨手里接过自己的冒菜，就那么一路吃着回教室自习。又辣又烫的冒菜，加上冒着烟的空气和炙热的水泥地，脸上汗如雨下，整个人舒服得都要烧起来了。那天吃着吃着，瓢泼大雨瞬间就扑了下来，大家都端着纸碗使劲儿穿过操场往教室跑。跑着跑着，发现有一个人丢了纸碗，就着暴雨，在操场上跑起了圈，接着，又多了两个，又多了一排，又多了一堆……最后，操场所有的人都开始在暴雨里奔跑，一圈又一圈。那天的最后，走廊上的同学们嘶吼地唱着《追梦赤子心》，操场上的同学们在暴雨里狂奔，所有的人，都在放肆，在高考前的最后一场暴雨里。

我想念成都的雨。

大连的风

对于一个在南方住惯了的人——比如我——来说，要是在家乡能感受到这么大的风，便觉得是奇迹；大连却是没有微风可言的。对于一个刚从盆地里出来的人——比如我——来说，要是听见风的声音，那一定会觉得是怪事；大连的风却从不遮遮掩掩，就是要恣意地吹——你来听听呀，我在刮风了。

无论什么地方，风总是有的，风也总是可爱的，可是北国的风，却来得特别浓、特别厚、特别豪爽。我不远千里从成都赶来大连的理由，绝对不是为了大连的风，却不承想，首先就被大连的风给喂了个大腹便便。

如果要我画一幅最能体现大连特色的画，我一定不画沙滩，不画海鲜，不画星海广场。我想，我会画一棵树，一棵被吹弯了的树。我的画是写实派，不是抽象派。从火车站到学校，一路上，我看见的所有树，无一不是弯着腰的。难怪说大连的游客多，游客也爱来，连树都这般鞠躬尽瘁了。

开始上课的时候，跟老师抱怨学校风大。老师一脸轻松，抬抬手：你们现在这都不算什么。我们刚来学校的时候，学校里没有这么多楼，也没有这么多树。有时候风刮得大了，女生的话一个人都没法儿出门。去上课时，都要几个女生抱团在一起，免得被风刮得走不动。我记得有一次是冬天，风刮得特别大，把装垃圾的大铁桶给吹翻了，铁桶在地上轰隆轰隆地滚着。一个女生为了躲开，一时没抓紧手上的包，风就把包拖走了，像一个强盗一样，还拽走了包里所有的东西……

最好的是下点小雨了。雨后，本就整洁的大连显得更加可人了。空气里的尘埃被雨水带入土地，空气格外清新，这时再吹点风，一丝丝海水的咸味儿迎面而来，就这样站着就好了！

刘邦当年唱着大风歌："大风起兮云飞扬，威加海内兮归故乡，安得猛士兮守四方！"若无大风，哪来的这般豪情呢！金圣叹说人生三十三乐，其十："夏月科头赤足，自持凉缴遮日，看壮夫唱吴歌，踏桔槔。水一时湙涌而上，譬如翻银滚雪。不亦快哉！"若在大连，则可以改为：夏日科头赤足，自搭帐篷于沙滩，看海鸥唱歌，孩童嬉戏。搭一烤架于帐前，或鲜虾蚬子、或白面馒头，少许香油，几颗盐巴，忽而一阵风吹熟炭火，白面飘香，岂不快哉！

听，窗外又刮风了，我想念成都的雨了。

二〇一七年六月一日 午夜

师评·智匠创作微论

“成都的天气，就像川剧的脸谱一般”，同时又是“澎湃的、激情的、让人畅快淋漓的”，因而让人想念。而“大连的风却从不遮遮掩掩，就是要恣意地吹”。成都的雨，是曾经；大连的风，是现在。或许哪一天，大连的风也成了曾经，也会让你想念。浮云随风，情意随处，思绪随心，脑洞随人。

浮云二记：成都的雨，澎湃激情；大连的风，肆无忌惮，可以吹翻装垃圾的铁桶，可以像个强盗一样拽走女生的包。这就是一个学子生活和学习的不同地方，各有各的天气，各有各的特点，但相同的是，离开了，都会一样让人怀念。大连风大，是不是因为有大海？连大[①]风大，是不是因为背靠大黑山？徜徉山水之间，智匠创意，浮云确是最真实的情感和人生。乐山？乐水？智者？仁者？是自然的赐予，是人生的洗礼。

① 大连大学，简称“连大”，后文同上。

校园·秋·落叶

中文162班　孙昊宇

博物馆前那棵叫不出名字的树，树叶已经干枯，但是它仍坚守在自己一生所在的地方。望着它，心中不免生出一丝悲凉。记得17级新生刚刚入学的时候，和几个学弟学妹的第一次见面就是在这棵树下。那时的它，还可以在烈日炎炎的夏日午后给予我们一丝清凉。入秋后青翠的叶片渐黄，深秋时节，当银杏叶都飘落，只留下那光秃秃的树枝时，那棵叫不出名字的树仍然坚挺在连大的秋风中。片片金黄的叶，在风中摇摆，同时也让我为它提心吊胆，生怕它同银杏一般，最后只留下树干。还好它有自己最后的倔强，在寒冬连大的狂风中仍坚守着。

曾经的我，喜爱春的气息。春会带给我生的气息，给我一种积极向上之感。同时，我又不喜欢春，春的到来意味着炎炎夏日也已临近。要知道，这对胖子来说是一种多么大的惩罚！来到连大后，我发现我爱上了连大的秋。仍记得第一次爱上它时已然是深秋。那日清晨格外寒冷，行走于明德楼边的路上，路边的银杏叶一夜之间全部落下，在难得无风的校园中静静地躺着。那时的我真的想变成它们中的一员，安静地享受那片刻的美好。

还记得校园落叶纷飞之时，南二食堂门前的落叶不知被哪位心中有爱的人儿摆成了心形。自然给予了我们材料，而我们要让它变得有爱。

要记得那飘满地的银杏，要记得那坚守的枯叶，要记得连大的一切，要记得你给我的回忆，要记得一切的一切……

师评·智匠创作微论

关于校园的脑洞，一枝一叶总关情。大连大学校园的风物与人事："博物馆前那棵叫不出名字的树，树叶已经干枯，但是它仍坚守在自己一生所在的地方。望着它，心中不免生出一丝悲凉。""还记得校园落叶纷飞之时，南二食堂门前的落叶不知被哪位心中有爱的人儿摆成了心形。""要记得那飘满地的银杏，要记得那坚守的枯叶，要记得连大的一切，要记得你给我的回忆，要记得一切的一切……"当离开，忆过往，念将来……

以一些简单的意象，校园、秋日、落叶，智匠创意哲理的思绪，是时、是空、是生命，又是羁绊缠络的日常。生命中的每一刻，每一场遇见，即使一枚落叶，都是最美好的相逢，而作为大学生将在其中度过的四年，是青春最美好的韶华岁月。不同的校园，不同的时空，不同的风物，不同的人和不同的故事，都将是人生最值得铭记的岁月印痕。你的校园，你的日日韶华，你的那场美丽的邂逅，都是你的最妙曼的一段诗文。

故往昔，意阑珊

中文162班　白慧

指尖摩挲着用了四年的饭卡，边角已经有些磨损了，也不知是在南二买玉米面时被拥挤的人群剐蹭的，还是在每天晚9点排队打水时被热水烫的，原本平滑崭新的保护套竟如此不堪了。它一身的伤痕是我这四年大学生活的记录，它像一个记录本，每一处痕迹都能绘出一段回忆。

第一次见它，应该是在四年前刚入学那会儿。

那是八月的最后一天，我第一次见到我要生活四年的地方——大连大学。大包小包外加两个大箱子，我几乎是把我整个卧室都搬来了。这次是我打车花费最多的一次——从大连周水子机场到开发区大连大学，花费300多块钱，四年来它一直保持着骄人的纪录。这是一场毫无经验的行程，虽然我知道我要到达的地方，但是这是我第一次去向那里，一切对于我来说都是未知的，忐忑又期待。直到有学长领着我去签到，我都恍恍惚惚的，所有的一切都是真实的却又有些模糊。白墙、台阶、花团锦簇，那么鲜明地近在眼前，却又像是被披上了一层薄纱，如缥缈的歌声在耳边低吟。

一直待在父母身边的我，第一次住集体宿舍。黄褐色破旧小窗门，灰暗铺满尘土水泥地，一墙之隔的厕所，只吊着两头的窗帘，突兀的崭新书桌，不足一米宽的窄床——如若不是胳膊上传来被掐的痛感，我甚至以为这是爱丽丝梦游仙境的低配版。一瞬间，我想去复读，但也就是想想。当我收拾完一切，打开小导给的纸袋才发现那张白色的卡，光滑鲜亮。我把它装进卡套里，安在钥匙上，从此开启了一卡一钥匙一手机一人的大学征程。

大二，许是受不了我啰唆又暴力，我的卡，离家出走了。

要去打水的时候，我发现它不见了，一时间深感无望，开始不断地指责和咒骂。六神无主时，室友提了意见，说是问问群里。果然，有人捡到了我的卡。第二天，我迫不及待地去找它，那个捡到我卡的小哥哥告诉我，我的卡孤零零地缩在食堂的饭桌上，好不可怜。千恩万谢之后，在回寝室的路上，我向我的卡保证，以后绝不会丢它孤孤单单一个。从那天起，我的卡有了名字——小白。我在我的卡上贴了我的基本信息和联系方式。

大三，专业课蜂拥而至的同时还有考研的“万丈深渊”。

虽说没了早晚自习，也没了早操和患得患失的芯片，但大学的真正压力铺天盖地地袭来，让我有些猝不及防。还好，我不是一个人，虽然闺蜜在两千公里以外，但我还有我的小白。它陪我第三个年头了，俨然已是老朋友，我的啰啰唆唆，我的傻里傻气，它都已经习以为常。这一年，每天 6:00 起床，6:30 准时出现在图书馆副楼上自习。我不知道用完了多少笔，喝了多少杯咖啡，熬了多少夜，背了多少单词，我只知道一切都好。

今天，看着收拾干净的寝室，看着我留在这里的身影。

我考研了，结果还不错，是另一个城市，又一个陌生的地方。很多衣服都捐了，一摞一摞的书都捐给了图书馆，只留了一卡一钥匙一手机一人。

万事始于元又归于元。四年前我来过的事实总会被新来的学妹学弟慢慢抹去。时光会带来你想要的一切，也会把这些你曾经拥有的悉数带走。于是人们总是寻找那能证明永恒的瞬间，一页纸、一支笔、一张相片或者一张卡。四年了，到了离开的时候，除了毕业照让我记住每一位同学的笑脸，再有的就是这张泛旧的白卡。

再吹吹连大的风吧，再看看连大背后的大黑山吧，拉上来时的行李箱，挥挥衣袖，不带走一片云彩。

师评·智匠创作微论

饭卡还可以开脑洞？“它一身的伤痕是我这四年大学生活的记录，它像一个记录本，每一处痕迹都能绘出一段回忆。”故往昔，意阑珊，一场回忆的主人，却是一张白色的卡，卡被丢失过，“那个捡到我卡的小哥哥告诉我，我的卡孤零零地缩在食堂的饭桌上，好不可怜”。但很庆幸又回到主人身边，要离开了，“只留了一卡一钥匙一手机一人”，终于明白，“人们总是寻找那能证明永恒的瞬间，一页纸、一支笔、一张相片或者一张卡。四年了，到了离开的时候，除了毕业照让我记住每一位同学的笑脸，再有的就是这张泛旧的白卡”。陪伴莘莘学子的每一件小小的物品，都有自己可以细数细品的故事。所谓脑洞，正是他人心中所有、笔下所无的深情。

以一个小小饭卡，智匠创意四年的大学时光，值得抒写和记忆的点点滴滴太多太多。朝夕相伴的，不仅是校园的一草一木、师友同伴，还有学习路上的一支笔、生活中的一张白卡。小白，是每个连大学子都拥有的吃住不可少的陪伴，一卡可通行校园、图书馆、宿舍、餐厅、教室，它见证了学子们在大学四年的拼搏和汗水、欣喜和忧伤。离开连大，小白就是能打开回忆的闸门。不只小白，还有陪伴你的那个背包、那本日记………

毕业了，在路上

中文163班　陈承

又是一年毕业季，只不过，这次的主角是自己。

想想仿佛昨天还在看热闹似的路过拍毕业照的学长学姐们，还在讨论着哪个哪个学院的毕业生晚会，还在畅想着未来的云云……虽然已经经历过很多次离别，但在这一场离别面前，还是红了眼眶。

回忆起来，四年点滴太多太多，不论是哪个故事，都可以勾起成片的记忆，像溃堤的大坝奔涌而进。

独独有一个故事，只属于两个人。

那是个金黄灿烂的秋日，在与好友一同前往图书馆的路上，我和他相遇。金黄的秋日与他极其相称，我不由自主地被吸引住了目光，干净、温暖而又明亮。他是大几的呢？心里这样想着。或许是像往常一样很平常的相遇吧，彼此都不受影响地向前走去，并且在岔路口走向了相反的方向。

十一期间我报了个口语进修班，据说会有外教过来，我们都很期待。

他走进来的时候，我还满嘴不情愿地抱怨着进修班给的休息时间太少。就在我一边胡话一边抬头的时候，与他的目光高度对接，一瞬间就让我闭了嘴。这个外教大家都很满意，我也很满意。真巧，在这里都能遇见，不是缘分吗？我成了课堂里最积极的那个，小组组长、课堂代表，他有什么事情都会叮嘱我。果不其然，我跟他接触的机会更多了。

已经记不清那些天学到了什么，记忆最清晰的是结课的那天晚上。大家都感动到哭泣，外教也红着眼眶。他回到了英国，联系方式却一直没有换。我们一直保持着联系，他还会给我寄来礼物。

现在想起来，仿佛是很久以前的事情，那时候大家都很懵懂，只不过记忆还很清晰。人的脑子真神奇，这么多东西都可以装进来。

我们依然有着联系，只不过渐渐隔得越来越远，偶尔会互相点赞，看见彼此不同的生活圈。不过即便如此，哪天再见，我们一定还会很亲近吧。

人生好像一个超级大的舞台剧，大学四年只是其中小小的一个章节。只不过舞台剧再大也只能涵盖有限的故事情节，人生的故事却说不清道不完，每一个故事都只是其中的一小点。

用四年的时间走完了这一小章舞台剧，下一个章节不知道会有怎样的故事情节，只希望在未可知的未来，我们永远年轻，永远热泪盈眶。

师评·智匠创作微论

关于毕业，更是脑洞无限，“虽然已经经历过很多次离别，但在这一场离别面前，还是红了眼眶”。因为，“回忆起来，四年点滴太多太多，不论是哪个故事，都可以勾起成片的记忆，像溃堤的大坝奔涌而进。……用四年的时间走完了这一小章舞台剧，下一个章节不知道会有怎样的故事情节，只希望在未可知的未来，我们永远年轻，永远热泪盈眶”。

智匠创意“结束”和“开始”，所谓“一件事情的结束，永远是另一件事情的开始”，就如这句：毕业了，在路上。毕业，是学习的结束；在路上，是走上社会和职场的开始。四年时光荏苒，当站在毕业照的行列中时，才感觉到岁月的不经意。要有一个怎样的结束？会有一个怎样的开始？正是此时，毕业了，依然在路上，再一次启程。而人生的每一次结束，接下来的每一次启程，又都是人生新的起点，或是一场转折。记下来，这皆是生命的重要时刻。那些不懈怠的坚定前行，才是未来的召唤。

青春的颜色

湛蓝的青春，澄澈如洗；
火红的青春，闪烁着活力与希望；
金黄的青春，洋溢着丰收的喜悦；
雪白的青春，展现着纯洁与无瑕。
我要用这缤纷的色彩，
渲染我无悔的青春。

飞花似梦，丝雨如愁

中文162班　王欣然

酉时日落，余光轻拂美人脸庞。晚风习习，撩动少女衣裳。眉间霞光，不着铅华。清波明眸，似水微漾。掩唇浅笑，嫣然无方。梨花凋谢，散落点点离殇。往事轮转，岁月悠悠未可尝。虽失少年色，奈何情未了。

忆那时岁月静好，古木案几，檀香绕。他执笔挥毫，她研墨身旁，日光略青竹，入轩窗，竹影摇曳红颜。彼时，他只想偷一段时光，勾勒她倾城容貌。燕子垂檐，他着青衫，抚琴端坐；她花下起舞，罗裙惊鸿掠影。佳人似仙子，世间美景，尽失风华。

昔日与美同游，泛舟湖上，轻舟荡开水面，心泛层层涟漪。她一袭淡绿襦裙，似出水芙蓉，纤尘不染。纤纤素手细拨湖水，波光粼粼舞于指尖，水袖长舒，莺莺慢歌，婉兮清扬，如蜻蜓点水，萦绕耳旁。停泊靠岸，入眼格桑开，草烟低，青梅拈花嗅，笑闲情，银铃乱耳，不想今朝何夕。

长夜寂寂，月光悄入云窗。寻梦问，仿佛她含笑穿青竹，眸映熠熠星河，肤若温玉柔腻，清风卷起飘带，青丝散落腮边，更是平添风情。如风扶柳，盈盈而动，飒飒风声，烛火跳动，一帘风月。自她入梦，辗转难眠。

此去经年，他求取一世白衣王侯，与友煮酒，阔论功名，与她山遥海阔。离人泪，相思苦，潇湘故人自难忘，唯有薄纸红笺，雁书蝶梦诉情肠。几度波折，他顺水还乡，如约而至，只见满地枯黄，雁书蝶梦终成杳。青石古桥，遥遥相望，伊人已着红裳，另嫁他郎。只道青梅竹马，刻骨爱恋，不禁岁月无常。月光清冷，只此孤舟默离乡。

依是青砖黛瓦，又是陌上格桑。想起曾与她花前月下，清歌淡雅，两盏温茶，如今只有娟帕风中涤荡。缘定三生，奈何缘浅。烛光残照，一壶浊酒，模糊了谁的倾城貌。晓风散不尽千愁，宿雨偏添无缘泪，只叹伊人难再见。

又是新燕衔春泥，不知何处笙歌起。闻声而去，才子佳人，并蒂同心，巧笑嫣然，恍惚前尘旧梦，重重叠影，看不清流萤扇后的娇颜。倚栏自叹，早与她两地相悬，如不若盘铃声，殊不知伤难圆。衣渐宽，人憔悴，抬眼远望，不知流连的是这江南烟雨，还是当年如花笑靥。

夜落如墨晕染，功名随云散。几回花下坐，杯酒不曾淡。又落梨花雨，不知悲或欢。今夜良辰似昨夜，可怜，只我一人数星河，叹尘缘。

师评·智匠创作微论

关于自然和思绪的脑洞，和自然、思绪一样令人捉摸不定，“梨花凋谢，散落点点离殇。往事轮转，岁月悠悠未可尝”。情愫＋自然的脑洞，是如许的轻盈与深情，更有细部可圈可点，“长夜寂寂，月光悄入云窗。寻梦间，仿佛她含笑穿青竹，眸映熠熠星河，肤若温玉柔腻，清风卷起飘带，青丝散落腮边，更是平添风情。如风扶柳，盈盈而动，飒飒风声，烛火跳动，一帘风月。自她入梦，辗转难眠”。深情几许，奈何缘浅，“离人泪，相思苦，潇湘故人自难忘，唯有薄纸红笺，雁书蝶梦诉情肠”。

“飞花”“似梦”“丝雨”“如愁”，皆是诗中的意象，令人不由得浮想联翩。人生况味，大概就是如此，些许轻盈，淡淡伤感，莫名的憧憬，与丝雨迷蒙的雨巷般诗境。此情此景，说什么与想什么，皆由心生，便是诗雨。智匠创意，便是若此，把自己放在弥漫的诗意中，任思绪徜徉，文字飞扬……

发现自己

中文161班　高若兮

不知道是不是所有人都有过这样的状态——在某一个瞬间，与现实脱轨，冷眼看待眼前出现或发生的一切，突然洞悉了一些不曾明白的事情，而后幡然醒悟。我喜欢这种时刻，因为这会让自己深刻地感受到一种清醒，仿佛是褪去这身皮囊看自己的所作所为，一切都是那么直接，没有掩藏。

可是，同时我又惧怕着，因为发现了一个完全陌生的自己，哪怕这个我是每天的每一分每一秒都真实度过的人，可还是会觉得讶异：原来，自己是这个模样。

车辆向前行驶着，路边风景飞快掠过。绿色的植物成了绿蒙蒙的一片，一幢幢的房子变成一个又一个聚集的白点，我在这样一个铁匣里，通过透明的窗，以为眼神能穿过玻璃去触摸极速奔走的风，去感受它的力度，去想象风穿过云层那一瞬间的柔软。

一切的事物安静地匍匐着，没有喧哗。城市的热闹随着急速前进的车辆渐渐消失，哪些浮躁又能被安抚？我不了解那些纵横交错的小巷是否藏有不为人知的故事，我不了解繁多的高楼带来了什么。车水马龙、人头攒动的街道，昏黄的灯火让这座城市在夜色中亮了起来，如同夜幕中一闪一闪的星辰，在不起眼的角落，努力发光，照亮夜行人脚下的路。

师评·智匠创作微论

关于自己的脑洞，更有无数，“在某一个瞬间，与现实脱轨，冷眼看待眼前出现或发生的一切，突然洞悉了一些不曾明白的事情，而后幡然醒悟。我喜欢这种时刻，因为这会让自己深刻地感受到一种清醒，仿佛是褪去这身皮囊看自己的所作所为，一切都是那么直接，没有掩藏。可是，同时我又惧怕着，因为发现了一个完全陌生的自己，哪怕这个我是每天的每一分每一秒都真实度过的人，可还是会觉得讶异：原来，自己是这个模样”。你是不是认识真正的自己？就如这盏灯火，亦如夜幕中的星辰，努力发光，照亮前程。

人生或许就是一个探索和探寻的过程，发现身边的点点滴滴，发现生活中的纷纭世事，而最有意义的，大概却是发现自己，发现自己的内心，发现自己的真实。有没有勇气发掘和面对真实的自我？这大概是一个人可不可以走得更远的重要因素。智匠创意，通过世界和他者，发现世界，发现自己。每个不同的人会发现各自眼中的不同世界，描摹你的世界，是一幅人生的画卷。

不忘青春的颜色

汉外161班　李博飏

你可曾见过青春的颜色？湛蓝的，如欢腾的河流，奔流到海。

你可曾见过青春的颜色？火红的，如跃动的火焰，温暖明亮。

你可曾见过青春的颜色？金黄的，如飞扬的银杏叶，随风起舞。

你可曾见过清纯的颜色？洁白的，如飘落的雪花，纷纷扬扬。

尼采曾说："青春是生命中最美好的时光。"青春，是自由的精灵，是岁月的歌唱，是不可辜负的青葱韶华。

而我在这个九月，提着重重的行囊，从必将是我最美的时光里轻轻走过。

我的青春，是蓝色的。它就像八月如洗的碧空，雨霁初晴，仅有的紧张与不安都随风消散在澄澈的天空里。在巍峨峥嵘的黑山下，在钟灵毓秀的校园里，踏着透过树叶缝隙洒落的斑驳阳光，听着蝉和着轻风的歌唱，风和日丽，云淡天高。我知道，我抓住了夏天的尾巴，目睹着如天空湛蓝的青春，迅速登场。

后来，我的青春变成了火红色。在九月依旧毒辣的太阳下，伴随着整齐划一的步伐与响亮的口号，我的青春不羁地绽放。虽说艰苦，但也难忘。似火的骄阳下，火红的青春同晶莹的汗珠一起，闪烁着耀眼的光芒。

再后来，我的青春又变成了金黄色。日复一日重复的生活，枯燥的课堂，堆积如山的作业，虽然乏味，但我知道我在追逐青春的梦想。因为有梦想陪伴，前进的道路不会孤单；有梦想的陪伴，我们终会守望青春麦田的金黄。

我的青春，还是洁白的。在遥远的异乡，与坚持梦想也热心公益的青年志愿者们从陌生到熟悉，再从熟悉到真诚。在洁白的青春，收获了纯洁的友谊。

我在明德广场拾起一片银杏叶，这金黄的树叶，让我回忆起从前，那段难忘的青葱岁月。

那时的天空，同样澄澈；那时的阳光，同样明媚；那时的春风，依旧和煦；那时的落叶，也依旧缤纷。

我在距离大连两千多公里的家乡，怀揣着梦想。那时的青春，也同现在一样，朝气蓬勃，英姿勃发。虽然每一天都有做不完的作业，还有老师和父母没完没了的唠叨，但又有谁能说那不是青春必经的一切，又有谁能说那不是青春最美的风景呢？

暮年的王尔德曾言："青春，是唯一值得拥有的东西。"青春的梦想，既狂热，又可爱。它是多么美丽，充满了彩色与梦幻。那伴随梦想的青春，涂鸦着青春的颜色，书写着青春的故事。

我们接受了青春之火的洗礼与考验，历经了冬的凛冽、夏的骄狂。终于，青春的果实像成熟的稻子，在美丽宁静的田野中微笑。最初的梦想，在日复一日的枯燥与勇往、疲惫与奋发中，羽翼渐丰。

青春难归，"白首壮志驯大海，青春浩气走千山"的豪迈也将被无情洗刷。我们又怎能任凭青春在眼前流逝，任自己在回首往事时因青春的闲散而悔恨？如果青春时光在虚度中蹉跎，那暮年，将会是一场凄凉而布满尘埃的悲剧。

"不忘初心，方得始终。"面对多彩的青春，我们更应珍惜。每一个不曾起舞的日子，都是对生命的辜负。我们厚积薄发，我们勇往直前。三年一梦，一路多少风霜雨雪，我们都咬牙坚持。如今终于守得云开见月明时，我们又怎能辜负一切，辜负自己的青春？也许有人说："青春，最美好的时光就应过得洒脱。"如果沉湎于当下的享受，那么曾经的努力又有什么意义？我们怎能辜负曾经所付出的一切？一日难再晨。休将白发唱黄鸡！

在时光的洪流中，青春终将流逝，它缤纷的色彩与耀眼的光芒也必将逐渐黯淡。但即便是在最短暂的时光里，我也会奋力地在青春的纪念册上用多彩的画笔描画自己。哪怕只有一笔，那也必将是我最美好的青春。

湛蓝的青春，澄澈如洗；火红的青春，闪烁着活力与希望；金黄的青春，洋溢着丰收的喜悦；雪白的青春，展现着纯洁与无瑕。我要用这缤纷的色彩，渲染我无悔的青春。

冰心曾说："青春活泼的心，决不作悲哀的留滞。"在这北风呼啸的十一月，我从青春里打马走过，看尽了它的银装素裹、繁花似锦与骄阳如火。它成熟的果实，终于，迎着风，在广袤的田野里，随风飘荡。

师评·智匠创作微论

关于青春，以颜色来形容，是青年人的脑洞。"青春是生命中最美好的时光。"青春是什么颜色？是岁月的颜色，是梦想的颜色，更是成长和经历的颜色，"在这北风呼啸的十一月，我从青春里打马走过，看尽了它的银装素裹、繁花似锦与骄阳如火。它成熟的果实，终于，迎着风，在广袤的田野里，随风飘荡"。青春的颜色，是缤纷的，更是初心的颜色。

智匠创意，以青春是什么颜色——如海、如火、如秋、如雪——来写生命的一段历程。青春无论是哪种颜色，都是最美的年华。也唯有保持青春的颜色，才能行得更远。每个人有每个人的青春，拼搏是不是唯一的底色？你的青春，颜色若何？执笔，写几行诗，为青春，为自己……

成长的答卷

中文161班　李佳莉

成长像一张考卷，在这张以成长为命题的考卷上，充满各种各样的难题，当然最多的就是选择题。这其中的每一道题，都没有标准答案，因为这是一张只属于自己的答卷。

叛逆还是顺从——你的选择是?

越长越大，我就越觉得我身上的叛逆是与生俱来的。小学时我邋遢不爱洗头，妈妈苦口婆心地劝说我，而我以给国家省水为由坚决不洗。于是，我妈终于在最后一次的劝说中爆发，把我揍了一顿。我因为不满妈妈的行为愤然冲出家门，决定一去不回。但我最终还是因为天黑和饥饿难耐结束了我的叛逆之旅。

再一次的选择，你还会选择叛逆吗?

上初中之后，我被爸爸如念经般的“一定要好好学习，否则这个转折点错过了，你就完了”洗脑，老老实实当了名三好学生，心里的叛逆似乎被尘封了。

高中时，面对学业的压力，我的叛逆又开始萌芽。学校一个月给我们放两天假，这期间每个周日下午上完两节课后休息两小时，然后接着上晚自习。叛逆的我，为了争取更多的休息时间，决定在中午开放大门到下午晚自习期间都不回学校（也就是逃课）。就是这样，每个周日中午 11:35 到下午 6:00 就成了我的专属休息时间。这段记忆也成了我高中成长记忆中最具亮色的一部分。因为我利用这个短暂的放松，回家和爸妈吃火锅或者逛一下午的街，而这些对于当时的我，比闷在学校更有意义。

现在你还会选择叛逆吗？

经历了小学、初中、高中，已经上大学的我，多了份理性，少了份冲动，多了份担当与责任，少了份鲁莽，知道了年少的离家叛逆和逃课叛逆是不好的。但是每次面对这个问题，我还是会回答：当然。现在的我还是会选择叛逆，因为叛逆才是我的本色啊！成长过程中我们在做同一道选择题时，无论长到多大，即使知道那个答案是不好的，但还是会选择它们。即使身边的人会对我们说“你这样做是不对的”，但那又怎样？选择了什么，会有怎样的结果，这些都不重要。只要我们能够承担，从中找到乐趣，为什么要仅凭“你这样做是不对的”这句话来否定自己的选择呢？

每个人的成长答卷只有自己才能回答，不是吗？

师评·智匠创作微论

关于答卷的脑洞，关于成长的脑洞，合二为一。“成长像一张考卷，在这张以成长为命题的考卷上，充满各种各样的难题，当然最多的就是选择题。这其中的每一道题，都没有标准答案，因为这是一张只属于自己的答卷。”成长的答卷，缤纷五彩，而其中之一的关键词是“叛逆”。

从小学到现在，因为不满父母的某个行为，因为中学管理的严苛，因为不满所谓的经验，而选择一次次地“叛逆”，以此告诉世界，也告诉自己，“每个人的成长答卷只有自己才能回答”。这是关于成长的思考。

每个人都在成长，而每个人成长的答卷却不尽相同。有人天生喜欢叛逆，有人更愿意安稳一生；有人喜欢求新，有人觉得岁月静好更让人踏实。你更喜欢什么？你的成长又是一份怎样的答卷？捡点岁月，智匠创意，以答卷抒写，生命的印痕，深深浅浅，总是自己的那一行……

田心

中文162班　杨春梅

田心实乃思。深夜，是人最容易进行自我反思的时刻。

每次，回头看看一无所有的自己，内心总是无比忧伤与焦虑。再回头想想，不禁会问自己：“我真的是一无所有吗？”

当你成功时，你说的每一句话都是真理；而当你失败的时候，你说的每一句话都是废话。在成人的世界里是如此，在孩子的世界里亦是如此。每每会看到这样的场景：某个孩子家世好、成绩优、颜值高，他的所作所为都会在无形中被美化，他做每一件事都会有许许多多的人关注。而那些普普通通的孩子都是在某一处默默地注视着、羡慕着，有的人埋怨着、感叹着，还有的人自卑着……但是不得不承认的一点是，别人确实很棒。虽然不是琴棋书画诗酒花样样精通，但多才多艺基本上是标配。环境对一个人的影响是潜移默化的，无形中影响着一个人的性格，甚至决定着一个人的命运。

“独在异乡为异客，每逢佳节倍思亲。”抬头望向那万家灯火，城市是如此繁华喧闹，更让身处异乡的人感受到内心的孤独如此强烈。傻傻地看着来来往往的车流与行人，注视着身边的人，看着热闹的商场街道，仿佛自己在这一刻不属于这里。戴上耳机，又仿佛整个世界都是我的，听着歌曲里的故事，眼泪不知不觉落了下来。

听着循环播放的音乐，笑着不会循环的心情，猜想着唱歌的人当时的心情、经历过的事情。看着电视里播放的综艺节目，以前我总会说：你看人家玩都能挣钱。可是，今天我突然觉得自己当初说的话很不客观。因为我只看到了他们的光鲜亮丽，却未曾了解过他们风吹日晒、艰苦奋斗的当年。没有谁生来就是成功的，命运终究是由自己去把握的。就如同听那随机播放的音乐，你永远不知道下一秒它会播放哪一首，但是只要内心无所畏惧，听到刺耳的、让人感到难受的歌曲，你可以行动起来，随时切换到自己喜欢的那首歌。人生亦要如此。

一步一人生，一人一世界，一界一故事，一事一修行。

师评·智匠创作微论

关于汉字的脑洞，是因为汉字的丰富蕴含，正如“田心实乃思。深夜，是人最容易进行自我反思的时刻”。思考外部的环境、内心的自己，追问人生与生活的真谛，“一步一人生，一人一世界，一界一故事，一事一修行”。

以汉字构成智匠创意的一种情感和思绪。田心？是思！思，可以念、可以想，可以索、可以考。很多时候，或许一段文字并不需要什么主题，只是一时的碎碎念，关于自我、关于生活、关于学习、关于作业、关于曾经。就这样，漫漫地想，漫漫地念，慢慢地写。这就是一瞬的岁月、一米时光。这就是生活的意义、生命的印痕。

夜

中文162班　马丽

喜欢千里共婵娟的是众人，喜欢月下独酌的是友人，喜欢对月话人生的则是随便一人，可终究没人说过喜欢静寂毫无特色的夜，但我却深爱夜并深陷其中，不知这种独享夜的时光还会持续多久。从喜欢独享夜到现在沉醉却不想或不敢独享夜，并没有明确的理由。

黑暗、透过窗帘显示的整夜不关的路灯、隐隐约约的呼吸声和一个黑乎乎的屋顶是我独享夜的开始。一直以来我都觉得我和夜是亲近的。我喜欢入夜时人声鼎沸的热闹，喜欢入睡前包围我、安抚我的寂静，喜欢在夜的笼罩下看到的一切事物。何况，我一直觉得夜晚给了我一双与众不同、特立独行的眼睛，这眼睛可以在夜晚看到与白天截然不同的天地与自己。最喜欢在夜的包围中对着一个镜子看——应该说是端详——自己，看着看着我好像看到了一个陌生人，而这人正是我最喜欢的自己。夜给了我一个现实又模糊的影子，我乐此不疲地爱着。

夜，很安静，安静到让我开心。每次和夜独处，我总觉得我和时间赛跑赢了。每天独属我的夜，让我有了一种小时候偷吃糖果的快乐。可这一切似乎慢慢变了味道，我渐渐发现我太偏爱夜了，已经成了一种我只想要夜的偏执。我喜欢在夜里思考，喜欢到我觉得一日之计在于夜，喜欢到我觉得不应该有白天。

这种偏执让我害怕。我怕我这样会失去夜，更怕失去夜里拥有的一切。于是，我开始试着去讨厌夜。人们常说：爱而不得则弃之。我爱极了夜，我也可以得到属于我的夜，可正是这种拥有让我怕、让我恐、让我想要讨厌夜。

我喜欢夜，我知道夜也喜欢我，是喜欢到想要吞噬掉我的那种喜欢。这种喜欢让我沾沾自喜，也让我心惊胆战。

是的，我喜欢夜掩盖住的不真实的我，我喜欢夜给我的一个无忧无虑的童话世界，我喜欢夜给我创造的独一无二的个人魅力。我有多喜欢夜就证明我自己有多喜欢虚假的自己。我不想失去真正的我，也不想不纯粹地喜欢夜，更不想永远地陷入美丽的夜。

所以，夜，我真的喜欢你。喜欢你的开始是偶然，离开你的笼罩是必然。在人生最动荡的时候，感谢你给我一个避风港。但我还是要扬帆起航，再见或再也不见。

师评·智匠创作微论

“可终究没人说过喜欢静寂毫无特色的夜，但我却深爱夜并深陷其中，不知道这种独享夜的时光还会持续多久。”因为“我一直觉得夜晚给了我一双与众不同、特立独行的眼睛，这眼睛可以在夜晚看到与白天截然不同的天地与自己”。所以，“夜，我真的喜欢你。喜欢你的开始是偶然，离开你的笼罩是必然。在人生最动荡的时候，感谢你给我一个避风港。但我还是要扬帆起航，再见或再也不见”。在夜里，或许什么也看不到，或许万籁俱寂，但却有无数的思想在飞翔，正如这个关于夜的脑洞。

关于夜的智匠创意，是关于时空的思考。以夜的种种，写生活、写人生、写情感……夜属于每个人，正如白昼属于每个人。但夜里的每个人却是属于自己的，不同于白昼的每个人常常不属于自己。这就是很多人喜欢夜的原因，也是作者痴迷于夜的原因。夜的静谧和沉静，也让心灵静谧、沉静。喜欢生命中的每一天、每一个时刻，是热爱生命也热爱自己的呈现。你的夜于你而言，又是怎样的感觉？不妨思索，提笔也来抒写。

杂感一二

中文161班　罗婷

黑夜茫茫没有尽头。那些藏在眼底的无限深情，都变成闪闪发光的宝石。那些埋得太深、藏得太久的情感，一经触动便都被唤醒：像是发自地层深处，像是发自冥冥之中，又像是发自血肉之躯的真情，最后也都相拥生命而去。医生问："家人要不要再最后看一眼死者？"他在门内，我们在门外。我突然害怕这扇门打开，害怕再也看不见他亲切的面庞。这一次他是如此狠心，无论我们哭得多撕心裂肺，他就是不再睁开眼，哪怕是看我们一眼也好。

生命是如此脆弱。十年八年，不过就是指缝间的事。仔细地将你一生的时间画成一个饼图，看看时间都用在了什么上面：你的家人？你的爱人？你的朋友？还是你自己？

人生的舞台上，悲剧、喜剧轮番演出，无休无止。各种不同的画面每天都在上演，你也许随时要准备好和生命做一次有力的抗击，也许犹豫着要不要在迷茫的黑夜里寻找方向。或许你曾绝望，像一棵枯死的树桩，可你的心却要永远向着光明，这就是生命。

人们，不可动摇的是心中的信仰，各自为着神圣的信仰而活着，走向生命的归宿。活着就是一种信仰。不同的人为了活着让生命开出灿烂的花朵，使生命不同寻常。有些人自以为是地看淡生死，在这个幸福的环境里自以为自己是这个世界上最痛苦、最无助的人，于是放任自己轻生，放任自己糟蹋生命。殊不知这个世界上也有人和他们一样经历着生命所给予的痛苦，但是别人却在努力地向着光明、向着希望奔去，而不是浪费、轻视自己的生命。因为他们有信仰，那是对生命的执着，是对自己的承诺，永不改变、永不背叛。

永远不要觉得自己是最不幸的人，因为比你不幸的人比比皆是。

你有信仰、有生命、有追求，那是对生命的负责。

师评·智匠创作微论

关于“杂”“感”的脑洞，一定数不胜数。人生“杂”感，何止一二？细数细写，脑洞无穷。在茫茫黑夜，关于生命、关于平凡、关于希望，而所有的一切，都关乎未来。“黑夜茫茫没有尽头。那些藏在眼底的无限深情，都变成闪闪发光的宝石。”人生，应该有“对生命的执着”，这是“对自己的承诺，永不改变、永不背叛”。

黑夜，生离死别，生命、人生、信仰，每一个字眼都是那么悄无声息，却又都是那样惊心动魄，于无声处，惊雷滚滚。因为，我们有情；因为，我们有思！要爱便爱，要念便念，生命，有什么不可以？有什么可畏惧？智匠创意小小的一二杂感，是日常的碎碎念，是生命的点滴情缘，是一个莘莘学子的深情浅念。

岁月有难也有佳

中文 161 班　郭心怡

我常常希望岁月里全都是美好，那些让人痛苦的离别与不幸永远不要再有。可是我却只能祈祷，并且我的祈祷无法奏效。不想要的离别如期而至，期待的一份真诚却总不够。好在岁月这个小偷，它一并带走了曾经的美好和伤痛，或至少将曾经深埋心底，只留下对过往的叹息与对未来的期许，让渺小的我们在复杂的世界足以苟活。

两年前的我还在为高考起早贪黑，那时一周只有两个小时的假期。我很庆幸自己能够一周回家一次。通常是爸爸在校门口接我，妈妈在家留着饭菜等着我。回去后吃上一顿饭，有时再洗个澡换身干净衣服就回学校了，有时第二天一早再被送回学校。

如果是早上回学校，我差不多五点半就得出发。冬天那时候天还是黑的，路上的人也不是很多——多是一些卖早点的小铺开着灯，冒着热气，远远就能看到。除此以外，一些临时的小摊也会在这个时候搭起来。每逢周日，离我家不远的一条路会变成猫狗市场。起先只是一些卖猫猫狗狗的，到了后来有卖各种小玩意儿的。为了抢到一个好摊位，他们很早就来搭自家的小摊。这些小贩大都中年以上，穿得很厚，围着大大的围巾，戴着帽子。我好像都能看到他们说话间呼出的长长的热气，这个时候总不免心有所感。旁边认真开车的爸爸也总能猜透我的心思，然后语重心长地告诉我：这个社会本就是生存不易，所有的人都要为自己的未来努力，像抢摊位的小贩，像冒着热气的早点铺，也包括为了高考起早贪黑的我……大家都辛苦地生活着，但大家在这种生活中也都品尝着自己的酸甜苦辣。如果生活中全是美好，就不会有奋斗的出现，浑浑噩噩地过着每天的生活，最后了无牵挂地离开。一生风平浪静，但也一生索然无味。

记得吴君如在其主演的电影《岁月神偷》中说过：生活啊，有难也有佳。难一步，佳一步，一步难，一步佳……我们实在不用抱怨生活的艰难，因为艰难往往伴着美好。

师评·智匠创作微论

“好在岁月这个小偷，它一并带走了曾经的美好和伤痛，或至少将曾经深埋心底，只留下对过往的叹息与对未来的期许，让渺小的我们在复杂的世界足以苟活。”悠长岁月，总是喜忧参半，懂得如此，便会明白“我们实在不用抱怨生活的艰难，因为艰难往往伴着美好”。一件日常所见之事，一部电影，链接起来的脑洞，明白这一切，便懂得了过往，也知道了未来。

岁月有难也有佳，明白了这一句，人生就一定会柔韧而坚定。因为岁月和时光会带走一切，因为风雨之后有彩虹和阳光。我们能做的，就是继续向前。努力地做好自己，就了无遗憾。不经意间听到的一句话，思考中，或许会让你明白生活的真谛，给你前行的力量和希望。如果有这样的一句话，你一定要记下来。智匠创意，岁月与真情，让人发现生活的真谛。

愿你被这个世界温柔以待

中文162班　王凤娟

人生，不过是一场旅行。你与我偶遇，我与你相逢。修行路上，各自向前。与其相见，不如怀念；与其纠缠，不如随缘。

——题记

回首往事，不过虚惊一场。那么远，这么近，我在想你……有些人，只适合放在心里；有些路，只能一个人走。推辞每次真实的相聚，困着自己，渴望着你的消息。家人、朋友，我愿你们被这个世界温柔以待，从此深情不被辜负，想要的都会得到，拒绝冷漠，做个向上的、温柔的人，不被这个世界所改变。

一段回忆翻箱倒柜，跟着我在追，想的是谁？很多时候，我总是在想，如果一切都已经成为定局，再怎么回头，再怎么去争取，都应该是徒劳无功了吧。爱情、梦想、青春，都是一条单行道，走过了，方知不会再重来。

我曾以为自己的时间很多很多，多到我可以掩耳盗铃地去挥霍感情，多到我可以任性蛮横地去伤害别人和自己。当身边的人事快速变换，多年过去后，旧人不见踪影，新人还尚未到来，我才恍然大悟，生活的种种是不由你控制的。

话从哪里说起？等到你要说话时，什么话都渺茫得找不到源头。跟林徽因一样，我也怅然若失，没了方向。后来啊，我才懂，这一生，不能这样被荒废。这一生还有许多事没做，比如平平淡淡的爱情、说走就走的旅行、没有唱完的那首动人的歌、未走过的路、没看过的书和电影。哦，对了，还有一个许诺好久的拥抱。有些爱，散了就不会再来；有些人，离开就消失不见；有些时光，注定要成为你的挽歌！

你有没有过彻夜难眠？有没有过辗转反侧无法入睡？有没有过在寂静的夜里思绪万千？没有在深夜痛哭过的人，不足以谈人生。纵然一夜风吹去，只在芦花浅水边。我时常在想，我们都一样：一样年轻，一样意气风发，一样为了梦想坚持奔走，一样生活在这座城市里。你若安好，便是晴天。

记忆它真嚣张，路灯把痛点亮。每当静下心来的时候，脑子就像在过电影，一幕幕在脑海中明灭可见。那些看得见的、看不见的、怀念的、留恋的，就像汹涌的大水一发不可收拾。理性的河堤顷刻间轰然倒塌，剩下的，满满的都是没来由的、无尽的思念……

请不要妄自菲薄，请不要盲目低估自己，不要怀疑你的信念，不要留下任何遗憾，不要一味向后看。如果你羡慕别人的生活，如果你觉得别人高高在上，如果你觉得自己不够完美，那么也不要只是想想和羡慕，而是真正地行动起来，让自己变得强大，走上那样的道路。

只是在这样努力的过程中，不要迷失自我，不要瘫在床上，不要忘了最初的自己。人生短短几十年，不为自己而活，你还为什么呢？你还在意些什么呢？这一切，都需要时间的考验。而我现在唯一知晓的，是坚持本心，在路上就好。其实，在这个世界里，不管是自己还是别人，不管是我还是你，每每都很困惑、很迷茫，失去了方向和目标，该怎么办呢？

怎么办？你觉得呢？嗯，抬起头，别光顾着自怨自艾，别光顾着自我陶醉，抬起眼，看看周遭吧！你看看路上那些行色匆匆的人儿，你看看这个世界最微茫的存在。无论你是光芒耀眼，还是尘埃落定，你都要知道，人生中的幸福和痛苦都是同样的。你所经历的那些曲折与苦难，别人也有，甚至更为严重。你的那些遭遇，别人也有，甚至更加可怕。你认为的天崩地裂，或许在别人眼里，根本算不了什么。

所以，你要学会爱自己，学会自我调节，学会让自己心平气和。不要再感叹自己的不幸，不要再无视别人的存在和感受，不要再把自己的无知跟懒惰归结于自己的命运，不要再沉沦在其中无法自拔。毕竟，明天太阳会照常升起。

我喜欢独处，因为只有这样才能静下心来，看清自己到底是个什么样的人，想要走什么样的路，选择与什么样的人为伍。世事沧桑变化，不忘初心，看淡前路波澜起伏，内心安然无恙。有些人，错过了就不会再见；有些事，忘了就不要再提；有些歌，只适合一个人听；有些路，注定自在独行！

秋风萧瑟，晚风来急，垂下头颅，只是为了让思想扬起。你若有一个不屈的灵魂，脚下就会有一片坚实的土地，无论走向何方，都会有无数双眼睛跟随着你。

从别人那里，我们认识了自己。

愿你被这个世界温柔以待……

世界太大，生命这样短，要把它过得尽量像自己想要的那个样子，才对。

师评·智匠创作微论

将自己和世界、生命、浩渺的时空相提并论，会开出什么样的脑洞？“人生，不过是一场旅行。你与我偶遇，我与你相逢。修行路上，各自向前。与其相见，不如怀念；与其纠缠，不如随缘。”当明了人与事、命与运的羁绊与纠缠，“有些爱，散了就不会再来；有些人，离开就消失不见；有些时光，注定要成为你的挽歌”，就会懂得“不要再把自己的无知跟懒惰归结于自己的命运，不要再沉沦在其中无法自拔。……世界太大，生命这样短，要把它过得尽量像自己想要的那个样子，才对”。

愿你被这个世界温柔以待，也愿我们每个人被这个世界温柔以待，更愿我们每个人不辜负这个世界的温柔和丰富、善意和际遇。智匠创意人和世界，那些美好也只属于追求美好的人。所以，温柔和被温柔以待，是我们和世界最好的相处方式，也是我们应该秉持的人生信念。你有什么样的愿望？关于世界，关于自己，关于人生。思考，就像船长的航舵，给你生命和未来的方向。

爱与喜欢

我喜欢你时，
你一笑，便点亮了我的双眼，
这是再高明的画家都渲染
不出的春光，
让我也忍不住扬起嘴角，
沾染你的欢喜

关于喜欢

——由汉铙歌《有所思》引发的遐想

汉外161班　吴紫璇

喜欢，这样简单的两个字，在唇齿的碰撞后以极轻的声音发出，一出口，便将夜里的久寐不醒、细小的欢呼雀跃都融在语调中，变成爽朗少年的支吾，变成纯真少女的脸红。

“有所思，乃在大海南。”

我喜欢你时，愿意成为心口刻着你名字的风筝，借着细细的线感受你手心的温度，迎着你的目光变换飞行的方向，依着你的意愿远离或者靠近。

“何用问遗君，双珠玳瑁簪。用玉绍缭之。”

我喜欢你时，想着你眼中的碧波；想着你被风掠过的发丝所带的香气；想着日后你满是银发，必定也是另一番令我沉溺的风韵。因为是你啊，那样普通的一枚簪子，也带上了闪闪的星光。

“闻君有它心，拉杂摧烧之。……从今以往，勿复相思，相思与君绝！”

我喜欢你时，我便知道，这样的喜欢，只是你过耳的风、过眼的云。那便算了。日子还是山高水长，你不做我的诗，那我便也不再做你的梦。从今以往，意断恩绝。

“鸡鸣犬吠，兄嫂当知之。”

我喜欢你时，你一笑，便点亮了我的双眼，这是再高明的画家都渲染不出的春光，让我也忍不住扬起嘴角，沾染你的欢喜；你一皱眉，便是在我心上刻满了沟壑，以至于情深之处点点滴滴的离人泪，要在我心上掀起山洪，连带着坍塌的碎石细沙，堵住我的七窍。可是，说出口的喜欢都太轻了，还不如寻觅心里的一方清净，只供瞻仰。

“秋风肃肃晨风飔。”

我不再喜欢你，像秋风扫落叶，悄无声息；我不再喜欢你，像雁飞残月天，不留痕迹；我不再喜欢你，像芙蓉凋嫩脸，摇落使人悲；我不再喜欢你，像新月曲如眉，了无团圆意；我不再喜欢你，像清风吹落胆瓶梅，心字成灰；我不再喜欢你，像凝恨照残晖，不愿姑息；我不再喜欢你，像梅花落满南山，又带着回忆。

“东方须臾高知之。”

青山原不老，为雪白头；绿水本无忧，因风皱面。在时间的荒野里，我是山、是水，你便是山中人、水中月。我喜你边走边爱，又厌你飘风过耳；我喜你懂我欢喜，又厌你终是看客。人去月缺后，岁月浩荡中，我只会青山恒在，细水长流。

可念念不忘，终有回响。

师评·智匠创作微论

一首诗，可以打开无数个脑洞，正如这首《有所思》。“我喜欢你时，愿意成为心口刻着你名字的风筝，借着细细的线感受你手心的温度，迎着你的目光变换飞行的方向，依着你的意愿远离或者靠近。”喜欢与不喜欢，截然不同的情，便有截然不同的景，“我不再喜欢你，像芙蓉凋嫩脸，摇落使人悲；我不再喜欢你，像新月曲如眉，了无团圆意”。

“喜欢”，是欣喜，是羞涩。有所思，愿倾其所有；而被离弃，也应该付与决绝。无论曾经怎样的海誓山盟，也只合随风。人生的情意，就应如此，彼此珍惜。那个最明白、最相知的人，才是最相契的彼此。智匠创意你的“喜欢”，那个人、那首诗，即有诗意缠绵。

能否一直牵着我的手

中文162班　王烨

冬日的斜阳透过玻璃打在你的脸上，使得你眉头一皱。你在恍恍惚惚中坐了起来，似乎感到我向你投来的目光。你转头一笑："午安。"这笑容温暖又帅气，懵懂在心尖悄然绽放。我也对你一笑："午安。"但显然我的笑又傻又呆。

"好了，今天的课就到这里。下课吧，虽然有人睡得很香……"补课老师向你看来。你调皮地吐了吐舌头，说道："老师，下次不会啦，我发誓！"说着抬起了你的手，脸上一副决然的样子。老师被你调皮的举动逗笑了："就你皮哟！"说着走出了教室。"嘿嘿。"你转过来对我眨了眨眼睛。我学着老师的样子，插着手说："就你皮哟！"然后跑出教室，只听你在后面喊道："等等我嘛！"

走出门外，白茫茫一片。一朵雪花落在了我的鼻尖，凉凉的、甜甜的。

"哇，下雪了！"你跟个没见过雪的小孩一样欢呼着在雪中转圈。

"是啊，今年初雪呢！"

"哦，是吗？哟，我俩一起见证了今年的初雪呢！"说着，你突然向我凑过来，很近，近到我能感受到你的鼻息。扑通，扑通……是什么在响？

"那，那又怎样！"我转过脸去。奇怪，大冬天的，我的脸怎么这么烫？

恍惚中，听见你在身后低声低估：“怎么一点情调都没有嘛……”

“走吧，回家。”你对我说着，并向我伸出一只手。

“干吗呀！”为了掩饰我的害羞，我瞪着眼睛说。

“你以为我想拉你的手啊？万一你摔倒了，我还得把你背回去。那可要累死我了！”

“哦，是这个原因啊。”

“哼，不然你以为呢？”

我气鼓鼓地把手甩给了你。就这样，我们两个人手拉着手在雪地里一言不发地走着。走下了大坡，你松开了我的手。不知道是寒冷把我的思考能力给封住了，还是远处传来的圣诞歌给了我勇气，我挡在你面前，把手举到你脸旁，看着你的眼睛喊道：“我冷，你就不能一直拉着吗？”突然间，雪花停在了刚好的位置，远处的圣诞歌也停在了恰好的节拍，站在对面的你惊讶的表情也是那么刚刚好。你愣了又愣，呆了又呆。我保证，那是我看过你所有表情中最傻的一个。你看着不知是被冻得通红还是羞得通红的我的脸，笑了。然后拉起了我那只举了好半天的手：“好，一直拉着。”

当时单纯地以为，得到一个承诺就相当于得到了你想给我的那个世界。但后来发现，其实这个承诺像冬日阳光下的雪人，会在灼热下一触即化。再后来，本应该越靠越近的两人，却越走越远。你曾说：“等我，等我变得足够优秀，我会漂洋过海来看你。”又是一个承诺，我却再也没有相信。

一年后，收拾房间时，从曾经的补课教材中掉落一张纸片，上面写着：我现在才知道，喜鹊喜欢喝可乐，欢迎光临说太多会变成谢谢惠顾，你的猫咪太爱你会变成兔子。啊，还有，人太害羞的话，想说的话会藏在每句的第一个字。

玛丽苏韩剧看多了，总以为在两个人同时转身的时候，总有一方会跑过来紧紧抱住对方……可惜，我们不活在韩剧里，反而两人都无比坚毅地向相反方向走去。我们曾愿意彼此陪伴，走不下去的时候也可以清清爽爽离开。现在才明白：可乐喝多了也会变胖；兔子最终还是不明白我的好；念到最后还是不愿再去想；

最美的还是从前的你。

有人说：爱情的结束不是两个人的错误，而是爱情本身的错误。想来，爱情本身又有什么错呢？只是在错的时间遇见了错的人罢了。或许以后拼搏的路上再也看不到你的身影，再也无法牵手一起面对，但我们也都不再懦弱地只会哭泣。你说得对，我们值得拥有更好的。而你以前是我最珍贵的存在，现在是我最珍贵的回忆，以后也一样。

如果有一台时光机器，能够给我一次重新选择的机会，我还是会选择遇见你，给你我的手，大声地问你："能否一直牵着我的手？"我相信你还是会无比坚定地回答我："好！"

师评·智匠创作微论

牵手，是暖；放手，是念。关于爱情和承诺的脑洞，最令人思绪百转。"有人说：爱情的结束不是两个人的错误，而是爱情本身的错误。"无论是谁，无论说了什么，都无法让一颗难以忘怀的心释然和平静如初。

能否一直牵着我的手？是一个问题，又不是一个问题。要一句承诺，又放下一句承诺。很多时候，千言万语，最后也只是一句听起来的不经意。爱，没有理由；不爱，也没有理由。总有一些尘缘，会"渐行渐远渐无书，水阔鱼沉何处问"。一个人，一句话，一个城，一首歌……那些记忆，也许会深深藏起，也许只是跳宕在字里行间的点点思绪，若此。同是智匠创意的爱情故事，却有不同的结局。人生的悲欢离聚，难已。

那份美，那颗心

中文163班　段户豪

喜欢一个人，会卑微到尘埃里，然后开出花来。

心累了，就会哭。

当眼泪流进心里，洗涤后，闪出最初的光芒。

每当哭泣时，会听见那句话："你的心，变了吗？"20世纪20年代，伴随一声啼哭，一个幼儿诞生，她降临了。虽出生于书香世家，但遵循"女子无才便是德"之说，她不识字。她的长相是极好的。因"父母之命，媒妁之言"，她嫁到了一个门当户对之家。对方是一个教师，儒雅英俊。在外人看来，二人是金童玉女，天作之合：一个追求完美，一个很完美。

是的，他们生活得很幸福。

20世纪40年代末，新中国成立了。这时，她已是两个女儿和两个儿子的母亲，儿女双全。她早早地开始为儿女们准备结婚用品，置房屋、购嫁妆。可欢喜未褪，变故来了。

她向来是个爱美的人。虽然辛苦，但她每天都会以那个美美的面容面对儿女。在孩子们的眼里，她依旧是那个美丽的母亲。

众人皆知，她的丈夫很优秀。

暖阳，飘絮，水面波光粼粼。河边无人，只余留河岸上整齐的衣服和鞋，底下压着一封笔迹未干的信。她不识字，信是让别人给她念的，内容无非是道歉或托付。那一刻，她不美了，她早已面如枯槁。她没有大哭大闹，只是抱着他的衣服和那封信，只身推开了那扇朱红大门……

锁上了，那座宅子早已不似从前，里面什么都没有了。现在的它，就像一个吃人的妖怪，吞噬了她生活在这里的美好记忆和希望。她转身离开了那两座大狮子，没有回头。

她，依然爱美。

20 世纪 50 年代初，农村，早上，一个长得极好的年轻女子带着四个孩子，后面还有一个老婆婆和一个精神异常的姑娘。村里人不了解她，只知道她原来是城里的大小姐，死了丈夫。

她依然爱美，却引来了麻烦。在干活时，大家极力求快，早做完早收工。她做工却比啥都细致：麦秆要砍得整整齐齐，摆放也要整整齐齐的；砍柴也要细致，所有柴块都一样长、一样宽。她做事一如做人，可是做得慢做得少，就挨骂多，得到的少。可她还有 6 个人要养。

20 世纪 50 年代中期，她再嫁了。对方从未娶妻，长相不但不美，甚至于有一只眼并不能称为眼睛，她答应了。

对方很勤劳，她的生活好了些。不多久，她又有了两个儿子，长相都挺好。家里太小了，她把小女儿送给了一个好人家，可未承想仍未活过 18 岁（这都是后来的事了）；而她的大儿子因患了疯病也死了。

她依旧很爱美，依旧有四个儿女。她依旧为这个家操劳着，没有眼泪。

20 世纪 80 年代，不完美的他患了肝癌，会传染，医不好了。

爱美的她，守在病床边，从早到晚，从未离开，从未嫌弃，没有眼泪的她也从没有怨言。

真正陪他走完了这一生，重回“单身生活”的她，没有改变她爱美的习惯，每天都很美丽。

一天天，一年年，原来那棵房边的小树早已长成了大树。她的日子好过多了，可是她老了。她很独立，不依靠子女。在她的儿孙眼中，她是一个强大的女性，更是一个美丽的女性，但是他们从来没有见过她的眼泪。那时候，她的手中多了一串佛珠。

她的美是由内而外的，认识她的人都称赞她的美。

21 世纪初，她的美在那一刻定格了。她闭上了她的眼，可她的儿孙都没有流泪，遵循她留下的话，无泪地送她离开。可当她真正要离开时，有人看见了她眼角的泪珠。但是在大家的眼中，她一直都是美的。

不是喜欢，而是责任，是坚强；花瓣凋谢后，不是残枝，是果实。

她的一生，爱美；她的一生，坚强。她曾有美好的青春记忆，她从未忘过坚持美。她用美走过了这一生，从未放弃。

美，是她精神的象征；无泪，是最完整的体现。

她只是一个女人，但她无悔于青春，无悔于人生，她为美做了最好的诠释。对她来说，美是一种善良、一种坚持。她的美与众不同，她的美得到了时间的印证。

即使时间变化，美有不同，但是她的心从未变过。那颗初心，那颗坚强、不服输的心从未停止跳动，即使没有眼泪。

青春的跳动，年老的行走，一点一点，一步一步，我们走向远方，听着心跳的声音，带着最美的自己。

当我的眼泪滑过了脸颊，当有人问："你的心变了吗？"

"没有。"我轻轻答道。

师评·智匠创作微论

关于一颗心、一份美的脑洞，写一个女人命运多舛的一生。这是关乎爱，关乎命运，关乎坚强、岁月、历史和过往的脑洞。“她的一生，爱美；她的一生，坚强。她曾有美好的青春记忆，她从未忘过坚持美。她用美走过了这一生，从未放弃。”

从呱呱落地到鬓发苍苍，“青春的跳动，年老的行走，一点一点，一步一步，我们走向远方，听着心跳的声音，带着最美的自己”。

那颗心，那份美，她是成千上万个普通女性中的一个。生活可以有无数的波澜和坎坷，生命可以有无尽的悲欢和喜乐，只是，一个女性，就应该是爱美的，就应该是善良的、坚强的，应该怀着希望，陪伴着生命中的每个身边的亲人。智匠创意美好心灵，你的身边，是不是也有善良美好如斯的女性？为她吟一首诗、诵一段文吧。那是给了我们生命的美好的人。

文意情缘

《边城》的故事，
就像沈从文先生所描述的
边城小镇茶峒一样，
远离了那些喧嚣、繁杂的事物，
它就发生在那湘西的小镇上，
安静而美好。

缘起何处

汉外161班　苏艳

“人间多的是长了两只脚的恶人，长了条尾巴又能怎样？”这句话是影片《白蛇：缘起》中许宣对小白倾诉的心声。听了些许人推荐，踏入影院领悟了一番国漫的魅力。正如片名，这部影片讲述了《白蛇传》许仙和白素贞的前世姻缘。影片中的人物早已家喻户晓，但故事情节却令人耳目一新。

故事设定背景在晚唐时期，小白依旧是白素贞，许仙却变成了许宣。当时，天下一片混沌，皇帝却沉迷修仙。国师假传圣旨，命令永州百姓大肆捕蛇，供其修炼。蛇族派小白只身一人刺杀国师，刺杀失败后，被许宣救起，由此二人相见……

故事情节不再赘述，这部电影带给我的惊喜与启发却要细细道来。

《白蛇：缘起》中的用词与背景元素，细细品味，无不承载着中华文化。捕蛇村与永州借鉴了唐·柳宗元的《捕蛇者说》：永州之野产异蛇：黑质而白章，触草木尽死。许宣与小白江上清唱的《何须问》，细细考察也有出处：君不见东流水，一去无穷已——唐·贺兰进明《行路难五首》。来时无迹去无踪，去与来时事一同。何须更问浮生事，只此浮生是梦中——唐·鸟窠道林禅师 。君不见城上日，今暝没尽去，明朝复更出——南北朝·鲍照《拟行路难十八首》。

另外，国师的咒语出自东汉·张陵《老子想尔注》：太阴道积，炼形之宫，道人行备，道神归之。就连影片中小狐妖的唱词也出自宋·晁补之的《水龙吟·次韵林圣予惜春》：算春长不老，人愁春老，愁只是、人间有。细节之处，无不融入中华文化之美。

此外，女主一出场就带给我一种说不清道不明的熟悉感，脑海中慢慢浮现出《红楼梦》中宝玉初见黛玉时那句："这个妹妹我曾见过的。"是啊，"两弯似蹙非蹙罥烟眉，一双似喜非喜含情目"，配以樱桃小口、纤细腰肢：十足的中国古典美人形象，寓于现代元素的加工之中，给人熟悉感的同时也不缺乏新意。

这部动漫电影可以说是2016年继国漫《大鱼海棠》之后，又一传统文化与现代元素相结合的成功案例。《大鱼海棠》的创意亦是源于古典文化中庄子的《逍遥游》：北冥有鱼，其名为鲲，鲲之大，不知其几千里也。或是自身专业的原因，看到这样优秀的国漫，总能联想到中华文化跨文化传播的种种。我们的文化底蕴上下五千年从未中断，但传播途径与传播方式却屡屡受限——动漫制作抵不过迪士尼，电影制作不及好莱坞。而这里不得不提印度的宝莱坞，同为发展中国家，印度为什么能通过电影的文化传播，在电影界占有一席之地？不得不承认，我国在这方面还有广阔的提升空间。

国漫日渐崛起，《白蛇：缘起》在制作技术方面或许仍有许多不足，但中华文化与影片中缠绵独特的意境依旧令人震撼。它承载的是沉甸甸的文化与传播文化的责任。或许，这部电影会成为许多外国人了解与喜爱中华文化的"缘起"之处。

白蛇的故事说来话长，中华的文化依旧源远流长，系统地提高文化软实力亦需要不断探索与成长。

未来，中华文化将缘起何处？

不妨不妨，来日方长。

师评·智匠创作微论

关于白蛇故事的脑洞，正如这个重绎的故事："影片中的人物早已家喻户晓，但故事情节却令人耳目一新。""就连影片中小狐妖的唱词也出自宋·晁补之的《水龙吟·次韵林圣予惜春》：算春长不老，人愁春老，愁只是、人间有。细节之处，无不融入中华文化之美。"这还是一个表明"我国的文化软实力还有广阔的提升空间"的故事。

缘起何处？智匠创意，缘起于一个故事、一份爱情、一个传说。这是一种生生不息的文化，是一个民族与古老和现代有关的一场转化与传承，而这一切，都源于一个青年人对于国家传统文化传承与当下转化的思考。缘起何处？缘起于一个青年的追问。当我们面对一切似曾相识的古老故事的新演绎时，都应该去追问一下：缘起何处。不忘根本，方有未来。

茶峒小镇

中文162班　陈庆

在我的眼里，《边城》的故事，就像沈从文先生所描述的边城小镇茶峒一样，远离了那些喧嚣、繁杂的事物，它就发生在那湘西的小镇上，安静而美好。它描绘了湘西地区特有的风土人情，借船家少女翠翠的纯爱故事，展现出了人性的善良美好。它没有扣人心弦的悬念，也没有曲折跌宕的情节，但却很轻易地进入人的内心深处，或许这就是《边城》的魅力所在吧。

在阅读作品时，很少会有哪一部中刻画的每一个人物都让我很喜欢。但《边城》里面的老船夫、天保、傩送、翠翠，他们每个人都是茶峒小镇最好的代言人：一心只想要给翠翠一生幸福、后半生只为孙女而活的老船长；为了弟弟的爱情而放弃自己幸福的稳重又成熟的天保；那个心思细腻、唱着情歌却不为心上人所知的执着又纠结的傩送；当然还有那个天真善良、温柔清纯的期待着爱情的翠翠——他们身上那种最单纯、最纯洁的淳朴性格，让我觉得是任何人都不能破坏的美好。翠翠是沈从文心目中的湘西苗族文化女神，是沈从文向往的优美人性的化身。沈从文这样说："自然既长养她且教育她。为人天真活泼，处处俨然如一只小兽物，人又那么乖。如山头黄麂一样，从不想到残忍事情，从不发愁，从不动气。”在亲情上，她深爱着自己的外公，与外公相依为命，对外公关心备至；在爱情上，她坚贞不移，她爱上了傩送，在面对天保的追求时，选择了拒绝。这个纯真的少女渴望着、向往着爱情，她对待感情纯洁又真挚。直到最后她仍在等待，等待着心上人的归来。

不少人认为文中的外公虽然好但挺自私的，但我并不这样想。外公作为老一辈，他身上可能还存有不少的封建思想，但他对孙女翠翠的疼爱绝对不比任何人少。在人生上，他想要给翠翠最幸福的生活，把她交给一个最放心的人；在生活上，他不愿让翠翠受一点苦，把她照顾得无微不至；在感情上，他尽自己最大的努力去了解翠翠，希望可以读懂她的内心。我说我能理解外公的那份爱，是因为反观我们的生活中，这样疼爱我们的老人也很多。他们的思想也许不是那么前卫，他们的方式也许不是那么容易接受，但他们爱我们的那颗心是不容置疑的。也许老船长没有那么完美地考虑问题，但一个想要给孙女幸福的老人又做错了什么呢？

天保和傩送两兄弟之间的感情关系，在我看来，也是文章的一个重点。当天保知道自己的弟弟也喜欢上了翠翠的时候，他很大度地选择退出，这一点就能看出他对弟弟的手足之情。可是喜欢上一个人又选择放弃，这并不是一件容易的事啊！他最后决定外出闯滩，为了弟弟的幸福，为了这个家庭的未来，更是为了消解自己心中的苦闷吧。“好忘却了上面的一切”，这句话如此伤感，再想到天保的离世，莫名地觉得很悲伤。

作为弟弟，心思本就比较细腻的傩送内心一定也很难受。也许是他知道哥哥也喜欢翠翠，也许是听到了哥哥离世的消息，他也选择了离开。离开了茶峒，离开了那个对于他们来说有很多回忆的地方，不知道漂泊到哪，也不知道什么时候才会回来。

天保与傩送之间有深厚的手足之情，却同时爱上了翠翠，成为对手；外公爱翠翠却不理解翠翠的心理，翠翠爱祖父却不理解祖父的担忧；祖父舍不得翠翠，又渴望给翠翠找一个好归宿，自己觉得可靠的人，又担心翠翠不喜欢；翠翠喜欢傩送，可她面对爱情时的羞涩让傩送无法了解她的想法。他们彼此之间的矛盾或者是自己内心的矛盾都是因爱而生，都是围绕亲情与爱情展开的冲突，他们之间不存在激烈的利益冲突。这就是茶峒小镇。

“这个人也许永远不回来了，也许‘明天’回来！”沈从文先生用这样的一句话作为文章的结局，或许是一个最好的结局吧。茶峒小镇只剩下翠翠一个人，但又不是她一个人。也许经过时间的洗礼，傩送又回到了这个小镇，又或许他不会再回来。

在这个茶峒小镇里，有翠翠纯真的回忆，有爷爷与翠翠摆渡的那一段祥和时光，也有三个年轻人之间掩不住的美好爱恋。在这个边城里，翠翠仍在等待，等待着她美好的未来。而我，我也在等待着，等待着茶峒小镇重新开始的美好故事。

师评·智匠创作微论

关于《边城》的脑洞：“在我的眼里，《边城》的故事，就像沈从文先生所描述的边城小镇茶峒一样，远离了那些喧嚣、繁杂的事物，它就发生在那湘西的小镇上，安静而美好。”关于“翠翠”的脑洞：“翠翠是沈从文心目中的湘西苗族文化女神，是沈从文向往的优美人性的化身。”关于未来的脑洞：“在这个边城里，翠翠仍在等待，等待着她美好的未来。而我，我也在等待着，等待着茶峒小镇重新开始的美好故事。”

一篇《边城》，让很多人知道了“茶峒小镇”，而“茶峒小镇”也成就了沈从文的“边城”，二者是对彼此的召唤和成全。“茶峒小镇”作为《边城》的象征，是关于《边城》的情愫缘起。《边城》的每一处、每一物、每一个人，都可以是这份情愫的缘起，由此开启了关于《边城》的情愫之旅。任何一部经典中的一点一滴，都可以开启一种智匠创意，呈现对其的一份思索、一种记忆。

看见而不仅仅是看到

中文161班　袁航

不要因为我们走得太远，而忘记我们为什么出发。

读书有用吗？

不好意思，表述错误，应该是：读闲书有用吗？

我不太清楚别人是怎么想的，但是我想，应该还是有点用的吧。

我一直认为，读书和吃饭一样，是一件与我们的生活密切相关的事情。它既不高尚也不低贱，只是一件很普通的事情，就好比我们吃饭——我们会被西红柿炒鸡蛋的清香所吸引，会为红烧肉的滑嫩、鸡汤的馥郁而流下口水。而在我们不经意之间，这些食物穿过我们的肠胃，为我们提供了丰富的营养用以维持我们的生命活动，并为我们的成长提供足够的能量支持。

吃"食粮"如此，吃"精神食粮"亦然。所以，在我看来，它们一直在潜移默化中启发我、教育我、引领我。

如果一定要从读过的书中选一本对我影响最大的书出来，我选择《看见》。

第一次读《看见》，是在燥热的夏季，然而读进这本书，我却沉醉于其间。

感动、冷清、孤独、温暖……各种各样的情感涌上心头，这些情感如同一阵清风拂过我的心房。

它让我比同龄人更快地展开了对未知世界、对社会大众的探索，对自我精神的审视与反省。

就此而言，读这样的一本书其实是有相当的风险的。因为过早地开始思考，其实未必是好事。固然，你在同龄人当中会有更深的思想深度，会拥有自己独到的见解，但是如果你没有足够的阅历来支撑起这样一份厚重，那么你将会失去这个年纪应有的思想上的平衡。

柴静用一本书，将她作为记者的十年所遇到的人和事、自己的反思与成长，一点一滴记录下来。这份对工作和社会的体会的沉重，确实需要一点读者的精神阅历才能够理解与消化。

但是毫无疑问，一个年轻人去看这样的一本书，确实有一定概率让这部作品变成一种催化剂，使人更加成熟。

看见，而不仅仅是看到。

同性恋、被家暴的人、性工作者、地震灾民……书中的每一个人都会触发人心里最柔软的部分。并不是因为同情或者可怜，而是因为发自内心的共鸣。

分享其中的一句话：保持对不同论述的警惕，才能保持自己的独立性。探寻就是要不断相信、不断怀疑、不断幻灭、不断摧毁、不断重建，为的只是避免成为偏见的附庸。或者说，煽动各种偏见的互殴，从而取得平衡，这就是我所理解的探寻。

十年时间，柴静从一个不知天高地厚的媒体人，蜕变为一个合格的记者。

三年的功夫，我从一个不知世间不明事理的孩子，成长为一个懂得与自己相处、懂得用自己的时间来进行独立思考的少年。

终有一日，我们也会长大，也会跨过世间的高山峡谷。反思过去，思考曾经的过失；憧憬未来，面对真实的自我。只希望你不论走得多远，都不要忘记自己为什么出发。

所以，如果你愿意承担这份精神上的厚重，那我愿意与你一同探寻，一同看见这个世界。

师评·智匠创作微论

关于读书的脑洞，“我一直认为，读书和吃饭一样，是一件与我们的生活密切相关的事情。它既不高尚也不低贱，只是一件很普通的事情”。关于探寻世界的脑洞，“第一次读《看见》，是在燥热的夏季，然而读进这本书，我却沉醉于其间。感动、冷清、孤独、温暖……各种各样的情感涌上心头，这些情感如同一阵清风拂过我的心房”。“所以如果你愿意承担这份精神上的厚重，那我愿意与你一同探寻，一同看见这个世界。”

以相近词语的不同语义进行智匠创意，“看到”和“看见”的区别是什么？大概就是用眼睛还是用心灵，或者说用思想。眼见为实，或许，这句话并不一定一直是真理，或者说是事实。有些事，并非一定要自己确定的“看到”，却可以用心去“看见”，正如柴静书中那些遭遇困苦和折磨的人。我们不是见证者，却可以一样悲悯地理解和懂得。探寻世界与让自己成长，就在“看到”和“看见”之中。

中篇

虚构

『一曲新词酒一杯，去年天气旧亭台。』
『无可奈何花落去，似曾相识燕归来。』
无论是追寻一份亲情，
还是追慕一个恋人，
少年有少年的心事，
风烛摇曳中的生命各有各的凄清。
真假虚实，
是生命孳情，亦是少年脑洞。

诗韵情语

当年岁和青春离开时，
我愿意躺在藤木椅上，
看着暮色与黎明，
听不到蝉鸣和风铃，
狂风暴雨抑或电闪雷鸣。

故乡的秋

中文163班　高溶阳

普洱的秋，
来得格外晚，
也持续得最长。
她就像一个倔强的小姑娘，
你想要她快点脱下，
那身穿了太久的绿色的旧衣，
她偏不要，
依旧穿着那翠色的长裙。
不管怎么劝她，
她还是那样固执。
她甩动着长长的裙摆，
带来一阵阵湿热的风。
就这样，
呼呼地，呼呼地，

翠绿的叶还挂于枝头，

多彩的花还亭亭玉立。

眨眼间，

春天竟来了，

而冬天已不知何时离开了。

师评·智匠创作微论

关于家乡，关于秋的脑洞，普洱的秋，“就像一个倔强的小姑娘”，“翠绿的叶还挂于枝头，多彩的花还亭亭玉立。眨眼间，春天竟来了，而冬天已不知何时离开了”。

自然四季，各有不同，而四方不同，各地有异，又是同一季节的不同。每个人都有故乡，故乡不同，秋不同，即使是相同的故乡，不同人的眼眸中，秋同样不同。这就是《故乡的秋》，看似普通平凡，却又蕴含无限的创意。智匠创意故乡的秋，是一份赞美、一种思念。

等

中文163班　拜婧雯

我仰起头问你，

什么时候可以长大？

你说，

等槐树长出可以做成麦饭的花儿，

等柿子酿出醋香，

等银杏堆满一地碎金，

等麦田里一季的丰收，

等你眼含泪水不敢回头，

却依然固执地要奔向诗意的远方。

而我，

依然在一个你称之为家的地方等你。

师评·智匠创作微论

关于等的脑洞，其实是关于亲情和陪伴的深情。因我“要奔向诗意的远方”，因此，“我仰起头问你，什么时候可以长大？”你却说，尽管你如此固执，我却“依然在一个你称之为家的地方等你”。

以“等”这一字智匠创意一份温暖的亲情。等，是两个人的心事。在“一个你称为家的地方”等，因为你憧憬着诗意和远方。每个远行追逐梦想的人，都有一颗慈母的心牵挂着、思念着、等待着。短短数行，却是慈亲游子，默默情深。

行走

中文163班　武越

年少时捞起一颗顺流而下的皱皮种子，
随意丢在心上。
跑跑跳跳之间，
它却没有溜走，
日夜伴我。
后来，
竟融进我的骨血，
带着它最初的浪荡和不羁，
在我的血液里刮起风，
我便停不下这向着远方的脚步。
身体里住着风的少年，
留不住。

贪慕烟雨中亭台轩榭，

便去西子湖畔，

感其梅坞春早；

向往雪峰倒映、云杉环拥，

便去瑶池，

赏它“一池浓墨盛砚底，万木长毫挺笔端”；

恋慕竹林幽径、阡陌苇香，

便去常熟沙家浜，

柳堤闻浪；

或想看流光溢彩、万国建筑，

便去外滩十八号，

看巴洛克山花墙。

我走走停停，

渴望将旖旎万景都揉进我的眼睛。

这一次，

我又执意于蓝湾海滩潋滟汀波。

这一次，

走得比以往都久。

火车摇晃着将远方带至我眼前，

穿山过水，

把西北浓烈的家味吹散。

面前是海波无际，

归鸟盘旋。

我回头，

群山掩了迟暮的最后一缕红光。

这里，

便是远方了。

深夜的滨城忘了呼吸，
海风收敛了许多，
前方烟草和空气的摩擦声震耳欲聋。
我护着车窗玻璃上的雾气，
雾那边是燃烧的霓虹，
一擦就回到现实。

掀开小店湿漉漉的门帘，
烫壶清酒，
给海凉粉浇上酱汁。
每抿一口，
思念就酿一圈进酒壶。
暖胃果腹双颊微红站在马路旁，
淋着路灯暖光。
城市的天空很窄，
夜空上闪烁的只有飞机的航行灯，
不比高原的灿烂星汉，
漫长的旅途还在继续。

我想用手抚摸爸妈的鬓角，
却不知，
衬衫袖口的褶皱偷偷爬上了他们的额头。
想拜托温柔万川寄去思念，
可惜河水向东而来，

不能回转。

不过清风倒是答应我，

当你们望向东方时，

她会替我轻抚你们的发梢。

兜兜转转，

走走停停，

我不过是追寻那一种清洌的人生。

越是山穷水尽一无所有，

越是倾尽孤勇，

未来越是会如约而至。

等得辛苦，

却从不辜负。

如此，

我就攒了这一季的话吧！

全部酿在冬末的坛子里，

霜凋夏绿，

在栀子树下，

从拂晓到桑榆，

一字一字，

讲与你们听：

“喝茶当于瓦屋纸窗下，

清泉绿茶，

同二三人共饮，

得半日之闲，

可抵十年尘梦。”

日月如移越少年，
当年岁和青春离开时，
我愿意躺在藤木椅上，
看着暮色与黎明，
听不到蝉鸣和风铃，
狂风暴雨抑或电闪雷鸣。
安静地躺在那里，
眼里是远方归来的鸽子。
它在我的长发里筑下窝巢，
青苔绿蔓延全身，
再等纷扬的雪花扑面，
没过头顶。

平生至此，
与你们一起，
再等春风呢喃。

师评·智匠创作微论

关于行走的脑洞，同样是关于成长和亲情。“身体里住着风的少年，留不住。”“兜兜转转，走走停停，我不过是追寻那一种清冽的人生。越是山穷水尽一无所有，越是倾尽孤勇，未来越是会如约而至。等得辛苦，却从不辜负。”

行走在诗意中，行走在梦想里，行走在少年心事上，行走在春风冬雪间。智匠创意，抒写每一个追逐梦想的人，都不会停下行走的脚步。风景，在路上，亦在心间；梦，在召唤，亦在心中。行走岁月，行走人生，行走文字，一份灼热的情，一份勇敢的心。

忠孝赋

中文163班　于笑川

大漠飞沙起，黑云翻墨池。

边城无弦乐，长戈映山石。

战鼓三通响，长弓射落日。

将军玉龙开，抬枪赴生死。

关下千千万，可恨逢乱世。

宁肯裹尸还，不堪亡国耻。

回望东南角，依稀有春归。

夕阳不似血，步行落余晖。

浅草发新芽，留香游人醉。

小径通幽处，坐忘不肯回。

眼前如梦境，思乡心愈摧。

大小数百战，何曾卸甲盔。

家中有老父，未曾尽子孝。
憾我无兄妹，终年孤人老。
念此愧甚矣，岂是为子道。
病痛不曾问，何谈供温饱。
老父多念儿，盼子安还好。
明月寄幽思，万里传关要。

忽闻战鼓声，敌酋将兵来。
龙蛇盘杀至，妄此寇关开。
提我亮银枪，负我牙箭袋。
若失忠君志，国破家何在。
愧我今生父，忧愁如瀚海。
愿为先登士，报君黄金台。

师评·智匠创作微论

关于一种民族优秀文化传统的脑洞——“忠孝”，历来难两全。“宁肯裹尸还，不堪亡国耻。”“家中有老父，未曾尽子孝。”“愿为先登士，报君黄金台。”

以赋为诗，智匠创意忠与孝这个古老的民族伦理文化话题。国家有难，匹夫有责，忠孝难以两全。但要面对亡国之忧，英雄必定征战疆场。赋诗为勇士，彰显爱国情。这就是新时代“强国一代”的思想和情怀。

十三月

中文161班　刘瑞丽

一月春梦初来。

二月洒扫庭室。

三月采桃花酿酒。

四月杜鹃满山岗。

五月是一张信纸。

六月鱼戏莲花，青草芬芳。

七月闷热昏昏欲睡。

八月金桂做蜜糖。

九月东篱采菊，不见南山。

十月又是平凡的一月。

十一月蜡梅含苞，傲雪凌霜。

十二月大雪弥漫。

十三月你踏雪而来，

我翘首以待。

师评·智匠创作微论

一年十二个月，却又哪里来的十三月？关于岁月的脑洞，原来如此，“十三月你踏雪而来，我翘首以待”。

一载十二月，却有十三月的“你踏雪而来”。以虚幻的十三月，写“我”真实的期待，是夸张还是比拟？智匠创意，是一种天马行空，是一种贵在不羁，合情合意。

她

中文163班　王建国

风中的花，
轻吻着你的脸颊，
我虽有些嫉妒，
却也只能随它。

梧桐树下，
摩挲着斑驳的梧桐叶，
犹如水中的波纹，
荡漾心中的牵挂。

好想做一片雪花，
洋洋洒洒，
落进你迷人的秀发，
感受着你的体温将我慢慢融化。

升华，升华，
变成一朵美艳的鲜花，
在无尽的荒原上，
留下绝代的芳华。

多想牵着你的手，
走过海边的沙丘，
数流星飒沓，
看落日余霞。

每当，
轻轻拥你入怀，
一切便了无牵挂。
世界？随它！

师评·智匠创作微论

“轻轻拥你入怀，一切便了无牵挂。世界？随它！”如此脑洞，表达一种喜欢和可望而不可即的心情。

一位“他”心中眼中世界里的“她”，满满的欣赏和满心满眼的美丽，以一份深深爱恋，智匠创意一种对美好的企盼。面对每一个“他”眼中的“她”，随心吟来，便是深情的诗行，便是最真的眷恋，便是最美好的诗情的表达。

晚安吻

中文162班　杨若瑜

夜晚你走在我的前面，

我就这样踩着你的影子。

你什么都不必说，

因为我喜欢安静。

路灯下就我们两人，

世界静谧得只剩下风吹树叶的声音。

你知道我有多喜欢你吗？

像一只没出息的狐狸，

在你看不到的黑夜里，

用手偷偷描摹着你的阴影。

你总会洞悉到我的目光，

还我一记温柔嫌弃的眼神。

你真是好看，
是我看一眼就移不开视线的人。
我会故意踩你的鞋子，
你就装作凶巴巴地瞪着我。
我不喜欢你皱着眉头的样子，
就扮个鬼脸逗你开心。

你笑起来很调皮，
会露出尖尖的小虎牙。
还真是个别扭又可爱的人啊！
我喜欢你像大孩子一样的偏执，
却又故作成熟的天真。

你的眉眼里藏着南国的春风，
也倒映着北国的孤冷。
或许你是灵魂自由的蝴蝶，
总是要飞走的。
但此时，
我只想和你漫无目的地走完这条小路。

这条路仿佛没有尽头，
我们走了好久。
星星是我送给你的晚安吻，
隔着朦胧的月色也在为我们打灯。
你不言，我不语，
这样的夜色很撩人。

你说再见的时候，
肩头落满了金黄的叶子。
你在逆光的树荫下，
笑着向我挥手。
我慌乱地躲开了你的眼神。
我这样一个容易脸红的家伙，
今日份的喜欢，
只能拜托星星告诉你喽！

师评·智匠创作微论

关于喜欢，关于不舍，关于时时刻刻的牵念的脑洞，“你知道我有多喜欢你吗？像一只没出息的狐狸”，“或许你是灵魂自由的蝴蝶，总是要飞走的”，“今日份的喜欢，只能拜托星星告诉你喽”。

晚安，是多么普通的词汇，却因为是送给“你”以“吻”，更有无限深意。星星是我送给你的晚安吻，欣喜、羞涩、嬉笑，快乐的时光和陪伴，渗透着彼此的喜欢。相恋的人，举手投足间，都是满心的喜欢。一声晚安，一句清晨的“早”，就是传递一份想念。智匠创意，深深爱恋，就在举手投足间。

忆思

中文161班　王鑫

命中注定，

我们在七年前相遇。

慢慢地，

我们从剑拔弩张的死对头，

转变为陌生的恋人。

是你，

陪我走过让我痛、让我悲、让我喜、让我忧的叛逆岁月。

时光荏苒，

我们像众多恋人一样分分合合，

碰撞、磨合。

感情如人生之路，

定不会平稳坦荡，

有众多的身不由己、无可奈何。

初恋如彩虹，

虽然美好但也短暂。

三年的形同陌路，

每天在长长走廊的擦肩而过，

每次那有意无意的目光接触，

心脏怦怦跳动，

久久不能平复。

渐渐地，

期待在人流中的相遇、相离，

享受短短几十米的路程、短短几秒钟的相视。

又是一个一样又不一样的暑假，

我表露自己的内心，

但你已不是原来的你。

转身之际，

你已不在原地等我，

而是远离，

牵了别人的手。

我心如刀割，

却只能流泪与祝福。

感情却像藤蔓，

剪不断，理还乱。

嘴上说着算了吧、不爱了，

心里却回应着别放弃，

我不能失去你。

上天仍眷顾痴情人，
我们冲破艰难险阻，
义无反顾地在一起。
这一次，
只要一息尚存，
我会一直爱你，
直到四海枯竭。
执子之手，与子偕老。

突如其来的是两年的分离，
像是一次考验。
每天有限的时间，
都有无限的话语。
每次的难舍难分，
只会让我更加铭记幸福来之不易。

虽然相隔千里，
我对你的爱从未减少一分一毫，
对你的思念愈来愈浓，
正如我心：
相思相见知何日，
此时此夜难为情。

师评·智匠创作微论

忆思，是一种情。关于情的脑洞，最为深邃、丰富。“感情如人生之路，定不会平稳坦荡，有众多的身不由己、无可奈何。”“感情却像藤蔓，剪不断，理还乱。”

一份刻骨铭心的爱情，需要用心呵护。彼此的牵挂与珍惜，彼此的理解与包容，如“因为懂得，所以慈悲”，如“遇见你，可以在尘埃中开出花来”。唯愿人生只如初见，两情更在久长时。一首情诗，智匠创意如此的低喃细语。

我有一个愿望

中文161班　梁爽

我有一个愿望：

春来，

抛下一切困惑缠绕，开始一个人的旅行。

一路走，一路看。

漫步在铺满花香的路上，

朦胧间走过了青葱岁月。

独自行走，

这一路风华承载了多少不能与人言说的往事。

我有一个愿望：

夏到，

六月的光阴，依旧有着花香。

流浪的风夹杂着期盼，

卷起手里的纸鸢，

猛地扬上天空。
越飞越高，越飞越远，
身影越来越淡。
墨入水，染一池青花。
独行人，在光阴中连影子都是多余的。

我有一个愿望：
秋至，
为梦，奔走远方。
涉过蒹葭苍苍，静待白露为霜。
行山走水，丈量梦的距离。
停下来的时候，
一抬头就可以看见干净的天空。
近在咫尺，浅喜深爱。

我有一个愿望：
冬临，
冰寒雪舞，氤氲墨染天地。
被雪包裹的秃枝，
那一点红，如朱砂烙印心头。
滴水成冰的温度，渗入灵魂的清香。
五瓣梅花，一人行，
身旁是脚印写成的诗行。

但我没有料到，
世间的一切竟早已有了安排。

我们的遇见没有预约，

是那么风轻云淡。

那天，阳光不燥，微风正好。

阳光渗过层叠的树叶，

你在光影中。

枝丫延伸出来的你，

成为我记忆中的梗。

回眸一顾，年华尽负。

天知，地知，唯你不知。

师评·智匠创作微论

关于愿望的脑洞，人不同，时不同，地不同，境不同，便一切不同。春来、夏到、秋至、冬临，“回眸一顾，年华尽负。天知，地知，唯你不知”。

我有一个愿望，是在四季轮回中，行走时光和岁月，还有无数的梦愿和美景，却在不被料到的安排中，遇见你，恰似“原来你也在这里”。人生，纵有如许愿望，又有多少次会在不期而遇中，开始另一段行程？抒写一个愿望、一个不期而遇的开始，是人生的斑驳记忆。智匠创意人生不止一个的愿望，也可以是不同时不同地的同一个愿望。人生总有期待，是信念的力量。

七律·樱花树下（并序）

中文161班　雷晨雨

乙未年中，黔有女，方二八，唤为肆。肆有同庠学者，名宁。肆尝识宁面，竟倾心之。宁无可夸者，其才较之肆弗如远甚，貌亦不扬。当是时，宁心以为人属，肆友皆叹惜此事，苦言劝之。奈何肆心意石坚，人言不顾。

寎月，同学者共游，会与筑之荆挑林。是时，荆挑烂漫，山如绮霞，红云飘摇，锦缎飞舞。春风抚樱，瓣落似雨，落英纷纷，鲜草离离。肆与宁缘道行，渐远之，寂寥无人。肆述爱慕意，宁以为戏言耳，故曰："期年荆挑如此，此树下，与君共白头。"肆喜，曰："不负妾耶！"宁曰："不负卿也。"

期年，春寒，荆挑晚。清和中，方开。肆至林中，以待宁。是时寒梢，落红扑扑，肆独行烂漫，若瑶池女。久候，宁不至，天欲晚。肆不弃也，次日又至，日复一日，宁不来也。花已老，肆始恨，诘宁，宁曰："前言如戏耳。"

肆心死，再至荆挑林中，忆前言，号啕不止，戚戚不矣。此前种种，不亦痴乎？

肆友，吾兄也。兄以此事告余，余亦唏嘘。肆不亦忠乎？奈何宁心为伊有。两者何错也？竟酿此悲，不矣哀叹。筑中荆挑园余亦知，花久谢矣，如誓凋零。

荆挑来年如此，年年如旧，人不复矣。感此事，得四韵以叹之：

四月飞花怪言迟，红落满院客不知。
昔约海誓花似雨，今做川流逝如斯。
树影婆娑蝉唱彻，荆挑烂漫莺喃呢。
春来惆怅谁人见，花落独酌呓语痴。

注：1. 寎月：三月。2. 筑：贵阳（贵州省会）。

3. 荆挑：樱花。4. 清和：清和月，四月。

师评·智匠创作微论

樱花，以落英缤纷的凄美，打开一个关于爱情的脑洞，“荆挑来年如此，年年如旧，人不复矣”，“春来惆怅谁人见，花落独酌呓语痴”。

樱花树下，一如“去年今日此门中”的人面桃花，亦如“那株桃树下”的爱意文字，却又都不是、不似。人生而有痴情者，如此篇肆君，痴情遇见薄情，“闻君有两意”，只合“故来相决绝”。春有春故事，花有花消息，智匠创意人间青春的悲欢离聚，花似也懂人语。

世思时吟

冬日至，
冬雪莹白，梅香四溢。
倾听雪花敲窗，
静赏飞雪漫舞，
品一杯清茶，写几行文字，
静待春天的到来。

人无再少年

中文161班　李文慧

人生，就是一次旅行：

走过的路，

见过的景，

相遇的人，

一切皆因缘分。

花开，就是一场修行：

发芽，长叶，凋落，

归于大地，再重新生长。

花开花落，四季轮回，

都是自然。

春日来，

春风蔓延，桃花夭夭，

洒落了一地思念。

眼前繁华千万朵，

唯心只取三两枝。

心中念春，赏遍红尘蒹葭。

夏日到，

夏日清喜，跫音袅袅，

那花瓣融着暖，散着香，

妩媚了清浅岁月。

田田的荷花碧波漫卷，

漾起阵阵清香。

秋日临，

秋韵斑驳，岁月浅浅，

染香了心的时光。

吟一首岁月安好，

念一场风花雪月，

勾勒一幅唯美年华。

冬日至，

冬雪莹白，梅香四溢。

倾听雪花敲窗，

静赏飞雪漫舞，

品一杯清茶，写几行文字，

静待春天的到来。

花有重开时，
冬去春来，
且念且等待。
人无再少年，
活在当下，
且行且珍惜。

师评·智匠创作微论

这是几行关于时光易逝，难以追回的脑洞，“人生，就是一次旅行”，“花开花落，四季轮回，都是自然”，“花有重开时，冬去春来，且念且等待。人无再少年，活在当下，且行且珍惜”。

春夏秋冬，四季轮回，各有景致，但随荏苒的光阴流转而去的，还有少年时光。感时惜时，再一次提请珍惜少年时，更是一份难得的心意。以春去秋来四季代序，智匠创意人生的不可回逆。提醒青春的身影，珍惜少年时，切记，切记。

送别

中文162班　陶诗嬬

码头的乌鸦嘶哑着低吼。
腥咸的海浪哟，
敲响了丧钟。
星夜要走了，
唱一首挽歌吧！
挽歌悠长不知来处。

是月，
是暮色，
是沉寂的黑。
没有醒来，
没有道别，
我也在这沉沉的黑里睡去了。
和繁星一起，

穿越了亿万个光年，

怀抱着泪光中残存的一点亮。

不知分离，

不知时光荏苒，

不知人世匆匆再无回头，

不知人类的多变，

不知逝去。

然而，

星是温柔的。

繁星坠落了，

用尽最后的光，

将暮降至的天色，

染成最温柔的颜色。

怀抱着你，

告诉你，

不必想念。

码头的乌鸦睡着了，

金色的云母片细碎地洒在翻滚的波浪。

星落夜将明，

往既已过，

不必送也不必追。

忽地我醒了，

酌一杯温热的血，

一杯敬过往，

一杯敬明天，

一杯，

敬不死的心。

师评·智匠创作微论

送别什么？脑洞万千，如许，如此：“一杯敬过往，一杯敬明天，一杯，敬不死的心。”

送别，有无数种，亲爱的，敬爱的，亲朋好友，而这里的送别却都不是。送别的，是曾经和来处。汉语的悠长，是其一词多义，而若能开创反惯常定向思维的新意，便是难得的智匠创意。送别一季春水，送别一阵雷雨，送别一个黄昏，送别种种的过往，迎来一个全新的自己。

梅时

中文162班　张莹

丝雨连入延江吴，
绿水香山金缀处。
梅子片酸齿微舞，
时节景致情意扑。

有时，它每一天都在，
天空会变成黑灰色的显现。
有时，每个人身上都会发生，
沮丧会使我泪流满面。

偶尔，我的心情有了牢骚，
一段感情就会破碎。
偶尔，我是个思想木偶，
如同机器般在思想的符号下徘徊。

偶尔，我站在幻想的边缘，

在现实世界的残酷下寻求精神的迷失。

有时，精神劳累至无法支撑自己的躯体。

有时，梦想迷茫到停止自己的步伐。

有时，失败到无法重拾信心。

于是，我无法逃避地选择短暂性逗留来思考。

但是，时间是见证我们成长最好的媒人，

会让我们和远方的梦想酿造佳话。

渐渐，

我懂得，逆风的方向更适合飞翔。

懂得，被礁石无数次击碎又无数次扑向礁石的才是智者。

懂得，明天会有更美好的深刻含义。

天还未黑，星怎敢起；

风还未刮，雨怎敢下；

水还未成，鱼怎敢游；

我还未斗，路怎敢折。

有时，当我抬起头颅，

会发现，阳光托起了我的脸庞。

有时，当我踮起脚尖，

会知道，土地承载起了我的身躯。

只要我还在，就不要悲伤。

有时，即使魔鬼吞噬了一切，

天使还会将希望还回。

只要希望还在，就不会悲哀。

有时，我们会重燃斗志。

此时，抓紧一切，就是永恒。

师评·智匠创作微论

梅时，是何时？何情？又何景？脑洞如此，“沮丧会使我泪流满面”，“偶尔，我站在幻想的边缘，在现实世界的残酷下寻求精神的迷失”，“渐渐，我懂得，逆风的方向更适合飞翔”，“只要希望还在，就不会悲哀。有时，我们会重燃斗志。此时，抓紧一切，就是永恒”。

面对挫折和磨砺，勇敢的少年在低沉徘徊之后，一定会奋勇向前。无论有多少荆棘和坎坷，懂得了这是成功的必由之路，就一定会义无反顾。有时，偶尔，人生充满变幻，唯一不变的，是一颗追寻梦想的心灵。智匠创意以岁岁年年的此时此刻，引出思想岁月的流淌长河。

夜与空

中文163班　马雯婕

狭小空间里我能看到的，
不过是一副眸子或张扬的眉。
我喜欢那里干净的灵魂，
和跳动的活跃。
我喜欢傍晚若现的点点星和弯弯月，
同我之前的一切，
伴我入梦。

狭小空间里我能看到的，
不过是一副眸子和樱桃般的唇。
烛光点点，
光影在白幕上摇曳。
它在与她玩耍，
亦或者给她编织她爱的梦。

师评·智匠创作微论

夜与空，是和星星、月亮、梦相关的脑洞，“烛光点点，光影在白幕上摇曳。它在与她玩耍，亦或者给她编织她爱的梦”。

夜，静谧而幽远。看似平静的夜，却有无尽的蕴含。空，是夜的空；夜的空中，有星光、弯月；在星光与弯月的夜里，会有梦。智匠创意，夜、空、梦，融合在一起，都因为一个她而呈现。无数的她，就有无数的夜、空和梦……

夜

中文162班　孙昊宇

儿时的夜，

是安稳寂静的山村里那纯净的月光；

现在的夜，

是灯火通明的城市里那喧嚣的繁华。

儿时的夜，

是夜半醒来望着天空点点繁星的纯真；

现在的夜，

是夜半醒来心头久久无法消散的思念。

儿时的夜，

失眠于神话传说中的想象；

现在的夜，

失眠于城市的肮脏与腐朽。

儿时的我期盼夜的到来，

现在的我厌恶夜的到来。

我用尽一切办法，

想要回到儿时的夜。

可最终，

我迷失在现在的夜之中。

师评·智匠创作微论

关于夜的脑洞，无所不容，而此处，只在两点——儿时与现在："我用尽一切办法，想要回到儿时的夜。可最终，我迷失在现在的夜之中。"

夜，有无数个。这里选取两个，儿时和现在的：一个纯真纯净，一个喧嚣腐朽，这就是作者眼中的城市和乡村。究竟哪一个更值得珍惜，更能让人感到静谧、踏实，更适合人栖居？以夜智匠创意，抒写成长的时空的变换与人的情感的变化，这是青春的思考，是青年的叩问。人有千万，夜有万千，你的夜呢？

再见

中文161班　张亚文

我在阳台唱着听烂的情歌，
孤独和寂寞涌上心头。
望向空中孤月，
没有繁星点缀。
和你我一样，
罢了……

师评·智匠创作微论

关于再见的脑洞，如此仓促，似乎欲言又止，却又感戛然而止，只剩那句无可奈何的“罢了”。

再见，其实是关于爱情的智匠创意。唱着情歌，思绪万千，却戛然而止，悄无声息。再见，一种静默的力量。再见，思绪起处，一句诗行。

心

中文162班　刁纪圆

不粗糙的心，仅大于宇宙。

年代没有形状，却在沉舟。

六趣一浮，三千四起。

所有不知名的魅力，

并排初醒。

师评·智匠创作微论

关于心的脑洞，如何开启？“不粗糙的心，仅大于宇宙。”

心，虽在方寸之间，却比宇宙更为浩瀚。六趣三千，是所有的魅力，初醒！智匠创意一颗心灵，抒写青春最真的感触，一丝丝、一缕缕。

凡梦

中文161班　张钰喆

我梦见了，

挡住脚步的雪山。

我的皮肤被风干，

被撑开来，

去亲吻一双手掌。

盘虬似的老茧时顿时挫，

和着经幡猎猎作响。

山巅一声嘶鸣，

血肉已被饮尽。

我的眼珠，

乘着苍鹰子弹似的船舱，

掠过细长的河流，

穿出燥热的山谷，
冲进莲色的霞光。

我便忘了浓稠的茶，
浑浊的酒，
以及原上牦牛的长发。
我笑着睡去又哭着醒来，
再见到光时，
赤裸着，
被裹进明黄的袈裟。

袅袅檀香中我只觉气闷，
声声咒诵里我只觉嘈杂。
于是我放声啼哭，
哭红了脸，
哭得乏了便睡去，
然后在别人怀里，
再笑着醒来。

师评·智匠创作微论

关于梦的脑洞，涵容万千世界，雪山、经幡、苍鹰、河流、山谷、霞光、浓稠的菜、浑浊的酒，一切关于梦的意象都归于一句“我笑着睡去又哭着醒来”。

梦，有千般故事和姿态。而“凡”梦，应该是最平凡和普通的梦，却也是一个向死而生的“涅槃”之梦。凡人的梦，也可以是奇特的梦。每天的梦，都是一个普通人奇特的故事和心情。关于“梦”，智匠创意，在其中。

不严谨观察

汉外161班　董雅楠

轮胎总是沿着天桥的影子，
不停地向前翻滚，
这些都看似无穷。

左边天桥下有两双暧昧的手。
借着阴暗的过道，
它们似乎更能勇敢地表露自己，
看起来的确很像无数爱情电影中雷同的剪影。

右边天桥下有两床薄毯子，
正蹭着微弱的温度安慰自己。
是的，我又看见了那两只眼睛。
不知是我先看见它，
还是它先看见我。

不对，我的脸应该是被路灯照亮的，

它一定先把我看得很清楚。

这双眼睛抗议地反光，

像被开着闪光灯的相机硬生生地拍了张照片似的。

它或许不希望被瞧个没完，

又或许根本不在乎这些。

只是今天很巧，

咱们冷不丁地又打了个照面。

在特定日子的夜晚，

我好奇它是否依然在天桥下面，

元宵节、情人节、除夕夜……

有时它看我，有时也不看我的脸。

索性我也装出吊儿郎当的样子，

小心翼翼地吸着汽车尾气。

忽然想起前几天遇见的另一双眼睛，

和机械闸门有得一比。

闸门一关，脑袋一仰，手一抬，

刚从垃圾桶里捡起的奶茶，

就被咕咕地直往喉咙里灌。

闸门缓缓打开——

代言某饮料的广告明星，

都没这来得实在。

曾经和一些人描述过这些眼睛，

可他们的耳朵好像没听见，

继续和我分享着他们认为的生活中其他有趣的嘴巴。

一切看似稀松平常，

只有年轻的时候他们才这么想。

师评·智匠创作微论

不严谨？是怎样的不严谨？观察，又是观察什么？原来，是关于一双眼睛的脑洞，“曾经和一些人描述过这些眼睛，可他们的耳朵好像没听见，继续和我分享着他们认为的生活中其他有趣的嘴巴。一切看似稀松平常，只有年轻的时候他们才这么想”。

自道是“不严谨观察”，却让我们看见了一双双值得关注和需要关爱的眼睛。一个个流浪无助、饱受饥馑冻馁的身影，深深刻在脑海，倏忽如影随形。天桥下，薄毯子，垃圾桶里捡起的奶茶灌向喉咙，映衬的是奶茶盒上的广告明星……以文字与场景智匠创意一颗青春心灵里的悲悯，抒写日常的细腻，以及对关爱生命的“用心”观察和深情呼吁。

小鹿

汉外161班　刘美辛

睁开雾蒙蒙的眼睛，
生在没有丛林的都市。
眼睛是湿漉漉的，
大人是匆匆忙的。
小鹿和别人都一样——
忙着吃饭，忙着长大。

眼睛依然湿漉漉的，
小鹿和别人不一样——
它摆弄着自己的犄角。
大人们为什么没有自己的犄角？
妈妈告诉它，
大人的犄角长大了，
放到了别的地方。

小鹿听到很远的地方传来风声，

呼——呼——呼——

小鹿听到很远的地方传来鹿鸣，

呦——呦——呦——

小鹿听到水声、蛙叫、狼啸、雀跃，

来吧！来吧！

小鹿打开了所有的窗户，

眺望远方。

望远镜里是一排排猎枪。

那一声枪响贯穿现在，

可人们没有抬起头惊动，

像是所有的犄角藏进了又窄又小的耳廓。

不要！

小鹿大喊，

冲着远方，

犄角也抖动在窗户的边边框框。

它看到，和它一样的小鹿，

丢失了犄角跪倒在母亲近旁。

那些大人依然无动于衷。

疑惑小鹿湿漉漉的目光，

浇不湿一处心房。

大人的犄角在哪里？

小鹿不知道，

但是它好像看到了放在人们心里的小鹿。

没有了湿漉漉，

只是说着：

不撞，不撞。

师评·智匠创作微论

犄角、望远镜、猎枪，关于小鹿的脑洞，是关于人与自然、生命与残虐、爱与冷漠的脑洞，“妈妈告诉它，大人的犄角长大了，放到了别的地方”。

小鹿，是一个欢快轻灵的意象。这里的小鹿，好奇妈妈怎么不和自己一样。妈妈的犄角去哪里了？一排排猎枪、一声声枪响，小鹿所看到、听到的一切，回答了小鹿的困惑。小鹿，多么美好的生命。人类要遏制自己的欲望，让小鹿能够欢快地在草原上玩闹、成长。美好的动物与人类的残忍，形成强烈的反差，也构成强烈的抒情。以一只小鹿的经历，智匠创意青年的责任感与使命情怀。

执子之手

生活改变了爱情的样子。
曾经以为不爱了，感觉它淡了，
血溶于水后看不见红色，
其实该在的一直都在。
我有多想再陪你几年，
像年轻的时候，
所有心愿都为你实现。

秋风乍起

中文163班　王超

秋风乍起，吹得江边的老柳树发出阵阵婆娑之声，微微发黄的柳叶就这样在风中脱离了树身，向远方飞去，轻轻地落在了江面，没有击起一点涟漪。嘟——嘟——嘟——不远的前方响起了一阵笛鸣，那是见证了这座城市发展历程的绿皮老火车发出的沉闷喘息。它还是像以前一样，载着来自远方的乘客缓缓地驶向终点。车辆停稳，一个略显青涩稚嫩的年轻人拖着行李箱艰难地走下。他向江边走来，在这棵老柳树下驻足，依偎着老柳树，抬头向天边的夕阳望去，黑色的眸子里思绪万千。

他叫水下，一个来自远方大山深处的土家族少年。"水下"这名字是他阿爹给他起的，意思是希望他能走得更远。在他身上，阿爹寄予了厚望。他还有一个姐姐，叫红玲。家里的生活不富裕，但是阿爹却尽力为他们创造最好的条件，姐弟俩也很争气，双双考上了县里最好的高中。后来，迫于生活的压力，姐姐红玲高三的时候便辍学回家，帮衬阿爹阿娘，把上大学的机会留给了水下。

水下果然不负众望，在家人的殷切期盼中成功考上了辽城这所扬名四海的政法学院，成为寨子里第一个走出大山、考上大学的少年。离开家的前一天晚上，族里德高望重的阿公们来为他送行。在宴会中，他还是像儿时那样，和青梅竹马的邻家小妹杏花偷偷溜到了后山的老松树下。在月光的照耀下，他们互相倚着说话。

“阿水哥。”

“嗯？”

“你还会回来吗？”杏花轻轻地问。

“会的，放假了会回来的。”

“那你以后会留在城里吗？”杏花的声音很小。

“不知道，也许吧。”水下若有所思地说着。

杏花还想说些什么，但话到嘴边却又停住了。二人就这样默默地坐着。夜，静极了，四周只有草丛里的蟋蟀发出间歇性的鸣叫。圆圆的月亮洒下皎洁的光辉，照在二人的脸上。

这是水下第二次坐这辆老火车来辽城。经过了一年的努力拼搏，水下已经成为这所政法学院最出色的学生。不过，此刻的他内心还有些忐忑，因为他已经快有两个月没有见到天美了。他的脑子在急速地搜索着她的一颦一笑，左手轻轻地拍了拍行李箱，这里有他从大山里给她带来的雨后新茶。一想到马上就能与她见面了，水下便不敢停下，他加快脚步，急匆匆地朝着朝阳街的咖啡厅走去。

这座名叫“不一样的回味”的咖啡厅就在他与天美第一次见面的服装店旁。一年前，水下独自来这里准备置办几件应季的新衣。在挑选了一件比较心仪的大衣准备付账时，水下发现自己的钱包不见了。在店员的异样眼光下，水下只觉得脸上一阵燥热，不敢抬头望那店员一眼。

“这是你的吗？”一个轻柔的声音跳入了水下的耳朵。

“我在那边小吃摊的桌子上捡到的，里面有你的照片。”

水下顺着声音传来的方向望去，说话的是一个很漂亮的女人。虽然她的嘴角已经有了浅浅的细纹，但她的身上却有一股说不出来的韵味，也许是岁月赋予了她成熟的魅力。

“是，是的。”水下有些结巴地回答。

“那就好。”

说着女人把钱包递过来，水下赶紧接过。就在那一瞬间，水下好像闻到了一股不一样的味道。

还没进屋，水下就从咖啡厅的大玻璃窗看到了坐在墙角的天美的背影。此刻他很激动，她果然如约而至。暑假的时候，他给天美写过五封信，但都没有收到回信，这不免让他有些失落。可就在开学的前一周，他收到了一封期盼已久的回信，虽然信上只有“老地方见”这短短的四个字，但这也足以让他激动不已。他有些急切地跑进，在天美的旁边停下，用手轻轻地拍了一下她的肩膀。

“嗨，好久不见。”水下兴奋地说，并在天美的对面坐下。

天美抬头，什么也没说。水下看见她脸上戴着一副大墨镜。

“你来了，坐吧。”天美有些微微颤抖地说。

“你怎么了？告诉我，是不是他又打你了？”水下发现了天美的异样，有些急切地问，他的手不自觉地握紧了拳头。天美没有说话，两人一阵沉默。

“天美，和他离婚吧！和他离婚，离开他，这样你就不会受罪了。”

天美苦笑，摇了摇头。“离婚？离婚了我靠什么活下去？”她轻轻地晃了晃手里的咖啡。

“我养你。”水下急切地说，不过语气里明显地带有一份不自信。因为他知道，他现在还没有这个能力。

这个名叫天美的女人，今年35岁，长得很漂亮。虽然岁月在她的身上留下了淡淡的痕迹，但依旧没有抹去她的魅力，反而让她多了几分成熟的韵味。她是一个典型的风姿绰约的少妇。受她妈妈的影响，天美喜欢上了打麻将，平日里就在麻将馆里打发时间。她有一个50多岁的丈夫，与天美相比，他就没有那么幸运了，岁月给他带来的是秃顶与大肚子。但是他很有钱，是个暴发户，早年前，承包建筑工程赚了不少钱。不过，他好喝酒，这几年建筑行业不景气，喝醉了他就拿天美出气。因此，天美的婚姻生活并不幸福。天美没有工作，她也不愿意出去找工作。好在现在吃穿不愁，天美也就默默忍了下来。只是，最近几个月，丈夫的事业越来越不顺，所以动手的次数也就越来越多，每次都把天美打得遍体鳞伤。

转眼就快入冬了，天也渐渐凉了起来，虽然还不太冷，不过这风却吹得叫人不寒而栗。

水下与天美再次见面时，已经是一个月以后了。那天水下穿着去年第一次与天美相遇时买的那件衣服，显得格外精神。而此时的天美却显得有些憔悴，她的身上又新添了几道伤痕。他们还是在那家叫“不一样的回味”的咖啡厅见面，这次他们是挨着坐的。

“天美，离开那个老男人吧！你看看你现在过得这叫什么日子？”

天美没有说话，只是眼圈有些微微发红。

“离开他，这样你以后就不用受罪了。你还年轻，以后还会有更好的生活！”水下有些急切，说话的力度也强了。

天美没有说话，只是默默地擦了一下眼角的泪水。

“我，我可以去打工，可以赚钱，也能照顾你。”水下略带乞求地说。

天美依旧沉默。

“好吧，既然这样，那——”

水下轻轻地将抽泣的天美搂在怀里，让她的头依偎在自己的胸膛，两人就这么默默地坐着。此刻的水下多希望时间能在这一刻静止，但他想为她做点什么。

夜很黑，只有道路两旁的路灯发出微弱的光，一个醉酒的大肚子男人在路上晃来晃去地走着。突然，一把锋利的匕首插进他的胸膛……次日的朝阳将大地照亮。清晨的路上，一群人围成一圈议论着什么。不远处传来一阵警笛声，打破了这城市的宁静。

此时已是寒冬，那天辽城的政法学院格外不同。在一阵警笛声中，警察在老教授的惋惜中将正在上课的男生带走了。警车驶离校园时下起了鹅毛大雪，将世界掩埋。

“你的案子判下来了，我已经尽力了。不过这件事的影响实在是太大了，死者的妹夫又有权势，他不断向上面施压。我虽然调动了一切关系，也无能为力。”

“对不起，我有愧于您的教诲。”水下有些歉意。

“你还有何心愿？”

“她怎么样？”

“这件事跟她没关系，她关一阵子就能出去。”

“那就好，她出去后有财产有钱，就可以生活得很好。老师，请帮我给她带个话，告诉她，我，喜欢她。”

冬日的太阳高挂在天空，照耀着大地，化雪的时候总是这么冷。城市的远郊响起一声响亮的枪声，少年倒下，宛如黑夜中一颗闪亮的流星划过天空。

水下死刑的消息传到了寨子里，阿爹蹲在院子里麻木地抽着旱烟，屋里阿娘撕心裂肺地哭喊着，姐姐红玲靠着门倚着。曾经风光无限的一家如今成了寨子里唾弃的对象，水下的事也成了人们茶余饭后的谈资。这天，杏花从他家门口路过，此时的她已经是两个孩子的母亲。看着嬉闹的孩子，她想起了自己与阿水哥的童年。只是，时过境迁，此刻，她只希望自己的孩子能一辈子待在山里。

老教授去找过天美，她却对自己与水下这个男孩子的关系矢口否认。她说自己与这桩命案无关。

“他让我向你转达，他说他喜欢你。”

“我，我没想到他会去杀人。”

不久，天美被释放了，没有人知道她后来怎么样了。或许，她也曾经在心底对水下有过一丝不一样的感觉。不过，她现在应该有钱了。

又是一年秋天，秋风乍起，吹得树叶婆娑。人生有时候真的是很难说啊！

师评·智匠创作微论

秋风乍起，是“悲寂寥”，还是“胜春朝”？这是一个关于情的脑洞，一个走出大山的少年的故事。水下不负众望，“成为寨子里第一个走出大山、考上大学的少年”。水下是如此勤奋和优秀，“经过了一年的努力拼搏，水下已经成为这所政法学院最出色的学生”。可是人生，总是那样难以预料，水下遇到了天美。“这个名叫天美的女人，今年35岁，长得很漂亮。”水下是不是爱上了天美？“‘我，我可以去打工，可以赚钱，也能照顾你。’水下略带乞求地说。”水下为天美去杀了人，可是“老教授去找过天美，她却对自己与水下这个男孩子的关系矢口否认。她说自己与这桩命案无关”。并且，对于和水下的感情，不置可否。是的，时光轮转，人生却很难说，“又是一年秋天，秋风乍起，吹得树叶婆娑。人生有时候真的是很难说啊！”

秋风乍起，秋叶婆娑，人生有的时候真的很难说，就像水下的人生。值得？不值得？或许，只有水下知道。一所政法学院最优秀的大学生，喜欢一个宁可挨打也不愿意出去干活养活自己、不愿意离开暴力的老公而只愿意打麻将的天美，并且为她杀人、为她死去，而天美却说自己与这桩命案无关。这，就是一个人的人生。以一个难以预料的故事智匠创意关于人生和爱情、人性和欲望、真情和假意、男人和女人的故事……

爱意

中文163班　芦榆钦

水下又来到这个地方，是他心仪的人让他过来喝喝酒。他与这位女性很是投缘，她的谈吐言辞都萦绕在水下心间，让这位乡下小伙子感觉到大都市的奔放快活。

推开霓虹灯晕染的玻璃大门，天美正坐在小沙发上翘着右腿，显得她的体态玲珑有致。听见推门声她便咧开嘴笑起来，俏皮地冲水下望去。

“水下！过来坐。”天美向他招招手。水下双掌交握在一起，面带腼腆地走到一帮人中间，找了个空地坐下。周围的人都是他之前见过面的人，他只记得他们的绰号，并不记得名字是怎么个念法了。不过，别的人也都叫他绰号，这并无不妥。

众人热热闹闹地围坐着，觥筹交错、划拳哄闹的声音此起彼伏。今天，最值得他们起哄的事是——天美有男人了！

“海哥，照顾好小天美哟！”

“要是遭欺负了，我就爬你的床哟！”

“臭烘了——”这个男人绰号叫小海，他怀里抱着的女人正是水下念想着的天美。他正忙着应酬这些胡言乱语，天美在怀中也显得乖巧可人。

水下顿时觉得索然无味，他忽然想起自己该回一趟家了。一到周末就留在寄宿学校里骑自行车也没什么意思，不如和谁借一辆骑着回家好了。

“水下！”被叫出名字的水下拿着酒杯的手趔趄了一下，也参与进大家的交谈之中。原来是小海叫住了他。

“天美的朋友，我的朋友！你好，你好，你好……”

“你好，你好，你好……”水下把不名的烦躁抛到脑后。他觉得小海打招呼的方式真乐人，也好笑地回应了他，又引发了一场轩然大波，嬉闹声不断。

聚会一直持续到深夜一两点。天美与姐妹们同样喝酒划拳，但她的酒量大，还很会营造聚会气氛，从来都是 KTV 一姐，总能得到众多男同胞的青睐。今天她有了男朋友，自然少不了人灌酒。她一边倚靠在玻璃门面上，另一只手举着一支烟，等着她的良人从屋里出来。水下也在身边抽着烟，吐出一口雾气，又深吸吐出，眼神飘忽迷离，好似神仙。

“过两天再过来玩啊，今天你都没怎么说话。”天美启唇邀请，说罢接着将烟含到嘴里。

“不了，我要回家啦。”水下故作开心似的说出一番像玩笑的话。

“行嘛，等你回家过后再一起玩嘛！”天美也没多问，熄灭烟灰转身就进去拽人事不省的小海。堂内一阵哄堂大笑，地板一片狼藉，扑克已有两张散落在沙发缝里，脏污不堪。

“散了……散了……”所有人都陆陆续续地从里屋来到昏暗灯光照亮的街道上，路灯将他们的身影拉长。

水下是在爷爷的呼唤下才爬起来的。他头戴草帽，脸没洗、牙没刷，灰头土脸地便去拔杂草，一身热汗，满脚淤泥，洗干净了便又往床上躺。他的心脏病是这年才查出来的，在早上总是跳得厉害，睡觉只求睡个安稳。妈妈不敢告诉老人，而全家只有老人对待他还一如既往。

水下家中有一位长姐、一位小他一岁的弟弟和一个刚满三岁的小妹。他曾经跟天美说过：“我怀疑我是捡来的。”全家只有他有先天性心脏病。他被放养到寄宿学校，每月固定拿着妈妈给的零花钱，很快花完后，他也从未开口要过钱，总是跟兄弟几个出去蹭吃蹭喝。兄弟们也还爱护他，因为了解，所以敬重。

水下之前也谈过恋爱，第一位女友让他进化成男人，第二位女友成为他永远的心绞痛，直到遇到天美这样顺心的女人，失恋带给他的心痛症状才能稍稍缓解。他们一起出去喝酒、抽烟，一起互相关怀，一起堕落。

“可惜了，别人的媳妇了——”水下便不想了，沉沉睡了过去。

天美与小海在一起了，于是小海想对她负责了——听起来挺好笑的，但确实是真实的。水下看见地上躺着一个压扁了的易拉罐，心一横用脚将它踢飞出去，顺便冒了一句脏话。小海是有固定工资的公务员，买了些保险，也得了些赔款，便置备了几套房子，供着不同的女朋友。与其说是他想负责了，不如说是天美这么要求的。天美在发廊工作了五六年，家里人老早就催着她结婚了。睡觉时，天美一听老母亲那声儿，直接将电话递给小海接了，母亲旁敲侧击地想定下婚事。嘴上不断奉迎的小海匆匆挂断电话后，便对天美坦白说出同时包养多个女人的事情，并且他还有老婆，孩子都快上小学了。

可笑的是，他俩这破事正好被老婆亲自上酒店捉奸了。一来一去的，小海也嫌麻烦，索性离了再结，这门亲事就这么谈成了。离了又结的小海依然包养着不同的女孩子。

婚礼那天，水下也来吃了喜糖，在你推我搡中将天美送入了别人的洞房。

“大概这就是现实吧。”水下也无力改变什么。

天美守在母亲“旁敲侧击”来的房子里。小海又独自出差了，一去大概是半月，天美也就安心做个美妇，与各色各样的人夜夜笙歌。水下与天美仍时常来往，在游乐中他们一同分享秘密、一同喝酒尽兴、一同堕落谷底。

水下开始觉得自己是爱天美的了，不需要丈夫这个身份的表达，只是单纯地爱着。天美是这个世界上最懂他的女人，她抚平了他失恋的痛楚，带给了他全新的体验。他渐渐觉得自己的病痛是美好的，这场大病将换取天美对他最大的安慰。

他们是真心相爱的，水下是这么认为的。所以，他会在凌晨对天美说晚安，会在早晨忍耐着心脏的剧烈疼痛对天美说一句我爱你。他觉得自己活不长久了，他只想活过一天就多爱天美一天，他只要有爱就可以。

他们本就是天造地设，只是水下他快要死了。

时间会冲淡一切，水下自认为亘古不变的爱意也是。情侣在爱意中骄横着，在破裂中僵持着，天美也是。

都说人的闲言碎语的威力是极强大的，强大到小海的前妻可以到酒店去捉奸，也强大到小海听见风声说天美与别的男人在一起，便想与天美决裂。

“要么离婚，房子归我；要么分手，别跟水下走得太近。”小海叼着烟正对天美下着命令。天美其实早也清楚小海的意思，他不怕包养女生的事泄露，但她怕丢了一套房子。说白了，名义上的夫妻，丈夫用房子套牢了妻子，而妻子也乐意。

天美正打算着找个什么理由，既能打发水下走，又还能做好朋友，毕竟他俩实在是无话不说。

天美变了，水下在监狱中这么告诉我。

“我发给她的消息，她只回复我一两个字。每次打电话给她都只说几个字就挂断了。我问她为什么，她也不说，然后她说我太烦人了，要跟我分手，要跟我做回朋友，做情侣不适合……”水下浓眉小眼，睫毛细长，宽厚的嘴唇，挺直的鼻梁。他面无表情，说着说着又略带戏谑地玩味轻笑起来。

“不要分手好不好……媳妇，求你了……”水下一边喝着高浓度的白酒，一边醉卧在沙发里，左手握着手机，右手不停地翻腾。屋里一片狼藉，桌上摆放着酒杯与未喝完的白酒瓶子，听着天美在电话那头说着让他少喝酒的话。

“天美，不分手我就不喝。”水下半撒娇半恳求似的说着，天美在电话那头沉默着。

水下得不到回应，右手打翻了酒杯，挂断了电话，整个人扭曲匍匐在地面上。酒杯碎裂的尖锋刺进他的血肉，心脏剧烈疼痛，他只得弯曲如蛆虫，随即便吐出来一口血。

他仍抱着一点希望渴求挽回天美："天美，我吐血了，吐血了……"天美说了几句关心的话，始终没有回应水下。

水下睡到晌午十一二点，饿着肚子被妈妈从床上叫起。他年幼的妹妹精神奕奕，正在客厅里活蹦乱跳着。家里鲜有人气，长姐寄宿职高，小弟在重点高中就读，连他自己周末都很少回来。他每每与妈妈坐在一起都很少交流，只有妹妹是整个家里最单纯无邪的美好。

"明儿七月半，你闲着就跟爷爷去上香吧。"水下母亲面无表情，独自供养四个孩子长大已经使她年轻不再。水下的父亲和舅舅早在他读初中那年被货车撞到了天国。家里的所有孩子在一夜之间长大，懂得了体贴母亲，同样害怕伤害母亲。

"好。"水下抓着纸钱一沓一沓往火上摞，山下的万家灯火点亮连缀成一片海洋。水下在此刻想起天美，他望着一方不停跳动着的灯光，直到最后万般无奈地熄灭，希望早已湮灭。

天美躺在一人睡的大床上，百无聊赖地滑动着手机页面。她突然想起了水下，但不确定还能不能发消息给他，也许等他冷静一段时间就好了。她只是单方面地结束了一段感情，并没有做任何伤天害理的事。哦，除了在发廊干了五六年，那也都是你情我愿。记不清小海是她的第多少位客人，但水下不是客人，天美爱他，但比不过房子。

水下与天美恢复了以往的朋友关系。天美有困难又可以找水下，水下有心事亦可以向天美倾诉。夜里温情不再，话中带着疏离。

"本来好好的，结果他杀了小海，你说他是不是有病？得亏房子上写的是我的名字……"天美下一句话没吐出，深吸一口烟憋出气来，眼白快要翻出天际。

"闹出人命有意思吗？还把我牵连了。"天美坐在审讯室里，那握烟的姿态与跷腿的姿势一如当时水下推开玻璃门看见的心仪的人。天美依旧媚眼如丝，待在监狱让她不似从前一样容光焕发，却更显骨感。

“天美，我爱你，我真的爱你啊！”水下握着刀，刀锋上沾满血，他当时唯一的想法却只有这个。所有人都说他疯魔了，世界那么大，非得挂在一个人身上。水下不置可否，内心仍坚信爱情。当小海出现在他眼前，他便知道这是他唯一的阻碍。

他忘了他是如何向小海搭话的，忽略了小海对他的冷言冷语。他挥出拳去与小海扭打在一起，但他意识太过模糊，被小海拖入小巷用皮鞋狠踏了几脚。水下抱着头，伤痕上的疼痛比不过心脏撕裂的病痛。

后来水下被铐上镣铐，被三色灯光的警车载走了，只留下地上一摊爱的血玫瑰。在此之前，他发了疯似的冲进杂货店里，操起一把水果刀，以爱为由将生命践踏。他知道他自己也活不长了，只有为爱奉献，他的生命才能得以延续。

“你为什么杀人？”

“……”

“你和受害人小海是什么关系？”

“没关系。”

“你和天美是什么关系？”

“我爱她。”

“你是否因为天美而故意杀害受害人小海？”

“大概来说，是的。”

水下被判处无期徒刑以后，他的全家人都来看过他，那是他认为会随时丢下他的非亲生家人。他们隔着一面镜子站在彼此面前，发现他们从未袒露过心声，以致此刻除了泪流满面以外无话可说，唯有年纪尚小的妹妹干净得如一朵白莲，兀自绽放在幽暗深处。

“告诉天美，我爱她。”水下激动过后渐渐平复下来，挥手告别家人，对我说了这样一句话，转身走入了名为爱意的牢笼。他的心脏跳动得厉害，似乎整座城市将为之颠倒。

天美听罢记者说的话，没有说一句话，深吸烟的动作一如既往，像水下曾经那样缓慢地吐出，烟雾缭绕，好似神仙，瞬即掐灭烟头。

我刑满释放以后，来到水下乡下的爷爷家里，那里堆了三座坟——奶奶、爸爸和舅舅。水下说他会比爷爷还早葬在那里，想想就伤心。

我回答他说："不会的，爱将治愈所有。"

水下笑了。

师评·智匠创作微论

爱意，应该是一个温暖的故事，可是，人生却世事无常。"爱将治愈所有"，是否真的如此？这是关于爱情的脑洞。水下愿意为天美去做一切，可是，天美说："闹出人命有意思吗？还把我牵连了。""我刑满释放以后，来到水下乡下的爷爷家里，那里堆了三座坟——奶奶、爸爸和舅舅。水下说他会比爷爷还早葬在那里，想想就伤心。"最后以"水下笑了"结尾，水下的笑，是因为认同那句"爱将治愈所有"？还是不相信？

另一个水下和另一个天美的故事，人物不同，结局却几乎相同，是对一个原型的演绎，也是对同一种情感的追问。什么是爱？两情相悦？一厢情愿？似乎又都不是，只是在人生中的一段陪伴。因为孤独？因为寂寞？因为无助？因为一种对情感的想象？爱，是这样的说不清……智匠创意一个结局，之前可以有的无数个故事，就像人生到达终点，有无数条道路。

失约

中文161班　邱学森

“爸，妈，你们就听一句劝，走吧。咱们跟以前不一样了，现在我有钱了。你知道外面人都怎么说我吗？都说我没有孝心呢，自己住小别墅，让你们住在这么破的地方。算我求你们好不好？”

“不，我们不走。我和你爸自打结婚就住在这，习惯了。再说了，老了，走不动了，不走，不走。住你那别墅里面，我上哪儿买菜去？是不是，老伴？”这话像是说给她自己听的，也像是说给老伴听的。是啊，谁舍得离开自己生活了大半辈子的地方呢？

“老刘啊，今天你儿子又来了。他把车停到那个过道那里，大家每次给我提意见呢。今天我说了他两句，他那个犟脾气，还要跟我吵呢。这小子我看着长大的，怎么就变成这样了呢？”

刘大爷一脸窘迫，说不出话来。要说这意见，他还真都有点不在乎了呢！他和老伴早出晚归，出门去捡一些纸箱子、破瓶子什么的。不就放在楼道了吗？也没其他地方放啊！要是有其他地方放，他绝不会放在楼道里，把楼道弄得脏兮兮的，又减少了楼道的空间，夏天这里就成了蚊子、蝇虫的乐园。老头老太太有一个大计划：他在报纸上看到几个孩子因为生活贫困吃不起饭，上不起学，于是就给孩子们写信，鼓励他们努力学习，他会寄钱给他们的。这是他们的约定。孩子们给他们老两口回信说：谢谢爷爷奶奶，我们一定会好好学习。因为垃圾的事情，老爷子有次差点和对门吵起来。

刘大爷对门是一个三口之家。男的是消防员，女的是一家广告公司的职员。儿子叫壮壮，和楼上小美一样，上五年级。其实对于对门的垃圾，丈夫没有说什么，主要是妻子。她感觉夏天味道太大了，有时看到老头老太总是忍不住想说两句，老头老太也不回什么。不仅她有意见，其他人也有意见。向居委会老刘反映，他就说这他管不了，要找领导。领导又说这事他们也没法解决，提建议说，让他们去告老头老太太。他们一想，都是邻居，告到法院不好看。后来慢慢就没人说了。

一天，壮壮在屋里看电视，妻子在刷碗。丈夫不在家，妻子已经习惯了。消防员的工作就是无常，今天轮到丈夫值班。唉，这工作，累也就算了，还危险。妻子以前因为工作的事和丈夫吵过，后来妻子拗不过丈夫，选择妥协。但是妻子要求丈夫只要出火警一定要告诉她，完成任务也要告诉她，丈夫同意了。这是两个人的约定。但是他怕妻子担心，所以就出几次报告一次。每当看到丈夫出警的信息，妻子就神经紧张，什么也做不下去。但是，只要丈夫任务完成，她就会恢复正常。有次她正准备公司开会，突然接到丈夫的出警信息，会议记录什么的做得乱七八糟，还被领导批评了一顿。当然，狠心的老板扣除她那个月的奖金了。她不在乎这个，她只关心丈夫的安危。她太了解自己的丈夫了，有危险一定是冲在最前面的那个。

卧室突然增大的电视机的声音打乱了她的思绪。儿子，她与丈夫爱的见证。儿子以爸爸为骄傲，她很开心。但又害怕，害怕儿子以后也当消防员。每当想到这里，她就逼迫自己不去想。刷完了碗，她想出去散散步。她喜欢安静的感觉，但是夏天并不安静。蝉儿在树上使劲地叫着，夏天是它的世界。小区公园里老人们在锻炼身体。不过，阵阵吹过的风，能小小宽慰一下她的心。

她走着走着，自己都没有发现已经离家很远了。突然手机响了一下，她拿出手机，看到丈夫说小区起火了，她的心底忽然涌起一股喜悦感：可以见到丈夫了。她又忽然想到了家里。对啊，儿子还在家里呢！想到这里，她疯了似的向着家的方向跑去。远处传来火警警报的声音，小区外已经站了好多人了。别人看她想进去，都拦着她。但她顾不得了，她要找孩子。她跑到楼道，不小心撞倒了老头老太。老头说："小丽，救我们俩出去吧。"小丽向自己的家望了一眼，又闭上了眼。两条命换一条，值吗？她来不及问自己，她没有时间去想那么多！丈夫说过，火场情况瞬息万变，能救一个救一个，一个人一条命呢。她赶紧扶着两位老人走出了楼。门口有人问他：你不是找儿子去了吗？听到这话，她还想回去，可是一个消防员却阻止了她。她认得他，他是丈夫的战友。他问丈夫在哪？消防员回答说老李已经进去了，他去看还有没有人员在火场。他说这是他家，他比较熟悉，所以主动请缨。火势越来越大，她的担心也越来越重。她不知道丈夫和儿子会不会出来，她难以想象失去丈夫和儿子的痛苦。她想起了丈夫对她的结婚承诺，他说要一辈子对她好。她想起儿子说等他长大了要给她买很多很多好吃的，还要买好多好多玩具。回忆越想越多，越来越乱。她后悔不该让儿子在卧室看电视，她后悔没有带着儿子出来散步，她后悔孩子完不成作业她打了孩子，她后悔当初没有坚持让丈夫换工作。她哭了，任泪水在脸上留下一道痕迹。

"妈。"清脆的声音传入她的耳朵。她转过头，看见了自己的儿子！是，这是壮壮，是壮壮，是自己的宝贝壮壮。她紧紧抱着他，害怕他突然消失，害怕是自己的幻觉。孩子说："妈，你弄疼我了。"妈妈松了下胳膊，然后问孩子说："是谁找你出来的？"壮壮挣脱母亲的怀抱，低下头说："是我自己跑出来的。我和小美约好一起去她家看电视，我怕你不同意，所以故意把电视声音调大了，让你以为我还在卧室。"妈妈听完，举起自己的手，然后又放了下来，说："好，没事就好，没事就好。你可别忘了，你还要给我买好多好吃的，还有好玩的玩具呢。"壮壮走到妈妈身边，伸手为妈妈擦去泪珠，但好像擦不完似的，小手在妈妈的脸上一直擦拭着。

她在等丈夫。救护车拉走了几位伤者，她没注意，她一直盯着楼上的情景。丈夫不会在家里找自己和儿子吧？怎么还不出来？不会出什么事吧？

经过一个小时的奋战，大火终于被扑灭了，消防车也撤退了。没有见到丈夫，她感觉有些失落。这时，她的手机响了起来，是一条信息！是丈夫发的：任务完成。她的一颗心落了地。还好，丈夫没事。

晚上，她和儿子住在了宾馆。

第二天，一直等到晚上，丈夫都没回来。她已经把家收拾了，楼道也不堵了，昨天的火已经烧光了那些东西。老头老太和他们的儿子亲自登门拜访，感谢她昨天晚上的救命之恩。趁她不注意，儿子拿着一个厚厚的红包塞到了壮壮的兜里。她要和丈夫商量怎么处理这个钱。今天不是轮到丈夫休息吗？不是又出警了吧？丈夫没有发信息啊。带着疑问，她打电话给丈夫的战友老张。他一定知道丈夫的信息，她心里这样想着。电话打了几遍，无人接听。她没有停，一直打。终于，电话接通了，还没等她问，老张就说话了："嫂子，李哥，牺牲了……"她笑着说："没有，你还蒙嫂子呢？昨天你李哥还给我发信息呢。"

"嫂子，信息是我发的。昨晚李哥冲进去之前，把手机交给我了。他说如果有意外，就让我在撤退之后给你发信息。他说不能失约。李哥昨晚就被救护车带走了，队长怕你担心，没让告诉你。今天队长接到通知说老李牺牲了，中午的事。嫂子，嫂子……"

刘总的车再没有堵过一次过道。火灾之后的第三天，他就带着父母搬进了小别墅。她没有把钱还回去，她在报纸上看到几个需要帮助的孩子，把钱捐了。再后来，孩子给老人回信说：谢谢爷爷奶奶遵守约定，我们也会遵守约定，努力学习。再后来，其中的一个孩子留学后回国，找到了当初的那个老人，了解到这段故事。我就是那个孩子。

我想对消防员叔叔说：您没有失约。您在投身消防队伍的时候一定说过这样的誓言：我自愿成为一名消防员，依照国家法律法规，部队条令、条例和规章制度，履行自己的神圣职责和光荣使命，全心全意为人民服务，服从命令，严守纪律，英勇战斗，不怕牺牲，忠于职守，努力工作，苦练灭火救援本领，坚决完成任务。您一直在遵守着您对人民的约定。

消防员叔叔，您没有失约。

师评·智匠创作微论

“失约”，可以打开怎样的脑洞?

“老头老太太有一个大计划：他在报纸上看到几个孩子因为生活贫困吃不起饭，上不起学，于是就给孩子们写信，鼓励他们努力学习，他会寄钱给他们的。这是他们的约定。”这是一个约定，一个老人要资助贫困孩子学习的约定。“但是妻子要求丈夫只要出火警一定要告诉她，完成任务也要告诉她，丈夫同意了。这是两个人的约定。”这又是一个约定，一个夫妻双方的约定。谁失约了呢?

失约，还是遵守约定？拾荒的老人和消防员一家三口，日常的龃龉，灾难的拯救，生活或许就是这样缠络不清。一个爱的约定，还有一个热心的约定。消防员对妻子没有失约，可是却永远地失约了，是生命的失约……以“失约”智匠创意关于责任、爱心、奉献、勇敢的故事，关于一种深深的爱恋的故事。

嘿，老伴儿

中文162班　王博

白色幔布耷拉在防盗门上。

“爹，回去吧，外头凉，今年这秋儿来得早。”

“你娘坐火车去青岛部队看我时也是秋天，一个人带了她自己做的馍馍和衣服，坐了一天呐！”老人把头偏过去，风吹干了浑浊的眼，红了岁月。

1950年，一个破败小村庄的两户人家同时有了新生儿，一男一女。不幸的是女孩的妈妈没能熬过大出血，去了。女孩15岁时便让媒婆说了亲，但家里实在很穷，说亲也难。男孩家因着有缘，也心疼，便请媒婆去女孩家说了这门亲，女孩15岁便入了男孩家的门。

1967年，男孩正是热血沸腾的年龄，和家里商量后便去参了军。男孩临走时，女孩哭得泣不成声。

“哎哟，这小女娃啊，也是苦了你，嫁过来才两年就要一个人持家了。”婆婆摸了摸女孩的头。

“你啥时候回来？”女孩怯生生地抽泣着。

“不清楚，我想往上混混，能有个一官半职最好了！这样我就能把咱们的家搬到城里，你也不用干农活了。”男孩黝黑的脸庞充满希望地笑着，张扬肆意。

“嗯，我把家照顾好，你就放心。”女孩捏了捏男孩的手心，男孩反握了一下，便上了东去的列车。

冬去春来，麦子青了又黄。婆婆冬天腿疼得走不动路，女孩就喂饭，擦身子，一把屎一把尿地照顾。一年又一年，不知道过了几个大雪纷飞的季节。夏天顶着火辣辣的太阳把麦子拉到交粮所；农闲的时候女孩就做针线活，缝点小玩意儿，卖出去攒钱。她想去他的部队看看，她想他了。每每想到这儿，女孩就在床边偷偷抹泪。是啊，她最青春的时候丈夫不在身边，瘦弱的身板要撑起这个家。

1971 年，在她交完麦子回来后，婆婆悄悄塞给了她几块钱。“孩子，去青岛吧！想我儿了就去看看他，顺便给他说我们好着呢，让他好好历练别记挂。”第二天女孩起了个大早，把攒着的粮票换了白面和玉米面，蒸馍馍。晚上就拿起针线给他缝衣服。一切准备好了，女孩背着一个大包踏上了开往青岛的车。

十多个小时的颠簸与拥挤，换来一天的相见相泣。部队里的人都羡慕男孩有这样一个好老婆，一口一个“嫂子”地喊。女孩听得不好意思，羞红了脸。男孩笑得像个孩子抱着她转了几圈。

“你回家吗？”女孩抬头看他。

“为党为国奉献，就不会想这些。你也别太小家子气了。”男孩不开心了，女孩也低头不语。

“我现在干得不错，领导也有意提拔，可能会留在青岛。”

“那，家里头呢？”

男孩沉默了一会儿：“再等我几年，就把你们接过来。”

“好。”女孩抬头笑了，脸上满是信任，“那我回去了，家里头离不开人。”男孩把女孩送到车站，目送她渐渐远去，抹了抹鼻子，抑制不住地掉了泪。

1975 年的冬天，满地的雪，木门吱呀呀被推开。“谁呀？”女孩围着围裙从里屋出来，看着面前一脸傻笑的男人，身上落了雪，哇的一声哭了。男孩抱抱她，说她怎么这么不争气，就知道哭。女孩赶紧从里屋拿出来一件新的棉衣给他换上。

“我给你做点吃的。”

“妈呢？”

女孩愣了愣，慢慢转过身：“咱娘没有熬过上个冬天。”

面前的男人突然颤抖起来。两个人沉默着，空气里只有噼里啪啦的柴在溅着火星。

这个冬天他回来了，成了一个男人。

柳树抽芽的时候，男人把家里的地卖了，带着女孩进城了。男人有着初中学历，进过部队，但这些在城里都没有用。他的骄傲在这种一穷二白的环境下很羞耻地愈发强烈，却只能撒在女孩儿这边。小砖房里整日的谩骂，锅碗瓢盆的碰撞，伴着吱吱呀呀的门响，燥热了夏天。

“咱们去摆摊儿卖水果吧。”女孩坐在木板凳上暗暗搓着泡在盆里的脚。

他的手顿了一下，继续扇着风，没吭声。

“再不干点什么，我们怎么过啊！”女孩猛地一起身，抽泣着对他吼。他依旧没吭声。

“你不干我干！这样狗屁地端着！能当饭吃？”

女孩一股脑钻进了被窝，背着他，肩膀还在颤着。一阵一阵的凉风从脖颈吹来，太累了，睡吧。

一大清早女孩醒来时，闻到了水果的甜味。门外刺啦的声音引得她过去，男人在用锯子锯着木头，旁边是一个桌子的雏形。女孩靠着门笑着，转身去厨房做饭了。

早起一起去进货，一起讨价还价，晚上男人蹬着三轮车载着女孩吹着晚风回到那个小平房，累了一天，洗洗躺床上就睡了。能和你一起打拼的人，才是最值得去珍惜的人。

不久，女孩成了一个母亲。男人从市场赶到医院时，孩子在保温箱里静静呼吸着。

“咋样？还好吧？想吃什么啊？累不累啊？你看啊，我买了这个，人家说这东西补。还有这个土鸡，我去咱邻居家弄的，回头你尝尝。还有啊……”

“知道啦，知道啦。”女孩虚弱地笑着，男人摸着头坐在她的床边。“名字你起吧，咱们第一个孩子。”“哎呀，不行，我没文化啥也不懂。你起吧。”“嘿嘿，行！”男人成了父亲，他们有了一个小小的家。

老人进了屋子，走到了他们的床前，看着小小的瘦瘦的她安安静静地躺在那里，不言不语。年轻的时候，她可是个清秀的姑娘啊——大眼睛双眼皮，会干活会说话；现在好像只有一层皮敷在骨头上一样。右手无名指上那个金戒指衬着干枯褶皱的皮肤，似是一场玩笑。

“咱俩十五岁认识的吧！你一个小姑娘也是真勇敢，从那么远的地方来部队看我。我队友都说你长得好看，我说你长得丑都是骗你的你还信。二十多的时候，我从部队回来说要带你去城里打拼，你二话不说就收拾家当安排妥当跟我进城，起早贪黑地和我一起拉水果去摆摊。咱们最开始只有一间小平房、一张床。后来咱俩慢慢有了黑白电视，有了一对儿女。他们长大了，咱们有了一套三层楼房。后来咱俩闲不住又开了一个超市，年龄大了干不动了咱们又投资让别人去干。你说我有高血压、高血糖，不让我吃太多水果太多肉，我还发脾气说我自己赚的钱为什么不能吃。我不吃了，那你还回来吗，老伴儿？”

师评·智匠创作微论

老伴儿，一生的故事，有无数个脑洞。“白色幔布耷拉在防盗门上。”“老人把头偏过去，风吹干了浑浊的眼，红了岁月。”老伴走了，有些悲伤，是无法表达的。这个瘦弱的女人，“她最青春的时候丈夫不在身边，瘦弱的身板要撑起这个家”。为着丈夫的诺言，她坚守着“再等我几年，就把你们接过来”。在丈夫低沉时，她鼓励陪伴着他。过去，是美好的回忆；未来，是长长的思念。

少年夫妻老来伴，从十五到白头，一生的等待和相守，这，就是老伴儿。相濡以沫，一起撑起一个家、温暖一个家、奋斗一个家。风烛残年，若还能够互相陪伴，又是多么奢侈的一种生活？人生一世，岁月倏忽，珍惜青春少年，也彼此珍重白发苍颜的暮年。可无论如何呼唤，那个人却再也不能应答……以相濡以沫的一生智匠创意一对普通夫妻的一生，无言的爱和相伴，感人至深，令人感佩。

一生？不变？

中文161班　李佩蘅

咚咚……大概是这样的声音吧。

如同一支大鼓架在心里，随着《婚礼进行曲》有节奏地律动着。注视着向我款款走来、宛若天仙的她，好像周围的一切事物都被定格，只剩下了我强烈的心跳。

蓝天、白云，飘动着的五彩气球，绽放开的幸福笑容，扬起了的洁白婚纱。牵起她纤细的手的那一刻，我就在心中告诉自己，要保护她一辈子，永不相弃。

“现在新郎可以吻新娘了！”司仪高声宣布，人群一片欢呼。

一旁的摄像师赶忙拿起相机，对准了这一瞬。

咔嗒……门锁在我的努力下终于被拧开。听觉灵敏的她随即从厨房探出头来，莞尔一笑，对我说：“你今天回来得可真早！等一会儿啊，马上就可以吃饭了。”

我笑着回应道：“行，不急，慢慢来。咱家这锁可真难开，像犟驴一样拧都拧不过来，等有时间咱再换一把。”

她扑哧一笑，缩回头继续去忙碌她的佳肴。

结婚一年，日子过得与恋爱时没有两样。新月、湖畔、电影、西餐，这些恋爱时去的地方、做的事情都一样不少。即使像现在这样，上班、下班、买菜、做饭，平凡琐碎的生活也觉得倍感温馨。

我脱下外套，挽起袖子，走进厨房与她一起与柴米油盐打着交道。看着她挂着粒粒汗珠的静美的侧脸，心情就像拥有了全世界一样满足。时间静静地走着，在这恬静的黄昏，只有头顶上一直工作着的抽油烟机在轰轰作响。

“呜呜……”“哎，我说，有事咱能不能好好说？别总哭哭啼啼的。”

我烦躁地解开快要勒死我的衣领上的扣子，顿时一股酒的酸臭味再次向我涌来，让我胃里又是一阵翻腾。

“我好好说，我好好说你能听吗？我告诉过你多少次，妈现在病了，住在医院一天就得好几千。女儿也马上要上高中，生活费、学费都不是小数目。可你呢？多少次醉成鬼才回来，倒头就睡，什么事不管也不顾。你有好好为这个家着想过吗？”

我看着眼前她抽泣的面庞，这张脸庞上年轻的印迹已不再。想起这烦琐的生活是怎样一点一滴磨掉了爱情里原有的，应该相互包容、理解的样子。一点小事、一点不顺心都可能成为吵架的导火索。相互扶持走过了十几年已相当不容易，但爱情好像越来越模糊，离我们逐渐远去。维持我们的好像是与我们都有血缘关系的女儿，又好像是一种没有血缘却胜过血缘的亲情。

她眼角的皱纹、泛黄的皮肤都显示出这些年她为这个家的操劳，我的心头不禁泛起了一丝心疼。可也许是余留的酒精作祟，又或许是她重复的话语带给我的压力令我感到恼火，这丝心疼转瞬即逝，被恼怒代替。

“我怎么不为这个家着想了？谁愿意折磨自己喝成那个鬼样子？要不是为了客户，要不是客户能给我带来利润，你以为我愿意舰着脸去往别人身上凑？你能不能体谅一下我？真是年纪越大越不懂事！”

“你这个时候嫌我老了、丑了，有本事你再去找一个年轻漂亮的！”

听了这句话，我真是火冒三丈：“哼，你以为我不敢找？到时候你可别后悔！”

我站起身来，怒气冲冲地走到门口。不顾身后的她越来越大的哭声，房门被我重重地摔在了身后。

嘭嘭……“来了，来了。我耳朵还没聋，轻点儿敲门不行啊！”

听到屋里响起了她的抱怨声，我心中竟感到了一丝安心。房门打开，她满脸嫌弃地看着我。

“老头子又不记得带钥匙，这么晚了还知道回来啊。”

我呵呵地干笑道：“这不隔壁那老李头输了我不服气，非得拉着我再下几盘嘛！盛情难却啊！”

“你可别什么都怪那老李头，我知道你也是那意思。”

见“伎俩”已被识破，为了不被啰唆，我赶紧转移了话题。

“咱女儿最近怎么样了？来电话没？”

“来了，下午刚打来的。说明天要和咱女婿去过什么二人世界，又得把东东给我们送过来。”

“这不挺好嘛，带带孙子。省得一天闲得慌，一闲得慌就得……”

“就怎样，就怎样？我知道你怕我来烦你，我看你这老头子适合一人过去。”

我好笑：“你这老婆子，真是越老越啰唆。”

这一个普通的夜晚就在我俩的拌嘴与打趣中过去了。

夜渐渐深了。我躺在床上，扭头看了看床头的时钟——九点半，还不算晚。再扭头看了看身边睡着的她，最近她入睡得越来越早了。看着她安详的睡脸，我的心中就像被一团团棉花塞满了一样，踏实而安稳。人老了，儿女都离开了身边，始终陪在自己身边的只有她了。年轻的激情岁月已不再，现在回想起那些吵闹、莽撞，都像闹剧一样。关于那曾经轰轰烈烈过的爱情，就像上辈子的事。但至少我们对彼此都忠贞，也都无怨无悔。而我现在还爱你，是爱人更是亲人。

渐渐地，睡意不知怎的来袭，眼皮越来越沉。在恍惚中，只听到了那钟的秒针走过的声音。

滴……滴……此时坐在床边削苹果的我，被这突如其来刺耳的声音吓了一跳。随即，我心中咯噔了一下。

不一会儿，一群“白衣大褂”涌进了病房。随后，失神的我被七手八脚地推出了病房。回了回神，我低头看着手中还拿着的苹果和刀，一股巨大的痛楚和酸楚瞬间向我袭来。即使早前已做好了心理准备，可这一刻真正来临时，我的心理防线还是不堪一击。老婆子，只怕你再也吃不着我削给你的苹果了。

五分钟后，主治医师小赵满脸抱歉地对我说：“老大爷，对不起，我们尽力了……”

“我知道了，真是辛苦你们了。我想再去看她最后一眼。”

我缓缓地走入病房，此时的她仍像无数个夜里睡着了的模样。从门口到病床的这几步，仿佛有我们走过的这十几年那么长。

生活改变了爱情的样子。曾经以为不爱了，感觉它淡了，血溶于水后看不见红色，其实该在的一直都在。我有多想再陪你几年，像年轻的时候，所有心愿都为你实现。

我用止不住颤抖的手拉住了她还残留最后一丝余温的手。

“老婆子，你摸摸看呐，我的这颗心还像原来一样为你跳动着呢。”

咚……咚……

师评·智匠创作微论

一生，变与不变的脑洞，从婚礼到风烛残年。“蓝天、白云，飘动着的五彩气球，绽放开的幸福笑容，扬起了的洁白婚纱。”执子之手，是要与子偕老，而柴米油盐的日子，总是在不经意间悄然而逝，“看着她挂着粒粒汗珠的静美的侧脸，心情就像拥有了全世界一样满足”。磕磕绊绊的岁月中，有争吵有哭有笑，“哎，我说，有事咱能不能好好说？别总哭哭啼啼的”，“这一个普通的夜晚就在我俩的拌嘴与打趣中过去了”。人生总有不愿放手却又不得不放手的无奈，“我知道了，真是辛苦你们了。我想再去看她最后一眼”。

从新婚燕尔的浓情蜜意，到柴米油盐的平凡日子，到磕磕绊绊的中年夫妻，再到相互拌嘴打趣的老来相伴，最后终于面临生离死别——一生，就在这“咚咚”“咔嗒”“呜呜”“嘭嘭”“滴滴”几声中过去了，最终回归到“咚咚”的心跳，只是，已是形单影只。以几种有代表性的声音和场景智匠创意夫妻的一生，变化的是什么？不变的又是什么？亘古绵延，岁月与爱情。

那时爱情

中文162班　王雪婷

民国时期的爱情，多变，男子多情，许多原配妻子被抛弃，而一段段抛弃妻子的故事披上了佳话的外壳。他们只顾着享受精神上的愉悦，认可志同道合的心上人，却偏偏忘记了婚姻中的责任和义务、道义和尊重，成全了自己，伤了婚姻中的另一个人。但是肯定也有对自己婚姻负责的那样一种男子。

周先生和徐小姐的爱情花开于见面之后，自此就再未枯萎。那个时候，谁知道什么是爱情呢？但他们就是经历风风雨雨几十年没有分开。

一、“封建遗留”的未婚妻

早秋的码头，空气中都泛着一股潮湿，还含着股咸腥味儿。空中的鸥鸟自在地飞着、叫着，远处一艘轮船渐渐鸣笛驶近。

周诚走下轮船的扶梯，一身黑色的西装，皮鞋，头发梳得一丝不苟，手腕上戴着一块手表，俨然是一位留洋归国的先生。周先生年纪不大，二十岁出头，此次回来是为了成婚。周先生的未婚妻是南方的一位大家闺秀，现在这个年代的大家闺秀代表着：大门不出，二门不迈，女子无才便是德。

留学时的朋友都说他们并不相配，不管是思想上还是文化上，都劝他应该找个志同道合的女子共度一生。但是周诚这个人，说好听点是正直，说难听点就是固执。他觉得自己既然和那位沈小姐定亲了，就应该对她负责，不能做一个不负责任的男人。

就这样，周先生娶了没见过几面的徐小姐。

二、婚后的周先生与徐小姐

婚前婚后的周先生与徐小姐都没有很大的变化，他们渐渐开始了解彼此。

徐小姐名叫徐曼。徐曼二九年华，长得很漂亮，就是以前的打扮很是有些土气，刚刚来到上海时还是穿的老式的袄裙，与摩登的上海有些格格不入。但她毕竟年轻，即使穿得有些土气也掩盖不了她的漂亮和温柔娴静的气质。

徐小姐知道周先生是个对家庭负责的男人，也就渐渐没有了婚前的担忧。两个人生活很是和美。

徐小姐很体谅周先生，周先生也很爱护徐小姐，两个人都细心地经营着他们的婚姻。徐小姐虽然受了十几年的封建教育，但也受紧追潮流的哥哥影响，学习到一些外来文化，因此她并不是一个传统的以夫为天的女人。她会和周先生探讨她所不懂的东西，周先生会耐心地教她。徐小姐会温柔地看着周先生，周先生也会温柔地看着徐小姐，对视的目光中渐渐透出甜蜜。

三、不断成长的周先生与徐小姐

后来战争又爆发了，周先生接触到了马克思主义，他渐渐产生了自己的信仰。再后来，周先生参加了革命，徐小姐也没有落后。她不会打仗，但她是个知识女性，她吸收着源源不断的知识，在后方默默地支持她的先生。她也开展自己的工作，虽然有时会很担心她的先生。

周先生在前线顶着炮火，脑海中有时会闪现他的徐小姐和他们的孩子的脸，每当这时他都会觉得受的伤都是值得的。这是他的祖国，他保卫着祖国。只有祖国独立，他才能让妻儿有好的生活。周先生想着他的信仰、国家、亲人、在后方支持他的妻子儿女，便有源源不断的动力。

后来，有一次周先生受了重伤，一名小护士照顾了他许久。渐渐地周先生可能感觉到了什么，开始不理小护士，小护士渐渐也就专心工作了。周先生想着徐小姐，他很久没见过徐小姐了。徐小姐带着三个孩子，当初他们的大儿子一个就够闹腾了，可是现在徐小姐带着三个孩子在后方开展工作。

周先生在后方治病，空气中充斥着硝烟的味道，四周都是破败的景象。他望着天空上的月亮，在想徐小姐是不是和他一样在想着对方。看着四周破败的战场，他想战争真残酷。可为了国家的未来、民族的独立，战争又是必须的。

徐小姐会在晚上偷偷地想念周先生，也会担惊受怕，但她知道这是为了国家，她理解他。她有时候会想她为什么要这么理解他，任性点多好。可她又知道这是为了国家，为了千千万的家庭能安稳地生活。

四、尾声

周先生与徐小姐都老了，但是徐小姐还是很温柔。他们都退休了，儿女都有了自己的生活。周先生有时会带着老花镜，躺在摇椅上看报纸。徐小姐有时会和他一起泡一杯茶，回想一下年轻时的事；有时会相视一笑，彼此的目光都很温柔；有时会浪漫地牵手散步；有时周先生会送徐小姐一些小礼物，徐小姐也会亲手做些东西给周先生。

他们总是这样温情脉脉。

师评·智匠创作微论

那时爱情，何时爱情？关于那时爱情的脑洞，“民国时期的爱情，多变，男子多情”，但是“肯定也有对自己婚姻负责的那样一种男子”。那时的男子，那时的社会，“那个时候，谁知道什么是爱情呢？但他们就是经历风风雨雨几十年没有分开”，“两个人都细心地经营着他们的婚姻”。一生倏忽，老花镜后面的眼神依然，“他们总是这样温情脉脉”。

那时爱情，是在民国。那时的婚姻，多半是父母之命、媒妁之言。那时的女子大门不出，二门不迈，女子无才便是德。可是，留洋的周先生还是娶了大家闺秀徐小姐，因为一个男人的负责。在相濡以沫的生活中，情愫渐生，彼此关爱。而在战火纷飞的岁月，好男儿为了保家卫国征战战场，彼此生出多少思念和牵挂，因为一个家。这就是那时爱情。以一段动乱岁月中的美好爱情，智匠创意一对深情却在不言中的丈夫和妻子，讲述所谓爱，是如此平凡又珍贵的情意。

回归

中文162班 白慧

你有没有想过，你想养一只狗的愿望都有可能一辈子无法实现？你因为家人的催促，相亲。养狗只是你几十年生活的插曲，你这样安慰自己。嫁了人，婚后你想起自己念念不忘的狗，跟自己的丈夫商量，结果遭到拒绝，理由是他讨厌狗。于是，你妥协，继续相夫教子，做乖儿媳妇，做贤德妻子，做温柔的母亲。

原以为自己可以像原来那样按部就班地生活，可却被小区里微笑的萨摩、奔跑的哈士奇、蹭主人的金毛、咆哮的吉娃娃叨扰着，内心无法安宁。你不知道自己怎么了，也没有办法解决，因为作为理性的成年人，不顾丈夫反对去买只狗或者领养一只，是绝对不能做的。任性，这个词离你太远了。

于是，你想找别的方法去消除你内心的烦躁。你去了菜市场买菜，挑了苦瓜、芹菜、西兰花、青笋、蘑菇、鱼，因为丈夫爱吃蘑菇和芹菜，女儿爱吃西兰花和青笋，苦瓜降火，鱼健康。回家的路上路过那条小吃街，你每次都匆匆略过，现在却很想去看看。你打着为女儿买点零食的幌子，走进去。炸鸡柳、炸土豆、烤鱿鱼、烤冷面还有麻辣烫，看着这些摊子，还有坐在塑料板凳上大快朵颐的孩子们，你忽然看到十多年前的你。

你热爱麻辣烫，你忠实于炸鸡柳，你甚至自己研究做过烤冷面，十几岁的自己的身影不断浮现在你的眼前。你被这些不断闪现的画面弄得有些手足无措，突然看到十几岁的自己竟有些胆怯，你不知道都三十几岁的你在惧怕什么。

等你缓过神时，发现自己已经站在麻辣烫的摊位前。你看着老板殷切的眼神，心里想着不能乱花钱买些没用的东西，可脱口而出的却是：老板，怎么卖？惊讶于自己的心口不一，只能去挑几串。你太久没有买过这东西了，只能凭着久远的记忆去摸索，豆腐皮、面筋、鱼丸、虾丸、蟹棒还有火腿肠。你还记得的只有这些，其余的有些你甚至叫不出名字。不想被深恶痛绝路边摊的老公质疑，你拿着餐盘坐在那些孩子们旁边的塑料凳上，有些懵懵的。香美的味道刺激到你的味蕾，你像个找回心爱玩具的孩子，甚至有些感动。

几串吃的，你很快就解决完了，不能自已地又跟老板买了些。在你旁边的孩子们有些惊讶，这个阿姨怎么这么能吃？一连吃了十几串，你才意犹未尽地放下筷子。既然开了头，干脆尝尝别的。于是，你提着一大堆菜在各个摊位穿梭，早就把给女儿带零食的念头抛在了脑后。

踏上回家的路，你看着手里的菜，有些不满，刚才的体验让你想起什么才是你自己爱吃的。你又倒回去，土豆、虾、鸡腿、牛肉还有小笼包。嫁了南方的人，定居在潮湿的南方，你都有些忘了北方的菜肴。丈夫今天不回来，说是有应酬，跟你随意一说就走了。明明那么注意养生，还出去喝酒应酬，你笑着答应并没有拆穿他。女儿也被婆婆接走了，走之前还顺带训你几句，批评你不会带孩子，不懂相夫教子，叮嘱你伺候好她儿子。

艰难地掏出钥匙开门，把东西都放在厨房。收拾好东西转过头，看着静悄悄的房子，你忽然有点冷，在37度的夏天。坐在沙发上，你不想收拾房间，不想擦地板，不想洗衣服，不想重复昨天的动作。你拿出路上买的小笼包，调了个蘸水，在餐桌上又吃起来。

不想做饭了，可又忍不住想尝尝小时候的味道。在厨房倒腾了半天，折腾出几个北方菜来，虽比不上妈妈做的味道，可也让你吃得热泪盈眶。

寻找记忆的步伐没有停止，你到储物间，试着寻找过去的影子。你翻找半天，找到个玫红色的纸盒子。打开，里面满满的纸，各种各样的纸，密密麻麻的字，全都是你给自己的信。你抱着一盒子信纸回到客厅，一张一张打开细读。你看着那些稚嫩的文字，喉咙干涩，心跳加快。

信里，有小小的你对未来自己的期盼，有倾诉、有不满、有宣泄、有欢喜，这一系列的情感让你无处可逃，你只能看着这些信，泪流满面。你想起了那时的梦想，想起了那时的倔强，想起了那时的勇敢，想起了那时的肆意放飞。你抑制不住哭泣的声音，面对那些信，你号啕大哭。

十几年的光阴磨得你失去了棱角，没了自我，失了跳动的心。你只是每天6点起床做早餐，把衣服扔进洗衣机，擦地板，哄孩子上学，叫丈夫起床上班，给孩子穿好衣服，给丈夫备好咖啡；8点送孩子上学，看着丈夫的车开走，然后挤地铁上班；12点接孩子回家，匆匆做好饭，哄孩子睡午觉，收拾餐盘；下午2点送孩子上学后你接着上班；下午6点下班，接孩子回家，为一家人准备晚饭；晚上8点收拾家里，陪孩子做作业，跟她玩耍，然后哄她睡觉；11点你洗澡出来，丈夫已经睡了，你打开床头的灯想看会儿书，被丈夫打断，叫你赶紧关灯。

日复一日，年复一年，你不断重复着每日的动作，过着一眼看得见尽头的生活。

收拾好盒子里的信，洗了把脸，你清醒了很多。毕竟三十几岁的女人了，你早就学会了沉静面对。你看着镜子里的自己，知道是时候做些什么了。

你打开衣柜，找出几套衣服，塞进旅行箱。准备好一切，你打电话给婆婆家里，说你一会儿过去。下午6点，你到婆婆家，没有听婆婆的念叨，接孩子回了家。拉上旅行箱，你向公司请了长假。在去机场前，你到丈夫待的酒店，查了他的房间号，打了电话，那边传来女人不耐的声音。你就说了5个字：我们离婚吧。

到机场，买了回娘家的机票。上飞机前，给爸妈打了电话，说自己要回来。两个小时的飞机行程结束，你在机场出口看到了年过六旬的父母，还是跟上大学那会儿一样，你回家，他们就来接你。看着父母，看看孩子，你知道，新的生活要开始了。你终于可以找回自己了，还好，还不算晚。

师评·智匠创作微论

回归的脑洞，与过往相关，“你有没有想过，你想养一只狗的愿望都有可能一辈子无法实现”。就这样，“十几年的光阴磨得你失去了棱角，没了自我，失了跳动的心”。未来，又如何？“毕竟三十几岁的女人了，你早就学会了沉静面对。你看着镜子里的自己，知道是时候做些什么了。”人生总要去辨别最真的自己，如果偏离，要重新开始，“你终于可以找回自己了，还好，还不算晚”。

以“回归”智匠创意自己对最真心意偏离的修正，提醒人们要时时思考人生最需要坚持和省思的问题。正如时下人们常说的“不忘初心”，初心是什么？人生行旅漫漫，是不是常常会忘？委曲求全？或许，有些全，并不是委屈就可以求来的。为了家，为了爱人，为了孩子，也要为了自己，生活着——这就是回归。回归自己，回归最真的你。

情心意心

总以为人生若只如初见，
却不料这漫漫长路
几多坎坷与无奈。

谢谢你以余生，赠我满心欢喜

中文161班　谢皓珺

我也不知道，我为什么会同意接这部戏，我明明是那么抗拒那种生活。

明明就是一场再简单不过的戏，我却怎么也做不到。

真的，我是不会原谅她的。

他叫陆霖，名字挺好听的。因为她年轻的时候追星，他就叫陆霖，一字不差。

她老说，那是她的一整个青春。

所以，他得心甘情愿地接受这个名字，以及她给他安排的一切。

她喜欢画画，他就从三岁开始拿画笔。

她喜欢唱歌，他就一天天在钢琴前挣扎。

她喜欢跳舞，他就住在少年宫。

还好，他很完美，所以他什么都能学得会。这都是她给他安排的。

十八年前，星际搞促销，一键设置完美人生。那时候她刚怀孕，然后就不出意外地为他设定了一份“完美人生”。对，她并没有问过他的意见。

他学习成绩好，生得帅气，唱歌跳舞样样都行。然后，他成了“别人家的孩子”，被星探发现，成功出道，唱歌演戏，成了她一直崇拜的样子。

她会在家看电视，然后第二天到单位炫耀。

“你昨天看电视了没？我儿子演的戏。”

“看了，崽崽真的是越长越帅气了，戏也是演得好呢！”

对于这些虚伪的奉承，她一直很受用，她很喜欢。

可是，他十八岁了。

他突然就跳不动了。他站在体育场中央，聚光灯打在他身上，他看着台下期望的眼神，突然就跳不动了。

“昨日，人气小生陆霖演唱会失误，今日发出通告宣布退出娱乐圈。”新闻就这样播着，她调台，却躲不过，一次次重播的声音在耳边炸起——我设置的完美人生没了！

她找到他家的时候，他颓在床边，窗帘也不开，一支又一支地抽着烟。在黑暗中，只有点点红光忽明忽暗。

“你看看你现在是什么样子啊，你不是那个完美的崽崽了！”

“那是你要的完美！我现在，连我喜欢什么都不知道。对于你安排的完美人生，我偏离一点点都一事无成……”他抬眼，几天不见，她好像有点憔悴。

“我不喜欢唱歌，不喜欢画画，不喜欢演戏，可是除了这些，我什么都做不好。可是这些，我真的一点都不喜欢……”

她无言，默默地关上了房门。

他好像看到她的腰又弯了些，白头发又多了些。

“陆霖再收到她的消息，是在她的葬礼上。以余生为期，交换十八年的完美。他跪坐在墓碑前，也不说话，就一直跪一直跪，谁劝都不听。后来，她的朋友递给他她的一封信——对不起。他突然大哭起来，像个孩子一样，撕心裂肺。”

“我想，这个故事总该有个圆满的结尾。”导演跟我讲完这个故事，我又投入了拍摄。车子冲过来的时候，我恍惚间看到了他和她相拥而泣的画面。

谢谢你，曾以余生，换我满心欢喜。

师评·智匠创作微论

这是一个关于梦想的脑洞，“十八年前，星际搞促销，一键设置完美人生。那时候她刚怀孕，然后就不出意外地为他设定了一份‘完美人生’”，“我想，这个故事总该有个圆满的结尾”。人生，或许就是一部戏，哪部真？哪部假？

什么是真正的父母之爱？让孩子做自己理想中的自己，还是做父母理想中的孩子？或许，这个问题并没有定论。可能孩子的理想在社会看来，是有问题的；可能父母的理想在孩子看来，也是有问题的。怎么协调？什么是标准和原则？或许没有。“谢谢你以余生，赠我满心欢喜”，谁的余生？谁的欢喜？以爱的名义、“完美”的名义，来设置一个尚没有能力设置自己人生的人的人生，是否可取？以现实和戏剧的交织智匠创意亲情和理想之间的悖论。何谓完美？欢喜为何？亲情与完美人生，年轻人抑或父母，想要的，各是什么？

我已离开太远

中文163班　段蓉

放假了，我终于攒够了钱，办了去日本的签证，想要独自背着包去北海道小樽，看看那儿的雪是否如岩井俊二《情书》镜头下的那般浪漫怀旧。

抵达日本，下了飞机，我拖着行李站在人群中，虽然还有些恍惚，但目标明确。天色已晚，我得先去定好的民宿，放下行李后，再想办法填饱肚子。到了民宿才发现，房子并不像图片上一样大，走廊很拥挤，摆设很陈旧，老板却很好。我的日语二级还没过，只会些简单的问候和单词，所以只能和老板用英语磕磕绊绊地交流。老板话很多，得知我是中国人后甚至更加热情了。他说他很喜欢中国，一直想带着妻子去旅游。我客气地笑了笑，并没有打断他的话。突然，他像想起了什么似的，敲了下自己的脑袋，说道："对呀，你应该还没吃饭吧！"我还没来得及说话，他又接着说，给你尝尝我的手艺，我煮的拉面可好吃了，说着便准备下楼。在楼梯的拐角处，他把头探了出来，看我愣在原地，便向我招了招手，示意我跟着他下楼。

老板煮的拉面的确很好吃，让我在异国他乡不仅感到胃里暖暖的，心里更是暖暖的。吃完面，我打算上楼。习惯埋头走路的我一不小心撞到了别人，抬头一看，发现是个戴着金丝眼镜的帅气男子。正打算道歉，他却头也不回地走了。我撇了一下嘴，心想：算了，既然他无礼，那我正好省了道歉。

第二天早晨，我背着包下楼，正要出门却被老板叫住了。老板说，昨天雪太大，通行的路都被封住了，估计要明天才能通路。我耸了耸肩，耷拉下头，叹了口气，再抬头才发现老板的身边多了个人。他在讲电话，我走了过去，坐在沙发上，却鬼使神差般地竖起耳朵来，听清他在说中国话。我心里不禁雀跃了一下，在这里碰见同胞，真好。只可惜是个冷漠的人。

到了下午，老板说路通了一些，我们可以去周边的商店逛逛，买买东西。我的确要帮好朋友代购一些东西，就打算上楼带上钱包再出门，谁知下楼的时候又碰见了他。他似乎也打算出去，甚至似乎和我一个方向。我在心底哀号了一声，毕竟和一个似乎讨厌自己的人同处一个空间，感觉空气都会尴尬吧。于是，我低头拿出手机，假装查找附近的药妆店，却又再一次撞到了他，只不过这次是后背。他转过身来，低头看了眼我和手机，环抱着手，似乎在等着我道歉。我愣了愣，连忙道了歉。他满意地点了点头，抬起脚就向左走。为了避免尴尬，我想也没想就往右边走。谁知他却一伸手拉住了我的帽子："你找的店前面就有一家，我带你去吧。"这是我第一次听见他开口说话，声音是那么清冷却又不失磁性。我像被迷住了一般，踏着小碎步跟在他后面。

他的话很少，基本上都是我问一句，他答一句。可是很神奇，我们似乎很享受这样的相处模式。就这样一个下午，我们就熟了起来。也许我们是不相同的"同类"吧。

胡遣光，这是他的名字，这三个字在我睡觉时一直萦绕在我脑海里，我甚至在梦里面又见到了他。我想我是喜欢上他了……

后来，我们一起去了北海道。那里一片雪白，我将鼻子以下的脸都埋进围巾取暖，踏着雪，脚底咯吱咯吱作响。我突然想学《情书》的女主角那样对着茫茫雪地大喊"你还好吗"，我也的确这样做了。"我很好"这句话还未出口，我却摸到了自己的眼泪。或许是身处其境，更能感受到电影中所表达的情感吧。我越哭越大声，胡遣光没有安慰我，只是一把拉过我。我的下巴抵着他的胸膛，感觉很安心温暖。

头上响起了他的声音："我们在一起吧。"

一阵沉默之后，我破涕为笑，点了点头，将他抱得更紧了。

师评·智匠创作微论

"抵达日本，下了飞机，我拖着行李站在人群中，虽然还有些恍惚，但目标明确。天色已晚，我得先去定好的民宿。"这是一个与旅行有关的脑洞，却与一场缘分不期而遇。"习惯埋头走路的我一不小心撞到了别人，抬头一看，发现是个戴着金丝眼镜的帅气男子。正打算道歉，他却头也不回地走了。""在这里碰见同胞，真好。只可惜是个冷漠的人。"从初相遇到终相依，人生的缘，就在契合的心意中，"我的下巴抵着他的胸膛，感觉很安心温暖"。

是虚构，抑或是非虚构，已不重要，重要的是人生中难得的一份情感。所谓有缘千里来相会，甚至万里。看似冷漠的人，或许是一个热心肠，就像冰心的《超人》。以面相与内心的内外相反映衬人生的不期而遇的智匠创意，告诉每个人，要勇敢，要懂得走向一个向往的地方，寻自己的梦，也寻一份情……

伤逝

中文162班　张功连

我有一个发小，他叫大伟。

我们是在那种现在已经消失的八九十年代风格的院子里初次见面的。那时，兰州的空气污染程度严重到经常爆表，工厂硕大的烟囱无时无刻不在排放着烟雾，整个“金城”灰蒙蒙的，如果穿着鲜亮的话，一天不到，衣服就会被烟雾弄脏。

我还记得，我们家刚刚从乡下来到院子的那个冬天的黄昏，我透过灰蒙蒙的空气看见了他。要说他有什么值得关注的地方，无疑是他的一双大眼睛，在一张瘦弱的脸上显得有些突兀。当时他被他妈提着耳朵，半蹲着一步步地向前挪，手还捂着他的耳朵，就那样走进了他家。按我小时候的思维，这个孩子他肯定是做坏事了，不然他妈妈不会这么凶地对他。第一次的见面，他给我的印象，是个坏孩子。

由于住在一个院子里，邻居间的日常往来也很频繁。一个很平常的星期五，我爸妈要去忙活乡下的白事，带着我就如同带一个累赘，于是他们将我托付给了大伟家。起初，当我知道我要去大伟家度过一个周末，我的内心是不安甚至有点害怕的。“大伟是个坏孩子”的印象在我脑海里扎根发芽，因此我刚去他家的时候，显得有些木讷。反倒是大伟，他就好像是一个话痨，一直在我身旁叽叽喳喳个没完。当夜，我是在绝望中捂着被子睡着的。

第二天一早，大伟弄醒了睡眼惺忪的我，神神秘秘地对我说：“我带你去山上玩，我们还要拿些碳。”我当时不懂得拒绝，也不敢拒绝。我看了看自己和他同样瘦弱的胳膊，又看了看自己差了他半个头的个子，实在是说不出拒绝的话来。而且我对他拿碳的举动着实好奇。就这样，我被他拉着去了院子后几公里远的山上。要说起那座山，实在是平平无奇，和普通的山一样，在院子里就可以看到。我当时实在不知道那座山上有什么好地方可以玩。

就在胡思乱想中，我们到了半山腰。冬天的北方很冷，到了半山腰更觉得冷，他口中的好地方就在这里。原来，在半山腰上有一个当年人们为了躲避马步芳以及他的军队而挖出的地洞。当时并不知道马步芳是何许人也，只是觉得半山腰有个地洞真的是好神奇。进入地洞后，大伟不知道从哪个地方拿出来一个长方体形状的土块——其实“土块”并非土块，而是一个用小刀在土块上挖出来的“炉子”——土块上部有一个半圆球状的坑，侧面有一个小洞直通坑部，这样就可以在坑中升起火，然后放入碳，可以拿着暖手。如若炭火不旺，还可以从侧面吹气，起到加剧火势的作用。我们就在那个地洞里，拿着“火炉”，待了大半天。

自那之后，我不觉得大伟是一个坏孩子了。小孩子的天性总是活泼的，没过多久我就和他打成了一片。我们四处玩耍，无话不说，那一段时光是我记忆里最无忧无虑的时候。可惜的是，虽然他灵性十足，但到学习上就一窍不通。大概是三四年级时，我爸因为工作原因，全家搬到了市中心。自此，我就再也没有见过他。

今年的暑假，有一天下着大雨，女朋友吵着要吃金城东面的黄焖羊肉。那家黄焖羊肉店离院子十分近，本着饭后消食以及好多年没有去过院了附近了的想法，正好去转转。到了附近，才发现院子已经不见了。原来是院子的地方，已经盖起了参天大楼。我正感叹着发展的迅速，目光一转，在超市的房檐下发现了一个补鞋的小摊。小摊虽然大部分被房檐遮住，但仍有一部分暴露在雨下，雨滴滴答答地落在鞋摊上，摊主在那低着头补一双女式高跟鞋。他抬起头来的时候，我呆住了。是大伟，虽然过去了十来年，但我还是认出了他。他的那双大眼睛，在那张脸上，还是那么突兀。要说和小时候有什么不同，那就是多了一份生活的酸楚吧。他看见了我，却没有认出我来，只是说出了三个字“补鞋吗”。我慌乱地摆了摆手，带着女朋友远去了。

女朋友问我刚刚怎么了，我说没什么。眼前出现的，只是当年的大眼睛和那个用土块做的“火炉”。

原来，时光不仅仅带走了物，也带走了“人”啊！

师评·智匠创作微论

伤逝？是情绪，亦是情感的脑洞。逝去的，是什么？“我有一个发小，他叫大伟。”“当时他被他妈提着耳朵，半蹲着一步步地向前挪，手还捂着他的耳朵，就那样走进了他家。”就是这样一个被打骂的孩子，多年以后，成了路边的一个修鞋者，“原来，时光不仅仅带走了物，也带走了‘人’啊”。伤逝的，是那些曾经的美好和不舍。

伤，自己的伤怀；逝，他者的消逝。发小大伟，从那个大眼睛、天性活泼、给我带来无限快乐的孩子，成为一个在漏雨的屋檐下的补鞋匠。这是岁月带走和带来的，也不是岁月带走和带来的。我们看到的，只是结果而已。以发小的成长和变化，智匠创意一份思考。每个人生，每个故事，有因有果，都引人深思。每一个在意的人或物的消逝，都是一份伤逝。你，在意的是什么？

冷灰

中文161班　冯效南

从街道里踱出来，我蹲在河岸上从上衣口袋里摸出一只皱巴巴的香烟。河水很污，颜色像一块洗涮了多次的抹布，透着长年累月积攒的厚重的灰浊色。已是深秋，看样子快要下雨，风吹得狂烈。

“真冷啊！”不远处蹦跳来一个女孩，戴一顶红色的毛线帽。

我一边望向她，一边在所有可能储物的口袋里翻找火柴。风灌了过来，钻进脖子里引得一阵鸡皮，我不由自主地打了一个冷战。她转脸，也看向我。

鬼使神差地，我问她：“你有没有打火机？”

她愣了一下，笑了。右唇边那颗暗红色的痣，被她的嘴角推到脸颊。

“我没有。”她摇了摇头。

我捏着那只折痕遍布的烟支，把手缩进袖子里，尴尬转身。身后传来急促的跑步声，伴着天幕的一阵轰雷。

她也许把我当小流氓了。

河水被风吹得翻动，抬眼触到灰蓝的云雾缓步而来，笼罩在前面一片低矮的房屋头顶。我突然想起了初中课本上一句“黑云压城城欲摧”的古诗，顺带又想起了那个总是用戒尺打学生手心的女语文老师。

一滴雨水打下来，接着是第二滴，接着是倾盆。

“嗨，给你——”突兀的女声。

转头，毛线帽被雨盖湿了，看上去如同个融化的冰激凌顶，塌在她的脑袋上。她的手里握着一支透明的蓝色塑料打火机，伸向我。

“去买了。”她解释道。

我把烟塞进嘴里，拿过打火机，火苗在大风里熄灭了三次。她凑了过来，张开手捂住火焰。

烟燃了，我呼出一口烟雾，它在我的眼前缥缈一现，很快就消融在雨中。大雨如注，全身和衣物都在雨水中浸泡着，这种缠绵的潮湿感让人全身发痒。

“不走吗？”我问她，“很大的雨。”

“那走吧。”她打断我。

我把残存着半支烟草的烟蒂扔进河水，朝着巷子里走去。她沉默着跟在我身后，这让我不安。

路上少有行人，我疾步行着，脚下溅起一朵朵水花。这是一条老街，整个街区被时间雕刻着斑驳与陈旧，房屋鳞次栉比，呈现出一片密集的冷灰色。巷道逼仄，地面凹陷集聚着积水。

“你跟着我做什么？”我停下来。

“我没地儿可去。”她猝不及防，头撞在我的脊背。

“我是杀人犯。”

“真的吗？”她抬头，盯着我。

“假的。”我叹气，“我住在前面，雨停了你就走。”

她点点头，看上去竟有点委屈。我不知道她在委屈些什么。

雨势渐大，一双脚泡在雨里快要发霉。

“快点吧。”我拉起她的胳膊，飞奔。

回到出租房，阴天让本就低矮的天花板更加黑暗。这是一间十平方米的小屋，只能放下一张床、一副桌椅、一个脸盆架。杂物堆在墙角、桌上。我把门小心地扣好，打开灯。

白炽灯亮了，她的脸被照得惨白。她也不言语，依旧沉默着站在门口。

“我昨天刚搬来。”我为这里的杂乱补充。

“我想换个衣服。”

“额，好。”我从行李箱里找出一件灰T恤，又找出一条我的夏天的短裤，取出一条干净的毛巾放在床上，拉开被子。她站在门口，不说话。

“没有厚衣服了，你换了到床上去。我关灯。”我指着床，她走过来。

黑暗里有衣服摩擦的声响，我听到我的裤脚在滴水。

“我好了。”她低声说。我打开灯，拿起她扔在地上的衣服，一件一件对折挂在租屋前一个主人拉的一条铁丝上，衣服上沾满泥污。

“你去河边做什么？”她问道。

我不知如何回答，一样反问她。

“捉鱼去啊，想养鱼。”她低声笑了起来，“我养父，他老婆死了。他有病，双腿废了，是瘫痪。我是领养的，他脾气不好，老打我。我被人骗，他们去家里把我爸砍死了。我本来也快死了。”

她说得简单断续，前言不搭后语。我不知道她是不是在骗我，她太精怪。

我没说话，她也不再说了。雨声停了下来，她睡着了，呼吸均匀。

我盯着她唇边的痣，好想把它抹去。

我找出一张一百块，揣在兜里。我从地上捡起裤子，就湿着穿上了，接着扣好门。我走了半个钟头，买了两尾蓝色的小鱼。雨后泥泞，我的鞋脏得过分。

从河边路过，经大雨冲刷，垃圾聚在浅滩，一簇一簇形成条状的链球结构。

一些人围绕着什么，七嘴八舌地讨论着。在一片嘈杂中，我看到人群的缝隙里有一只红色的毛线帽。我踱步过去，从口袋里摸不出任何一支香烟。一个中年男性的头伏在她的头上，为她做人工呼吸。半晌，他起身，摇了摇头。我的喉咙里一阵泥味，像被锈住了。

我的手被鱼儿拉扯着，抬不起手臂。

她的脸上满是泥垢，她的脚上缠着一条灰白的塑料袋，她只穿着我的已经看不出颜色的灰T恤，很脏。

师评·智匠创作微论

冷灰，以颜色开启脑洞，引起想象。一个男人为了一个想养鱼的女孩去买了两条鱼，可回来时却看到“一个中年男性的头伏在她的头上，为她做人工呼吸。半晌，他起身，摇了摇头”。生命的逝去，如此悄无声息。“她的脸上满是泥垢，她的脚上缠着一条灰白的塑料袋，她只穿着我的已经看不出颜色的灰T恤，很脏。”冷灰，是天的颜色，衣服的颜色，心情的颜色，生命的颜色……

什么是希望？什么是绝望？什么是爱？什么是暖？什么是人间？什么是幸福？什么是苦难？一次偶然的邂逅，一顶红色的毛线帽，两尾蓝色的小鱼，“冷灰”的智匠创意，是天气，还是人生？是“我”，还是“红色的毛线帽”？这，就是一些人的生命与生活的颜色吗？或许，有些冷灰，可以改变。

何求

——观《刺客列传》有感

中文162班　李欣彤

瑶光王城在一夜间覆灭。自天璇攻克瑶光王城的那一日开始，慕容黎便没了家。瑶光王子从此只得隐姓埋名，带着青梅竹马的期望离开了故土，带着复国的重任离开了家。当青梅竹马替他从城楼上跳下去的那一刻起，他不再只是他自己。他身上有着另一个人的灵魂，他开始不仅仅为自己而活。他开始为了父皇母后，为了青梅竹马，为了瑶光百姓而活，变得沉默寡言。他只身一人，以乐师的身份，以慕容离的假名字，游走于各国之间。

那一日，他看见了一丝希望，他知道复国的机会到了。天玑自立为国，天玑王登基大典，他以乐师的身份出现，吹奏一曲，引得众人失魂，一曲名动天下。天权来此敬贺的使臣莫澜将他带回了天权国。天权国国主执明素日不思进取，贪图玩乐，平日也与莫澜交好。一日，执明去莫澜府邸饮酒，与慕容离擦身而过，自此难忘，以侍棋为由将他召进宫内。执明唤他阿离，将宫内最好的宫殿给他住，将他最喜欢的羽琼花移栽到他的宫内，一切都给他最好的，不将他看作下人，而是真心相待的人。执明也将政务交给慕容离掌管，将上书给他看。慕容离起先以为是执明在试探他，可是随着一日一日的相伴，他知道执明是真的相信他，是真的对他好。可是，安逸的生活并没有打乱他复国的计划。他借助天权的力量结交各国的大臣，借往来各国的书信使各国相争，一步一步消灭各国。但是细细想来，他从未害过天权。友国前来求援，慕容离也只是借些马匹粮草，因为天权地大物博，骏马粮草从来不缺，借出去的不会对天权造成什么伤害，至于兵马却从未借出去过。

后来，慕容离要走，要离开天权，执明问他："阿离，你到底想要什么？只要你说出来，本王统统都给你！""哪日你想要这天下了，我便告诉王上我想要什么。"慕容离说罢，转身而去。执明望着他离去的背影，不再多言。执明真的什么都不懂吗？他是一国之主，慕容离、慕容黎，只差一字。慕容离拿的一直是笛中剑；慕容离一封封飞鸽传书；慕容离对于朝政很熟悉。他一直不曾猜忌，也不愿去质问，愿意对慕容离付出真心。他相信慕容离，所以他让他揽朝政。慕容离想要不想要的好物，他都会给他。他相信慕容离不会害他，他对慕容离一直保持着一份赤子之心。可是当慕容离告诉他，待王上哪日想要这天下时，我便告诉王上我真正想要的是什么的时候，执明无法立刻回答他，他想要这天下了。因为执明知道，自己若真的想要这天下了，那就不只是一块血玉、一坛好酒、一簇羽琼花那么简单了。这句话带来的会是战争，是天权子民的痛苦，是无数百姓家庭的分离，是天权子民的死亡，所以执明开不了口，也给不了慕容离这个誓言。执明担负的还有一国，一国之百姓。他只好看着慕容离走，看着他走进遖宿的朝堂。

也许两人的分离从一开始就是注定的。执明说他羡慕阿离的自由自在，不喜自己终日困于宫内。其实执明只是在用自己告诉慕容离放手，为了自己而活吧。可是慕容黎不能，他背负着瑶光所有人的期待，他背负着不止一个人的生命。瑶光的破灭终究压在了他纤瘦的肩膀上，他必须要复国，这是他给自己的责任。所以，哪怕执明对他再好，哪怕他和执明一起月下饮酒、湖上泛舟、厅内交心的记忆再美好，他也要放下。慕容离在遖宿的时候也有给执明书信，说他将天权当作他的家，绝不会伤害自己的家。但是这个家，终究不是他出身之地。这个家有人用真诚之心待他，但他的父皇母后却不会再出现在这里。只有真正回到瑶光，他才能真正地对父母、对万民说，他回家了。

终有一日，慕容离会复国，那时他与执明一定还会有交往。但是，他们之间的再次相见却可能会因为国家、因为政治，不会再有当年的那份单纯。再次月下对酒，棋上交谈，或许两人的内心都会有些苦涩，也许两人会发现，原来真的回不到从前了。可是，又哪能分出二人的对错呢？只是二人身上所担负的终究不同，走向之路也会不同罢了……

几度春外几度秋，问世上谁无。

愁复愁来忧复忧。

故人归马走到头，放眼也终须。

一条路两处走。

——《斯人何憔悴》

师评·智匠创作微论

何求？从贵为王子到一介平民，甘愿放弃还是复国有期？何去何从？“二人身上所担负的终究不同，走向之路也会不同”，人生何求？一生何求？孰轻孰重？孰对孰错？这是关于终极人生之问的脑洞。

人生得一知己足矣，夫复何求？人生拥有自己最痴念的足矣，夫复何求？人生或许还要背负许多并非自己痴念的、不得已而为的事，为了责任，要辜负一腔情意。何求？是一种追问。以“何求”二字智匠创意，启迪思考人生、道义、生命、情意。更需扪心自问：何求？

故旧

中文161班　汪宁

一

微雨众卉新，一雷惊蛰始。

他从未想到，这偌大的金陵城还有这样一处地界。本以为金陵是个世间第一二等繁华热闹之地：初到金陵那日，适逢每月初一的庙会，端的是人山人海，好不热闹；旁的不说，单是那食肆，不论哪家都是要忙到天色见黑方才得空。而现如今，走遍全城，寻了七八日，竟是个如此光景的园子，让他不禁有些失落。

不过是几间瓦房并上一个入门就将景致尽收眼底的园子。墙边栽了丈余宽的毛竹，微雨的湿气裹挟着新翻过的菜畦散发出的泥土味，倒是让人身心舒展。墙角就那样随意地堆了几件农具，甚至木柄上的泥点都未擦拭干净，俨然一个农家小院的样子。轩下搭了个花架，养着几株惠兰和些不知名的花草，长得旺盛的紫藤呈现着将要开花的态势，此景致倒是彰显出这家主人的一点志趣来。此地极静，薄薄一道木门就将金陵城的喧嚣隔绝，门里门外好似两个世界。他突然开始期待，这园主人究竟是何模样。

“晚辈至此寻人，如有叨扰，还望见谅。”他在园中站定，略激动的语调掩着几丝凄凉不忍。

自内屋间响起细碎的脚步声，一双素手掀起悬挂的珠帘。他定睛看着，纤长手指上别无饰物，只一枚戒指镶着颗东珠，阳光下闪出深沉含蓄的光芒，衬得那手更洁白细致。之后，是一截素白衣袖，那人探出身子，极纤细玲珑的身形，线条精致如造型最好的美人觚。他愣住，细看那人容貌，虽感叹美人已迟暮，但一双点漆般眼珠，眼波流动，举止投足，一颦一笑，依稀可见年少时风采，想来定是个姿容俱佳的风流人物。他竟忘了来意，也忘了说辞。二人就这样站着，四目相对，那女人唇上挂着浅浅的笑。

“这园子只我一人，不知你寻的是何人？”

“晚辈唐突前来，是替……我的叔父寻一位故人。晚辈不曾见过她，只知道她是叔父故友，姓苏，多年前曾在洛阳小住过几年。”她有些晃神，若有所思地看着少年：剑眉如峰，鬓若刀裁，昂藏七尺，身穿一袭暗纹黑色长袍，虽不至掷果盈车、看杀卫玠的地步，但也是让人为之侧目。她努力想从这样的容貌里找到几分熟悉的样子，却无迹可寻。

“我叔父姓顾，字彦之，不知您……”

“既是寻人，怎么不亲自前来？”她急切地打断眼前少年的话。

“那您是否……”

“他人呢？找人连这点诚意都没有吗？随便找个毛头小子是想打发谁！”急促的语气，似乎恼火得已经口不择言，也不复初露面时的温婉样貌。

少年倒不为此生气，语气依旧淡淡道：“建熙十三年，叔父执意入伍参军，说是身为男儿郎当不负一腔热血，该为国建功立业，保卫祖国好山河。建熙二十年，叔父花了七年时间，已然成为朝中最年轻的军侯……就在两个月前，邻国大肆举兵入侵，叔父领兵出战，皆是大捷。可在随后的一次巡营换防时，遭遇伏兵埋伏，血战三日，孤立无援。”少年哽咽着：“战死沙场。”

她倚着门框，偏着头不去看少年，尽量平抚着自己的内心，一次次张口，却发不出任何声音。良久，她道：“可是，可是真的？他果真不在了。”“是。”“那他葬在何处了？”“以长剑为碑，霜雪为冢。”“都没找到他的尸骨吗？”“鲜血浸染了三日的战场，谁又分得清谁是谁呢？”

一阵风起，卷起些许微雨后的凉意，竹叶簌簌，寂寂无声。

“您自洛阳一别就是二十余载，叔父也找了您二十多年。出征前，机缘巧合下得知您迁至金陵，他是想要亲自前来的。但是国家大义和儿女情长只能选其一，谁又会想到百战百胜的将军会这样轻易殒命……他很想你，二十多年，不停歇地找你。叔父他……”

“不，我不姓苏。”

“什，什么，您……我不明白。”

声音凄凄，缥缈得不真切。

“她死了，二十三年前就死了。洛阳的夜很冷，她死在那个晚上，乱箭横飞。”

话语打住，她猛然看向少年，定住，透出无比坚定的目光：“所以，听清楚了吗？她死了！这里没有姓苏的人，更没有你叔父的故人。你走吧。”

“既是如此，便不再相扰了。您若不是叔父想找的人，也该是与她相熟识的人。这是叔父这么多年一直珍藏的锦盒，他不在了，但能将这盒子送与它应到之处，是叔父的心愿。”说着，他取出盒子放于阶下的石板上，轻声道，“您珍重。”转身离去，门扉轻开又轻掩。

她就这样看着那锦盒：极素朴且清雅，棕色的木质，有着天然的回纹。搭扣两侧雕着对称的图案，隐约是团锦牡丹的样子。棱角渐趋圆滑，可以看出它的主人对它的珍爱，也可以想见平日里那双手有多少次抚过这锦盒。一遍又一遍，是无言的思念。

啪嗒，掀起盒子的搭扣，她的手不住地抖着。一枚箭头，一根白羽，一张猴脸脸谱，数封信笺，如此而已。

二

清一色月白粉蜡笺，映着团锦牡丹的底纹，墨迹深深。

“岚卿，今日行军到赤阳，宿营地不远处有个芦苇荡，很美，风过招展一色旖旎，望去犹如浩浩白海。我在芦苇荡边站了很久，竟仿佛听见海潮之声。有鸟儿从空中掠过，落了根白羽在我身边，我把它和信放在一起，望有一日你能看见，就算作我们一同来过这个地方。我总在想，走过许多美景，可是没有你在身边又有什么意思。等这次回京，皇上大约就会升我做执金吾了，这样就能多在京中常驻，我也能多些时日去找你。毋须挂念我，但我很想你。”

风携来些清冷，空旷持久，恍若置身芦苇荡边，有鸟儿掠过的振翅声。轻抚过细腻的羽，身旁好像站着那个清雅的男子。风掠过他的眉间，卷起他的衣袂，飘荡如雪的芦苇花像一场白日焰火弥漫眼前。伸手触去，却是一场空。

“彦之。”空灵又缥缈的一声轻叹。

“写的信笺多了起来，我就自己画了个式样，让城北的那家翠玉坊做了这个锦盒。没绘成你喜爱的兰花的式样，等你看到估计又要埋怨我。往年洛阳的牡丹花会，你也总不愿同我一道，嫌牡丹俗气，没有君子气。我是不是从没告诉过你，第一次看见你其实是在那年的诗会上，你和几位闺友当时站在开得极盛的牡丹旁，言笑晏晏。那么多人，我只看到了你。”

唯有牡丹真国色，花开时节动京城。取次花丛懒回顾，半缘修道半缘君。

“今日家中宴会，应付了好些同僚，越发不喜欢现在的日子了。以前总以为男儿热血当报国，或是鲜衣怒马执剑仗天涯。现在看来全不是如此，这宦海风波，沉沉浮浮，不是我一人能左右的，有时更是要违背本心。你知道的，这不是我本愿。其实我早该知道的，建熙七年，你父亲被人检举的冤案，本就是一个官场尔虞我诈的牺牲品。抄家那夜，你被流箭射伤，那箭矢的箭头我拾了回来，这些年时时看着，它也时时提醒着我这官场中的艰难。岚卿，我去查过，那年的事情无关我父亲，你父亲的冤屈也早已洗刷。你是不是还在怨我当年没能护你周全？要不然这几年你怎么一直避着我？要不然我怎么一直找不到你？”

总以为人生若只如初见，却不料这漫漫长路几多坎坷与无奈。

“昨日大哥送来两壶好酒，香醇得醉人。你知道的，我从来喝不醉。昨晚我却有些发醉，有倦意，却总也睡不着。大哥其实是来当说客的，他说我这些年也没娶个一妻半妾的，是大不孝。而我总记得你最爱吃四方斋的点心，穿素色的衣裳，不爱戴首饰。你总想在自己的园中种些颜色斑斓的小菜，你想走遍天下山河写成当世第一本由女子写的游记。你是那么不同，我要怎么把那些女人当作你？我想了整夜，终于想明白了。若是找不到你，等我老了，我就从家族旁系里过继一个孩子，也算了了父母的心愿。”

“今日是元宵，李家二公子约我去听曲。你不是总嫌他们玩世不恭吗？我知道你定会不喜，所以没去。长街很热闹，花灯结彩，琳琅满目，富盛风流。记得那年你同我一起过的第一个元宵节，你买了一个猴子脸谱，欢喜得不得了，满长街都是你脆生生的笑，真难忘。你还不知道吧，卖面具的大爷去年走了。我托他儿子又做了一个脸谱，可是你也不在我身边了。”

那年长街春意正浓，策马同游，烟雨如梦，雨丝微凉，风吹过暗香朦胧。樽前月下，执子对弈，酒香馥郁，剑如游龙，笑傲风月，好不自在。而现如今什么都不是个滋味。

“原来你在金陵，原来你一直在那里！等我，等我这次出征回来，我就去找你。岚卿，你且等我！”

我在这等你啊，你还来吗？

三

仲春之月，绿杨垂柳笼聚着雾气，拂晓的寒气四处弥漫，不晓得谁家几枝初开的杏花粉雪粉雪地簇绽在枝头，开得喧闹。街巷里石板不语，燕子扑棱飞过，有家挂着红灯笼的园子发出早晨第一下破空的响声。

花架上紫藤热闹地簇拥，惠兰散发阵阵幽香。多了几盆才栽种的牡丹，还不到花期，但可想见到那时定是好景致。一双素手轻抚过沾着露水的花叶，一截衣袖被枝叶勾住，轻轻滑落，露出一截手臂，白皙皮肤上赫然一道几寸长的伤疤，应是陈年旧伤。

“彦之，你看那灯笼，像不像那年长街的景？”

师评·智匠创作微论

一念故旧一场寻。““我在这等你啊，你还来吗？”这是关于战争、思念、纪念和永别的脑洞。情有深深几许，人生长长别离。

故旧，是一场寻找。代人寻找，只为归还一件遗物。斯人已战死沙场，为国捐躯，徒留生者无限追忆。人间有情，凄清如此。每一场乱世，离散多少有情人？徒留憾恨。智匠创意一次永别的寻找，人生无常，世事难料，常有憾恨难平。故旧伊人，翘首无语；故旧不见，杳无归期。

亦幻亦真

什么可笑的净化！
那是抹去精魄最宝贵的记忆，
让人活得像个机器，
麻木、愚蠢、无知，
然后人人称赞。
你说毁灭？
怎么能叫毁灭！
那是拯救。

芙蕖物语

中文163班　侯是祎

引子：还愿者

石镇三面环山，只有一面朝着大海，唯一的大户就是余家。余家有着全镇最高的钟楼，石质的地基，木制的框架。钟楼分为三层：第一层最高，有一尊妈祖像；第二层为书房，藏书不多但胜于种类丰富，镇上的人们可以自行借阅；第三层放置铜钟，除了余家的人，没有其他人会上去。每到太阳同地平线平行时分，余晖洒在海面之时，余家就会传出一阵阵沉重的钟声。

同很多沿海小镇一样，石镇人家以打鱼为生。奇怪的是在每户家中都有一个石质的鱼缸，表面刻有花纹。可惜早年间宗祠走水，石缸的由来也就无人知晓了，人们只知道每年的五月初五都需要将鱼缸灌满水，然后放入几盏纸莲灯，若家中有两口人就放两盏，三口人就三盏，以此类推。据说这是先祖传下来的祈福方式。

余家世代单传，到了这代是还未出阁的小姐——余笑。据说余家本是城里大户，后因生意失败不得不在余笑的爷爷余雨当家时搬至石镇。但毕竟世代经商，余家以向城市兜售海鲜为介成了小镇的富豪。不得不说，余雨也是位人才。他将挣来的钱财悉数用于石镇的建设，不仅在钟楼二层设立了学堂，还修了通往各家的道路，因此石镇人民也很敬重余家。而常人不知的是，余家还有另一个身份——还愿者。顾名思义，这个世上并不是只有人类有自己的情感，世间万物各有各的情感，却无法表达，而还愿者则可以倾听他们的声音，将他们的声音带回世间。

鱼愿（1）：初入结界

“鱼丽，言太平、年丰、物多也。”石镇作为渔村自然而然信仰妈祖，他们靠鱼而生，靠渔而活。每当晨曦透过层层云彩的时候，钟楼会响起第一声。这时，每家的妇女就会起床，向钟楼的妈祖像拜三下，然后生火做饭，将米饭揉成团给自己的丈夫做早午餐，最后在自家的门前，看着他们驶船离开。不知是人们的诚心感动了上天还是真的运气好，男人们每次都是满载而归，就算遇到大浪也能平安回来。但是当出门前有海浪来袭时，男人就不出家门了，这也是女人最开心的时候，因为男人可以一整天都陪着她，还可以几户人家聚在一起，谈天说地。

咚！钟自己突然响了一下。余笑睁开了双眼，环顾了下四周。村民想象中空荡荡的钟楼第三层却别有一番布置。除了中心的铜钟之外，还有一口可以容下四五个壮汉的大石缸，石缸表面布满花纹，一朵莲花四周围绕着四条鲤鱼，正上方的鲤鱼嘴巴微开，一个小小的“余”字在旁边，仿佛是鱼想要把字吸入腹中。石缸中心有一株含苞待放的石质莲花，每一瓣都经过仔细雕琢，仿佛下一秒就要张开一样。缸中蓄满了水，漂浮着一盏盏巴掌大小的纸莲花，然而全都是花苞，没有一朵张开的。花心是一朵朵火苗，有的是两朵，有的是三朵。余笑从钟旁的蒲团站起来，慢慢地走到石缸旁，将一盏纸灯轻轻捧起。仔细一看，这盏同其他纸莲花不同，花瓣微微舒展，有一朵火苗像是要冲出的样子。嗒嗒的声音从余笑身后传来。

“爷爷你来了。”

余笑转过身子，面向拄着一把木制拐杖（拐杖头也是一朵莲花）、两鬓有些霜白的老人，他就是余笑的爷爷，也是整个石镇余家的建立者——余雨。

“怎么，又有人进去了？”余雨轻轻蹙了一下眉。

“是的，爷爷，应该是赵旭。他的火苗刚刚冲撞了束缚，不过应该没有进去，只是困在了虚无之地。”余笑把莲花轻轻地放回石缸中。

“嗯，去魂之树看看吧。”余雨走到房间的另一头，整面墙挂置了一幅莲花图，纸面有些泛黄，看起来就是年代久远的画。奇怪的是却没有落款，只有一个“余”字。令人惊奇的是画上最大的莲花，仔细看来和石缸中央的有些相像之处。余雨用拐杖轻点了一下地面，然后围绕自己的身体画了一个圈，随着他的拐杖，一道道橙色的线条显现出来，慢慢构成一个复杂的素力阵。

“好了，余笑，你去发动吧。”余雨退出了圈中，稍微有些喘着粗气地说道。

“我去？爷爷你确定吗？”余笑有些吃惊，“我还没有准备好，而且凭我的力量还不能开门吧？”

“试试吧，万事开头难。我没看错的话，你已经可以敲响钟了吧？”

“是的，爷爷。刚才试过一次，只是声音很小。”余笑低下了头，声音越说越小。然后她站入圈中，双手放置在胸前，左右手掌合十，然后中指第二指节慢慢弯曲，其余四指向外舒展开，形成莲花的样子。淡粉色的烟雾从素力阵中渗透出来，余笑的身形渐渐被烟雾所笼罩，但是烟雾到余笑的胸前双手处就不再上升。余笑使劲地抿了下嘴，有些细小的汗水从额头透出。

“加油，快上来啊，就差最后一点了！”余笑在心中呐喊着。但是，烟雾却像个调皮的孩子一样，只是在胸前翻滚，就是不再上升。余雨在旁边看得有些着急，右手向身后一藏，大拇指指尖与中指指尖对接，其余三指自然伸直，左手紧紧握住了拐杖，轻轻地点了下地。烟雾停止了翻滚，慢慢地螺旋上升笼罩了余笑。余笑不禁有些欣喜，兴奋地大叫道：“爷爷，我成功了！”

“稳住！”爷爷口气略有些严肃，但是嘴角微微向上的弧度却出卖了他。余笑双手慢慢合十，然后向前推开，烟雾也不断地翻滚，形成一个球体，脚下的素力阵发出了耀眼的光芒。

余雨微微眯眼，口中默默念叨道：“果然和允儿一样啊。”

余笑看着烟雾慢慢变成橙色，在完全变成橙色的时候将推出的双手交叉，然后向下一翻收到胸前，大喝一句：“收！”烟雾球慢慢缩小，素力阵的光芒也逐渐黯淡，余笑就从钟楼第三层消失了。与此同时，余雨脚下也构建好了新的素力阵，慢慢腾起了橙色的烟雾。

“这里就是海底结界啊，真美！”余笑看着周围的景观喃喃自语道。

鱼愿（2）：初入魂之树

深蓝色的海水被结界隔离开来，冰蓝色的光线透入结界，给内部带来一丝丝光亮，但是却不能带来太多的亮度，鱼群偶尔的游动还会投下一片片阴影。虽然海面上波涛汹涌，但是海底还是一片宁静祥和。结界内也另有一番天地，同陆地上的钟楼一般，海底也有一栋一样的钟楼，只是建造得更加豪华。花岗岩的基底，虽然同样是木质的结构，但是每根横梁上都雕刻着栩栩如生的花草鸟兽。同样，钟楼分三层，一二层为典籍层，三层为禁地，只有余雨能上去。在钟楼前是一个广场：中心为一个巨大的莲花状石雕，花托处有一个素力阵，偶尔散发着点点橙色的光芒。三两个人时不时从花蕊出现，穿着同为红色的长袍，袖口印有彼岸花，直奔钟楼而去。

“这是怎么了？怎么王家的人会来？”余笑有些奇怪地看着他们，心中不禁默默想道。这王家同为还愿者，但是却很少来余家。不知道这次来又是为了什么，希望没出什么大事，余笑默默地祈祷。

“小姐，您怎么下来了？我正准备叫老爷呢，难道你们已经知道了吗？”余家的仆人从钟楼匆匆跑出来，在钟楼门口见到余笑，显得很惊讶。

正在这时，莲花散发出耀眼的橙色，余雨出现在中央。王家的人停止了步伐，向莲花石台中的余雨微微弯腰。仆人虽然奇怪余雨为什么自己下来了，但是又面色一凝急忙上前说道：“老爷，您最好还是来看一下吧，王家这次带来个大麻烦。”

余雨有些吃惊，不知王家弄出了什么幺蛾子。

“余笑你先去找找赵旭，爷爷一会儿来陪你。”余雨摸摸余笑的头，跟随仆人向钟楼走去。

“不知道王家带来了什么消息。算了，爷爷会处理好的，我还是去找赵旭吧。”余笑向钟楼另一个方向走去，前往魂之树。

还愿者的素力来源众说纷纭，但只有余家人自己知道，素力并不是天赐的礼物。还愿者是人类社会与妖鬼社会的联系者，虽然有着超于常人的能力，但是也要承担相应的责任。他们一边要向人类隐瞒存在的事实，一边要维护两方世界平衡，而很多时候，妖鬼不慎带来的灾祸都要还愿者收场。“海底结界”还有一个正式的名字——余家殿，传说由余家的大家长余林建立。而“大家长时代”正是还愿者最辉煌的时代。还愿者掌握了大量素力的用途，在人类世界的边界“虚无之地”开辟了一个专属于还愿者的世界，同时还构建了完善的传送阵，方便还愿者处理发生在人类世界各地的事务。除了余家余林，还有其他三大家——王家王乾、林家林啸寒、赵家赵宇玉，四大家共同构造各家在虚无之地的结界，这四位也被称为“大家长”。

魂之树并不是一棵真正意义上的树，它是余林素力的汇聚。余林在弥留之际将自己的所有素力使用方法汇聚成“魂之树”，供余家后代参悟。在余林之后，历代余家人都会在树下参悟，并且将自己的领悟刻画为树叶留在魂之树上。可以说魂之树是余家最大的知识宝库，汇聚了每位余家人的知识精华。而魂之树位于钟楼的另一个方向，远离莲花石台传送的喧嚣，静静地立于结界的一隅天地。

余笑走了约有两刻钟，就来到了魂之树。魂之树枝叶繁盛，金色的树干，橘色的树叶，无风自动，整体同人类世界千年银杏树相差不大，据说是因为余林喜好银杏的原因。而树下的土地也是余家用素力所灌养的草地。靠近魂之树的地方有一条河流，从钟楼方向流出，延伸到结界的边缘，然后汇聚于海水之中。余笑沿着河流一直走到结界的边缘，发现躺在沙滩上的赵旭。

赵旭大约十五六岁的样子，嘴唇上还有一些绒毛，但是手臂却又有常年航海所练就的肌肉。虽然年龄还小，但是也是一个捕鱼能手，果然他的腰上缠着鱼篓。

“看来是下海抓鱼然后晕过去被海浪带过来的吧。”余笑默默说道，“直接送你上岸麻烦了一些，我还是带你去传送阵吧。不知道爷爷会不会生气，不过爷爷现在有事，应该不会发现的。”

余笑将双手伸出，手腕相扣，五指相接呈拱形，大喝一句：“收！”这时赵旭慢慢地被橙色光芒笼罩，变得越来越小，随后变成一盏纸莲灯。啪！余笑的手掌也慢慢合拢，最后合十。余笑随手一招，纸莲花就慢慢漂浮起来，摇晃着飘到河流上，随着水流向钟楼流去。余笑也跟随着向钟楼走去。

“爷爷应该还在谈事情吧。我去看看，王家带来了什么麻烦。”

而在余笑看不见的地方，魂之树上，一片树叶不同于其他树叶，在赵旭缩小的时候散发了一丝蓝色的光芒。

师评·智匠创作微论

芙蕖物语，可以开启什么样的脑洞？“而常人不知的是，余家还有另一个身份——还愿者。顾名思义，这个世上并不是只有人类有自己的情感，世间万物各有各的情感，却无法表达，而还愿者则可以倾听他们的声音，将他们的声音带回世间。”这是关于还愿者的脑洞。“余雨用拐杖轻点了一下地面，然后围绕自己的身体画了一个圈，随着他的拐杖，一道道橙色的线条显现出来，慢慢构成一个复杂的素力阵。”从“界”到“素力阵”，是多方的结合。“结界内也另有一番天地，同陆地上的钟楼一般，海底也有一栋一样的钟楼，只是建造得更加豪华。花岗岩的基底，虽然同样是木质的结构，但是每根横梁上都雕刻着栩栩如生的花草鸟兽。”将树与魂相叠成知识宝库的脑洞，同样令人耳目一新。“魂之树是余家最大的知识宝库，汇聚了每位余家人的知识精华。”“靠近魂之树的地方有一条河流，从钟楼方向流出，延伸到结界的边缘，然后汇聚于海水之中。”时空浩瀚，脑洞无限。

芙蕖，荷花，或已盛开。物语，又是怎样的神秘故事？还愿者，是沟通世间万物的使者。余雨和余笑祖孙二人，作为还愿者，默默地做着这一切。而小余笑慢慢地在爷爷的帮助下，可以发动素力阵了……或许，在人类和万物之间，有这样的还愿者，让这个世界和谐共存。青草茵茵，魂之树静立于一方天地，给还愿者以智慧，也聚集起还愿者的智慧。智匠创意，以芙蕖故事表达一种智慧、一种心意，百代千秋，还愿不已……

镜中人

中文161班　李慧琪

你每天都照镜子吗？看着镜子中那个和你有着一模一样的面孔、和你做着如出一辙的动作的人，你觉得那真的是你吗？这个世界太大了，许多事情都出乎你的意料……

门咯噔一声关上了，聚餐的人们散尽，房屋恢复了平静。

“还有人吗？”从这个房屋男主人叶谷的书房里传出声音。

“没人了，他们都走了，出来吧。”一个和叶谷的二十岁儿子叶夜长得一模一样的男孩子站在客厅。

话音刚落，从厨房走出来一个温柔贤淑的女人，和女主人毫无二致。她抱怨道：“领属人急着给叶谷的女朋友做晚饭，竟然就把我随手放在了厨房里！”

这一幕，有点令人匪夷所思。不久之前，这家的男主人叶谷和女主人罗慧带着儿子叶夜送着叶夜女朋友贺梅出去了，可是现在他们三个人又站在了这里。其实，现在站在这屋里的三个人是镜中人。镜中人，是活在镜子中的一种人，他们的相貌和拥有这块镜子的人相同，他们把这个人叫作领属人。但是，他们也有自己的想法和性格。为了避免混乱，当领属人人生第一次照镜子时，他的镜中人就会产生，随之镜中人就被严令，不能够让人类知道他们的存在，直至他们的领属人死亡，他们也跟着死亡。所以，他们只能在没有人的时候从镜中出来。

镜中人罗慧看着镜中人叶夜郁郁寡欢的，便问道："叶夜，你怎么了？"

镜中人叶夜一脚踢开了地上铺着的毯子，走向门口。拉开门的同时，他回头对着镜中人罗慧说："我不喜欢那个叫贺梅的女孩！"

镜中人罗慧转头看向镜中人叶谷，镜中人叶谷无奈地笑了笑，说道："大概是因为楼下的镜中人冯媛吧！"

镜中人叶夜已经来到了楼下，看到一个行李箱放在门口，他轻轻地拉了拉门，发现门是开着的，就大摇大摆地走了进去。这是他和镜中人冯媛的约定，如果她们家也没有人了，镜中人冯媛就把门打开。可是，他刚刚走到客厅，竟然看到卧房里，两个冯媛在对话。

"我让你代替我，你就会帮我完成心愿吗？"

"当然，我一定会让贺梅那个女人离开的。"然后，领属人冯媛走了出来，镜中人叶夜赶紧躲在了门后。

镜中人冯媛看着打开的门，皱着眉头问道："你没有锁门吗？"

"没有，和你说几句话，我就离开，这里就留给你了。"说完领属人冯媛就走了。

卧房门哐当一声，镜中人冯媛向后转身，看到了怒气冲冲的镜中人叶夜。

"你就这么喜欢领属人叶夜吗？你难道不知道透露身份会受到永远封禁的惩罚吗？"镜中人叶夜吼道。

"你知道的，我不在乎，我喜欢他。我的领属人打听到贺梅的父亲曾经被叶夜的父亲亲手抓到监狱。"镜中人冯媛冷冷地说。

镜中人叶夜深深地看了她一眼，然后转身离开，那强忍泪水的眼眸里包含着太多的情感。镜中人冯媛看着他细瘦的背影，散发着凄凉，泪珠滚落下来，砸在手心，晕开一片凉意，一直蔓延到心脏。她颤抖的朱唇发出断断续续的字："你……永远……不知道……"

领属人冯媛与领属人叶夜是青梅竹马，领属人叶夜经常跟着领属人冯媛，陪她去练跆拳道。所以他们的镜中人，也是自小相识。镜中人叶夜一直喜欢镜中人冯媛，喜欢她的单纯可爱，可是他觉得镜中人冯媛喜欢自己的领属人，因为自从领属人带着女朋友贺梅回家之后，镜中人冯媛就一直闷闷不乐。至于领属人冯媛，他一直觉得怪怪的。说她喜欢自己的领属人，她却从来没有正面答复过自己领属人的求爱；说她不喜欢，可是她又常常关心领属人。至于贺梅，他不是真的不喜欢，贺梅一直照顾领属人，只是因为镜中人冯媛，所以他才会心生厌恶。其实在他的心里一点都不相信贺梅想要杀死自己的领属人，因为贺梅对自己的领属人太好了，生怕领属人会离开她。但是他又是那么喜欢镜中人冯媛，喜欢冲昏了他的头脑，他想替镜中人冯媛赶走贺梅。

夜薄凉如水，月亮挂在天空，却是惨白。它的光线不再给人唯美的感觉，而是像一把被磨得亮白锋利的尖刀，可以刺穿人的心脏。领属人叶夜带着女朋友回家了。镜中人叶夜在卧房听着他们一家人的欢声笑语，心里一片凄凉。他知道，镜中人冯媛今晚会来，他已经劝了她许多次，却都无功而返，甚至到了最后，她都已经不再见他。他不知道，领属人冯媛给了她一张照片，照片上贺梅拿着一把水果刀走向领属人叶夜的床边，而领属人叶夜正在沉睡。

他听到了脚步声，一道灯光从越开越大的门缝中打进来，一个他最不想见的人——贺梅独自走进了卧房。房门咣当一声关闭了。随着黑暗再次笼罩卧房，镜中人冯媛出现了，她手拿着一把利剑刺向贺梅。镜中人叶夜从镜中出来，抢了镜中人冯媛的剑，一步一步走向贺梅。镜中人的剑不会致人死亡，只会令人失去记忆。贺梅似乎被眼前的一幕惊呆了，站在原地一动不动。镜中人冯媛冲上来，挡住了镜中人叶夜。

“你不想和领属人在一起了？我来使她失去记忆。惩罚，我来承担；幸福，你来拥有。”

正在两人纠缠的时候，领属人叶夜进来了，他瞳孔瞬间放大：一个和自己一模一样的人站在自己的面前。等他看清楚那把亮闪闪的剑，便拉着呆若木鸡的贺梅想要跑出卧房。镜中人叶夜摆脱镜中人冯媛，先他一步，刺向贺梅，领属人叶夜立刻将贺梅挡在身后。咣当一声，剑落在了地上，领属人冯媛出现，将剑踢掉了。随后，领属人叶夜的父母也进来了。卧房里陷入了一片沉寂，压在每个人的身上、心里，沉甸甸的。

领属人叶谷是一名警察，多年的执勤经验让他有了一份异乎他人的冷静。他说话了："这是怎么回事？"

话音刚刚落下，贺梅迅速拿起掉落地上的剑，刺向了领属人叶谷。没有鲜血淋漓，而是一道光闪出，照亮了漆黑的房屋，也照亮了屋子里的每个人，以及他们的脸、他们的心。镜中人叶谷挡在了领属人叶谷的前面，那把剑刺入了他的身体。镜中人的剑不会导致人类死亡，却可以导致他们自己的死亡。

镜中人叶谷看着领属人叶谷，疼痛使他的笑变了形状，但是真正的笑容无论在什么情况下，都是温暖的。他对着领属人叶谷说："不能再和你一起下棋了。"他又看向满脸泪水的贺梅："丫头，关于错抓你父亲的事情，领属人一直很内疚。所以，他一直在暗中帮助你们。"说完，他就消失了，随之他的藏身之处——镜子也碎了。

贺梅看着领属人叶谷，剑掉落在地上，惊讶地说道："原来是你，一直资助我们家，所以母亲才不让我复仇！"

领属人叶夜一把抓住她，说道："你知道吗？当你第一次接触我的时候，我就知道了你的身份。可是因为那份愧疚，我放弃我心爱的女孩，我们一家人照顾你，希望可以弥合你内心的那道裂缝。"

贺梅摔倒在地，双手捧着脸庞，失声痛哭。

领属人冯媛看向领属人叶夜："对不起，一切都是我的错，我一直以为你在玩弄我的感情，所以我欺骗我的镜中人，让她使贺梅离开，让你痛苦。"

领属人叶夜一把把她搂在怀里，问她："那你为什么又要来这里？"

"我后悔了，就算你真的玩弄我，可是我是真的喜欢你。我愿意退出，让你幸福。"领属人冯媛用颤抖的声音回答道。

“那你和我说的那些、给我看的那些，都是假的吗？我以为你知道我的存在之后，却没有伤害我，还帮我躲藏使我不被别人发现，是因为把我当作朋友。”镜中人冯媛质问道。

领属人冯媛松开领属人叶夜，连忙说：“不是的，不是的。我真的了解到这件事情，但是照片是我合成的。我不想伤害贺梅，只是想要叶夜回到我的身边。当我知道你的剑不会伤人，只会使人丧失记忆的时候，我才选择利用你。对不起，对不起。”

“你们忘记镜中世界的警戒了吗？不能和人类世界的任何人见面。”一个一身红衣的男人出现在众人的眼前。镜中人叶夜和冯媛连忙低下头，低声说道：“镜中大人！”

“镜中大人，他们还只是孩子，放过他们吧！”红衣男人的身旁出现了镜中人叶谷。

领属人叶谷看到他，欣喜地问道：“你没事了？”

镜中人叶谷说道：“贺梅那丫头心软了，没有扎到重要位置，是镜中大人救了我。”镜中大人看了看镜中人叶谷，他立刻低下了头。

“你们混乱了镜中世界和人类世界，是要受到惩罚的。”镜中大人说道。

“没有其他的办法了吗？一定要杀死他们吗？”镜中人叶谷问道。

“我愿意替他们受过，毕竟一切因我而起。”领属人叶谷说道。

镜中大人看着他，牵动唇角，露出一丝诡异的笑容：“那你愿意替他们死吗？”

“让我来吧！”一直蹲坐在地上的贺梅站起身走向镜中大人，却被领属人叶谷拦住了。

“你还是个孩子，还有美好的未来。”说完，他就拿起镜中大人手中的酒杯一饮而尽，其他人都来不及拦住他。然后在众人的惊呼中，他倒在了地上。

镜中大人叹了一口气，说道：“他没有死，只是丧失了记忆！”

镜中人们赶紧拜谢镜中大人手下留情。

“不过，你们都需要去除记忆，这样，两个世界才可以都恢复正常。你们准备好了吗？”

“等一等，我有话想和镜中人叶夜说。”领属人冯媛径直走向一脸茫然的镜中人叶夜。“有个女孩，她一直喜欢你。她做的一切，只是想让你活下去，所以她才会被我欺骗，一切都是因为爱。”然后将镜中人冯媛的手放在了他的手中。

一阵眩晕，每个人似乎都看到了漫天霓虹……

所有都回到了曾经。这个家庭多了两个家庭成员——儿媳冯媛、干女儿贺梅。他们一起风雨共度，相互扶持。在他们出门之后，镜中人们会出来活动，镜中人叶夜和叶谷经常一起下棋，镜中人冯媛和罗慧在旁边看着他们，一起笑，一起乐。

那么，你曾经见过自己的镜中人吗？

师评·智匠创作微论

“你每天都照镜子吗？看着镜子中那个和你有着一模一样的面孔、和你做着如出一辙的动作的人，你觉得那真的是你吗？这个世界太大了，许多事情都出乎你的意料……”这是关于镜子的脑洞。镜子中的人是真是假？“当领属人人生第一次照镜子时，他的镜中人就会产生，随之镜中人就被严令，不能够让人类知道他们的存在，直至他们的领属人死亡，他们也跟着死亡。所以，他们只能在没有人的时候从镜中出来。”当现实和虚幻的世界出现交错，当一个人无视身边的一些规则，便有了这样的疑问：“你曾经见过自己的镜中人吗？”镜中人，是你的谁？

镜中人、领属人，哪个才是最本真的那个？生活是一面镜子，映照出现实的人情百态：爱与恨的情感纠葛，网一样的关系图谱。镜中人，别出心裁，将一个现实的人和一个镜中的人对应，就像人在现实中的双重人格。你看到的，就是真实的自己吗？你看到的，就是真实的世界吗？以镜中人智匠创意，是虚构还是现实？是戏言还是哲思？

毕方

中文161班　佟香凝

一

暮色完全包裹住大地，夜凉如水。山谷深处传来野兽的最后一声嘶吼与倒地的声音，然后重归寂静。

秦方收了剑跳到一边，坐在树下处理肩上的伤口。云狮怎么说也是灵兽，到底难打。秦方伤口很深，几可见骨，一只手上药有些难，皱皱眉“啧”了一声，看向云狮尸体那边：“来帮个忙？”

那边一绿衣女子正握着一把匕首利落地划开云狮的腹部，闻言手下动作不停：“等一会儿，死不了。”

那个女子名为阿璧，她手中匕首极其锋利，几下便把云狮剖开一个洞，在一片血腥中伸手探入云狮腹中，摸索着掏出一颗流光溢彩的珠子，正是兽丹。

云狮兽丹发着微光，不染血色，阿璧将其收于怀中，简单清理了下手上的血，才回过身去帮秦方包扎上药。

阿璧动作熟练，并未触及伤口。听到秦方一声接一声叫得凄惨：“哎哟！疼，轻点！”阿璧抬头看他一眼，却见他眼中带笑，冷着脸两下系了结，起身离开。

秦方笑着追上前面人：“云狮丹也找到了，材料已经齐了，怎么还不高兴？”

阿璧嗤笑一声，取出怀中的兽丹，用刚才那把匕首用力一划，赤色灵力包裹住刀刃，一声脆响，云狮丹一分为二。

云狮丹分开后形状自行复原，阿璧握住两个珠子，其中一个扔给秦方：“你不是更高兴？”

秦方接住东西，眼中有些黯然，复又恢复如常，跟在阿璧后面向附近的城镇前行。已是深夜，自然要休息一晚。

二

几月前，阿璧在山中寻一种草药，突然发现天有异象，心中有所感，十分害怕，想找个地方躲起来试试，慌张乱跑中，却撞到了一对举止亲密的男女。

阿璧还未完全看清，一道蓝紫色光从天而降，她感觉到自己被一股力推开，而后失去了意识。醒来时发现那名女子不见了，男子正坐在她旁边，正是秦方。

秦方说那女子是他师姐，被雷击中，肉体消散，只来得及用师父传下来的至宝锁灵袋存住三魂，需得炼出古书上说的魂器才可寻回七魄得以往生。

看到秦方恍惚的神情，阿璧心虚。她知道造成现在局面的原因，亦知道秦方所说的魂器。她来山上寻的草药，便是做成魂器的材料之一。

目的相同却又不同，二人结伴而行，不提将来过往，互相照应，倒还默契。

三

忽而电闪雷鸣，天降大雨。两人无法，只能就近找个山洞避雨。

秦方跑进山洞后便寻位置坐了下来，拿出怀中的一个荷包模样的东西。阿璧扫了一眼，正是那日秦方所说的锁灵袋。

秦方见其未湿松了口气，摩挲着袋口有些出神。阿璧便看着出神的秦方出神。

山洞寂静，秦方回神后觉得气氛尴尬，想说些话逗逗阿璧，便讲起了一些古籍中的神话传说。讲着讲着，秦方像是想起了什么，低头看着自己动作间露出的内袍衣角上未被淋湿的青质朱纹绲边，忽而一笑，竟有几分嘲讽的意味："传言青丘九尾狐一族因害商灭而世代受诅，这一人之过却要全族受罚，当真可笑。"

"天命罢了。"平时阿璧不愿理秦方这些胡言乱语，今日竟回了一句。

秦方见阿璧淡然的态度，有些想反驳，还未开口却听到阿璧轻声问了一句："你相信这些传说吗？"

"凡人亦可修道，神兽存在也不足为奇。"秦方靠着墙轻松应答，"何况这一神话肯定也是传言夸大了的，不然怎么会说青丘一族受天命影响至今？"

阿璧静默半晌，又抬头问了一句："听说过毕方吗？章莪之山，有鸟名毕方，性属精火，燃其骨血，可炼无上神器。"

秦方神情微变，想说些什么，阿璧已经站起身向外走去："看，雨停了。"

四

阿璧知晓神话传说大部分皆为真，因为她自己便是毕方。

青丘之诅，毕方一族亦受之。毕方曾为引灾之鸟，所及之处皆起怪火。后受诅，所有毕方成年之期将天降雷劫，劫后方可成年。

雷劫呈蓝紫色，稍有不慎便是灰飞烟灭。她心虚，秦方师姐误受雷劫极有可能缘由在她。想起那日模糊看到的二人的亲密状态，秦方又时常独自对着锁灵袋发呆，足以证明他和师姐的感情。

阿璧炼制魂器是为雷劫时固魂，而秦方所说的生魄之器，绝对不止那么简单。

能左右魂魄生灭的，只有神器。

阿璧还未完全成年，昏迷之时未尝不会漏出破绽。秦方阅遍古籍，单凭刚刚他听到毕方时的神色，便可知他早已知道真相。

挚爱师姐因她而死，想用她一条命来保师姐轮回并不算什么过分的事。

而且……阿璧见四下无人，握住手中分量极轻的云狮丹，低头一笑，眉目间皆是未曾有过的温柔与释然。

几月前，那雷劫虽被秦方师姐承受，但阿璧到底被波及，魂魄不稳。如今若再面对天劫，哪怕有魂器也难以抵挡。起初和秦方一起找材料，不过是不甘心想试试罢了。

知好色则慕少艾，秦方面容俊朗，见识丰富，举止体贴，临近成年之际的阿璧动心不过是一念之间。

为他的心上人而死，哪怕只是一种补救，大抵也能在他记忆里占有一席之地，挺好的。

五

本想在城镇中休息一夜再炼神器，哪知被雨搅了。阿璧不愿再拖，在前面带路，准备在林中找一片无人的开阔之地。

到达之时天边已泛白，阿璧回头对着秦方一笑，眉眼皆弯。“现在开始还是等天大亮？”朦胧雾气中，声音如水般柔和。

秦方晃了晃神，犹豫道：“开始吧。”说着取出各色材料，抬手间燃起青色火焰围住材料，只听见云狮丹发出轻响。

阿璧早就猜到秦方并非凡人，但见他面前的青色火焰仍是一怔，觉察哪里不对，不可置信地抬头，叫了一声：“秦方。”却见本该日出的天边突然瞬间被黑云覆盖。

天降异象，雷劫将至。

秦方像早就知道的样子，仍不紧不慢地做着炼器的准备。阿璧张张嘴，没有说出话来。再看秦方，终是发现了一直没注意的问题所在，是他的青色内袍的花纹。

章莪之山，有鸟焉，其状如鹤，一足，赤文青质而白喙，名曰毕方。

秦方……也是毕方。

电光火石间，阿璧根本无法思考。她听到秦方叫她的名字，抬头对上的便是对方温柔的笑脸，眼中含着不可错认的温情。

一声轰响，天劫已至。天雷对着她而下，无从躲避。疼痛未至，眼前蓝紫色的光却被耀眼的青色火光取代。火光中央是一只赤文青质白喙的单足鸟，轻轻叫了一声。

黑云散去，天已大亮。阿璧面前只有一个青色朱纹的盒子，上面放着秦方之前不离手的所谓的锁灵袋。抖着手打开，袋中哪有什么所谓的魂魄，只是一根淡绿色羽毛。低头再看，自己的淡绿色衣裳已经变为青色，衣角缀着赤色火纹。

魂魄稳固，她成年了。

六

哪有什么师姐？只是一个心肠丑恶，发现秦方身份，图谋炼器之火的过路人。那人引来天劫，妄图借此对付秦方得其骨血，却不小心被天劫所害，当场魂飞魄散。

章莪之山无草木，秦方幼时无聊闲逛，却看见一个被铮铮声吓得满山跑的小女孩。早先不过是想多看几眼热闹，拾一根掉落的尾羽，却没承想这偷偷一看便是几年。

如今护得她绿羽换青袍，倒也圆满。

最后一声轻鸣，意为：你好，再见。

师评·智匠创作微论

毕方还是秦方？看似关于修炼与魂魄的脑洞，其实是关于爱情和奉献的脑洞。“阿璧握住两个珠子，其中一个扔给秦方：‘你不是更高兴？’

秦方接住东西，眼中有些黯然，复又恢复如常，跟在阿璧后面向附近的城镇前行。”“目的相同却又不同，二人结伴而行，不提将来过往，互相照应，倒还默契。”“章莪之山，有鸟名毕方，性属精火，燃其骨血，可炼无上神器。”“为他的心上人而死，哪怕只是一种补救，大抵也能在他记忆里占有一席之地，挺好的。”“如今护得她绿羽换青袍，倒也圆满。”问世间情为何物？直教人生死相许。

毕方，引灾之鸟，其骨血却也可炼无上神器。阿璧和秦方，皆为毕方，是千年之约还是不期而遇？是前世之盟还是今世之约？助你渡天劫，护你绿羽换青袍，生命属于你，一生只为你，此是毕方。智匠创意两颗相爱的心，或许可有千形万状，唯情为真！

重生

——梦的童话告白（外一篇）

中文162班　宋璟霓

一

我不知道我的名字，我只知道所有人都叫我公主。

“公主出生啦！”

“公主？彩色国度的公主吗？”

“是的，听说刚刚一出生，整个王宫都被净化了。”

“公主的净化能力一定很强！太好了！我们有望拿到五十年一次的透明国度大会的参赛资格了！”

这是一个需要被净化的世界。整块大地由无数个小方块组成，这些小方块里面所蕴含的是对应着一个生命体或非生命体的精魂。如果物体被污染，精魂便不再纯净，污染愈严重，精魂愈混沌，在方块上直接体现出的是颜色将会愈深。当精魂被玷污到一定程度，方块的四周率先变黑，一点点晕染到中心。当整个方块变为纯黑之时，精魂便烟消云散，所对应的物体便会变为没有灵魂的生物，失去独立意识，将会被驱逐出世界，永世游荡在无人的虚静之中。

面对被污染了的事物，最好的办法便是净化，因此国家最抢手的职业便是净化师。但是，净化师净化污秽需要经过烦琐复杂的步骤，甚至净化那些被严重污染的物体会危及净化师本身的生命，因此这并不是最简单的方法。最简单的方法是透明人净化。透明人，顾名思义就是自己的小方块是透明无瑕的。他们净化的时候不需要过多的准备，只要找到被污染的事物所对应的方块在哪里，轻轻地触碰便可将其净化。不过，听说几千年来世界上只出现过两名透明人，一名在几千年前便陨落了，另一名便是父母惊慌失措生下的我。所以，透明人净化虽然简单，但是难能可贵。哦，对了，听说净化还有一种暴力手段，不过是整个世界的禁忌。所以直到现在，我也不知道是什么。

从城堡的阁楼俯瞰，晌午的骄阳照在城堡一方大地上，不会有绿草上的露珠被点亮成钻石，没有湖面闪耀波光粼粼，湖边树梢的斑驳不能在地面微晃，连城堡都无法在地面上倒映出它的影子。

我的国民为此感到骄傲自豪，因为城堡是全国上下最为纯净的地方，它的方块就是支撑着城堡的大地。这片大地，透明无暇。

“公主，我们找到城门上的第四十排第三千五百七十八列的砖块对应的方块了，请随我们前去。”

我放下手中的笔，合上日记本，看着窗外的无色世界。彩色的大地不美吗？

我所生活的国度，叫作彩色国度，在世界几百个国度里净化程度排几百名，完全是个名不见经传的国家，所以连世界报纸都没有报道过我的存在。世界上最盛大、最隆重、最受所有大大小小的国家所重视的透明国度大会，我们国家连参选的机会都没有过，只有那些净化度达到百分之五十以上的国家才能参加。参加这个大会，是我们国家子民子子孙孙共同的愿望。

在透明国度大会中，世界排名第一的国家可以得到透明人的子孙，并且免费征用净化师上百名。透明人的子孙是几千年前那透明人家伙的孩子，不知道现在还有没有血缘关系，所以上百名净化师的免费征用权才是最令人眼馋的。雇佣一名净化师的价格可以够普通家庭吃上半年的晚宴，就算是目前最纯净的国家也不过才有二十来个净化师为其王室工作。

大会之所以能够夸下海口说免费提供上百净化师的使用权，是因为在几百年前，处于世界中心的大会，创立了一个净化学校，每年都有几亿人从四面八方的国度赶去参加净化学校的入学考试，但最终真正能够进入学校的不过寥寥数人。许多没有本地净化师的小国都需要向大会租用一次净化机会，根据净化的程度不同，大会收费不同，派出的净化师等级也不同。如此一来，大会的地位在世界上便变得无可替代。

“公主，我们到了。”

眼前已经变紫的小方块周围隐隐有黑色，我轻轻摸了一下方块，黑色便迅速褪去，方块的紫色渐渐从中间消散开来，紫红、红色、粉色、淡粉，一点点变为透明，不过三秒的功夫。

“我们公主又净化出一个透明方块了！”

“透明的颜色，真是世界至美！”

周围的侍卫和百姓一阵欢呼，簇拥着我，载歌载舞。

我轻轻地将透明方块拿起，它冰凉没有温度，也没有任何颜色，至美吗？如此空洞悲凉的美。听说我出生的时候将整个城堡都净化了，生活在城堡里，每天低头都是透明的砖块，所有的景色都失去了本身存在的价值。我有种预感，那块巨大的透明土地，迟早会像无底洞一样将整个世界吞下。

由于现在的世界只有我一名不为世人所知的透明人，我们国家昔日里也没有财力和国力去大会租用净化师，所以我的秘密无人可诉。每当我净化一个精魂，其所属物的记忆便会浮现在我眼前，几秒如几世光阴。就在刚才，我看见，城墙上的那块砖，不过是偷偷藏了一颗米粒给新生的鸟儿罢了。

“尊贵的公主殿下，您一定很奇怪为什么如此举动就将精魂玷污了吧？”

抬头，看见一名行装怪异的男子，大红色的斗篷遮住了他过于瘦弱的身躯，与身材完全不成比例的大红帽压在他头顶。突然，他向我行了一个绅士礼，红帽完全掩盖单膝下跪的男子：“终于找到您了，我的公主殿下。”

“你是谁？”

二

我是大会直系单传的第三十五任大弟子——护法。

在世人眼中，大会是世界中心，是世界上唯一有资格培养净化师的地方，是无法取代的神圣之地。可对于从小在大会长大、从小接受大会净化教育的我来讲，大会不过是一个岌岌可危的落后社会。它封闭一切净化教育，甚至限制净化师的人身自由。净化师本应该和平凡人一样分布在世界的各个角落，拥有自己的家庭，享受自己的人生，却被大会禁锢在一方土地中。哪怕私自离开大会土地一次，都会被撤去净化师的头衔，被冠上不忠不义的名号。我曾亲眼看到过一个为了净化妻子私自离岗却再也回不来的净化师。妻子被丈夫净化后没日没夜地谩骂，不仅不关心被驱逐的丈夫，还以丈夫被撤去净化师头衔为耻辱，带着孩子私自离开了家。听说不久后，丈夫便离世，妻子又回到家庭，再嫁给了另一名净化师。

我自出生就由大会的长老轮流抚养，接受的教育和那些从外面选拔进来的净化师有所不同。外来的净化师叫后天净化者，他们只知道净化的方法：将方块浸泡在月圆之夜时雪山的雪水中，滴上一滴刚出生的纯白动物身上的血，用百年老树的树枝搅拌；当血色完全包裹方块，净化师需要双手合十，将方块放在中间，默念咒语，血色会吞噬精魂的不净，雪水的空灵将血色的残嗜融化，在净化师的咒语中一齐离开——这就是外来净化师的净化方法。

我和他们不一样的地方在于，双手合十夹着方块的时候，我只会看见精魂所残留的记忆，不会有任何其他的损失。而他们却是以自己的精魂作为代价，同咒语一起带走生命中最重要的精魂。根据不同的污染程度，净化师需要付出不同程度的自己的精魂。

所有淡色的精魂所需要的不过是净化师全部精魂的千分之一，而深色则是分等级的，最高级的黑色可以吞噬外来净化师的全部精魂。深色和浅色的界限在于被太阳直射时，影子是否形成于方块内部。如果影子形成于方块内部，那它的精魂便是深色。深色等级越高，在方块内部所形成的影子所占比例越大。

“什么！绝对不行。如果真的出现这种状况，我会杀了他。”

“几千年前我们就已经杀死过一个透明人了，现在再出来一个透明人我们也会采取相应的措施。”

“不可能！不可能再会有透明人的出现！护法，你别犯傻，为了一个不存在的透明人脱离大会，不值得。”

向大会提出的方案，被长老们一个个决绝地否定。

“所以心胸狭隘的你们，一辈子只能被封锁在大会的方圆之地！”

修葺得金光闪闪的殿堂，大堂正上方雕刻着张牙舞爪的龙，长老们坐的每一把椅子都镀上了金，反季节生长的植物种在大会各个角落。近几十年，大会变本加厉，欲望如洪水一发不可收，丝毫不考虑子民的感受，也不考虑那些被流放被驱逐的躯壳，更不关心一个人牵扯到的家庭。长老每年都在抬高大会净化师的租用价格，无法承担的小国只能眼睁睁看着心爱的国家从一颗石子开始直至烟消云散。虚空之静没有灵魂的生物一天天增加，世界上有灵魂的小东西却在减少。长老将提出质疑的人暗中杀害，对外宣布去了虚静的生物是因为对大会不忠诚，那些不留痕迹消失的国家是因为没有向大会进献才会举国消亡。

大会将世界如蝼蚁一般掌握在手中，全然忘记初心和使命。

我已下决心离开，不要这净化师头衔。走到大会门口，道旁有一个与金碧辉煌的大门形成鲜明对比的石碑，破破烂烂，早已爬满青苔：大会为民，净化为先。

我在一本古书记载上看到过，大会成立之前，精魂被污染几乎没救。那时候还没有净化师的出现，所以一旦染上色彩等于被宣告死亡。净化师的净化方法是由一名透明人发现的。他走遍世界每个角落，尝尽各种办法，除了透明人净化的方法，终于找到了普通但有资质的人可以净化精魂的方法。刚开始在小范围内召集子民进行实验时，用的是浅色系精魂净化，没有人发现净化师净化会消耗自己的精魂，于是各个国家慕名而来的人都向这位透明人讨教。国家的王室知道后，也派贵族前去了解。透明人看到人太多，又不全是有资质的，干脆就地兴建了一个学校，制定了学校一系列的规则。这就是大会的雏形，而那位透明人可以说是大会的创始祖。

当净化师白色的精魂被透明人触碰，净化师可根据自身的资质不同转变为透明人。可惜的是，几千年以来，没有一名净化师转化成透明人。在这期间，还发生了两件大事：净化师离奇死亡；创始祖消失不见。

净化师开始死亡时，创始祖还在。他发现了普通的净化师无法净化深色系的精魂，只有被他净化过的净化师才能拥有净化深色精魂的能力。那些被他净化过的净化师组成了净化学校的教师团队，即之后的大会长老。这支精英团队专门负责净化深色系灵魂，这是净化师的梦想。

后来水浑了，搅乱了一池清流。

当初如果不搞教师团队，也许不会有净化师之间的尔虞我诈，也不会有后来的恩怨情仇。

三（1）

“所以你找到我之后又能怎么样？”眼前穿着奇装异服的男子着实无法取得我的信任，我低头摆弄着琉璃，问道。

“能被您如此青睐，这小琉璃可真幸福。”那名自称为护法的人没有回答我的问题，自言自语着。

我瞥了护法一眼，示意不远处的士兵将这个人赶走。

“公主！我有办法让你们夺得这一届透明国度大会的第一！”

士兵纷纷停住脚步，空气凝固得没有一丝缝隙。停下手上对琉璃的净化，我抬头正眼看了他一眼：“如何？”

记忆被拉扯到母后去世的那一天。

“孩子，父王母后已经无法担任彩色王国储君的大任。我们一直以来都以你为傲，唯一的遗憾就是无法在有生之年看到我们国家参加透明国度大会。你父王走了，他孤独得太久，终于可以有个伴儿了。”母后消瘦了脸颊，不人不鬼地躺在病床上，缓缓地闭上眼睛。

“母后，别说话，好好休息。”我不忍心看见曾经芳华绝代的母后在岁月的洗涤下如此苍老无依，轻轻拍着母后的手背，哼起童谣：

叶子褪绿褪红咯，
花儿变成空气咯，
阳光不是金黄咯，
大海不会变蓝咯，
世界才会最美咯
……

三日后，全国缟素。彩色王国只有在皇室之人去世的时候才是纯白的，白得一点也不美，一点也不纯粹。

“公主，我的条件你答应吗？”

缓过神来，我看着护法，最终点了点头。

三（2）

我不可置信地瞪大双眼，方才还要赶我出去的公主，竟点头答应了我的要求。

“别愣在那里，去会议室详谈。”

彩色王国的会议室竟然不是白色的格调，而是偏木色系的深沉。我再次打量起眼前的公主。

游历各国寻找翻盘机会的几年来，我每天都得经历一次绝望，一遍遍地怀疑自己的选择，怀疑透明人的存在，直到游历到这个巴掌大小的国度。这里的人不会因为国家穷请不起净化师而发愁，不会因为触目所及是彩色而恐惧。他们说，他们有全世界最厉害的透明人公主。公主告诉他们，有朝一日彩色王国一定能变成透明的国度。公主还告诉他们，要在变得透明之前好好欣赏彩色的世界。我以为游说需要费很多口舌，不知道眼前这位寡言少语的公主脑子里到底在想什么。

“公主，我希望您能净化整个世界，推翻大会的绝对权力。”公主没有说话。

我抿了抿嘴继续说：“您可以先净化完您的国家，我有途径为您争取到透明大会的参赛资格。等您带领您的国家获得第一名，便帮助我净化除大会外其他地方的所有国家。大会，用第三种禁忌之法净化。”

“好。”

四（1）

四周全是不可思议的眼神，不可名状的议论。

“这是谁啊？怎么这么厉害！整个国家都被净化了吗？”

“透……透明人！这是透明人啊！”

“透明人？是什么？我怎么没有听说过。”

“天哪，她一定是圣人！”

护法做到了让我代表彩色王国参加今年的透明国度大会，我也要履行承诺，净化世界上除大会之外的其他国家。

我的手放在方块上，有色彩的精魂的记忆一个接一个充斥着我：小孩为了给母亲准备生日礼物，偷偷瞒着母亲在舅妈家做活；母亲为了让孩子不自卑，悄悄瞒下家里的经济状况；父亲一人在外拼搏，被贵族谩骂瞧不起，却写信告诉妻儿自己过得很好；叶子落在流水中，救了失足落水的蚂蚁；风带来的云朵下了一场不大不小的雨；嫩芽破土，用生命在低微的尘埃中呐喊……

这些……都是被污染的精魂的记忆。

记忆如同走马灯在我的眼前闪现，那些微弱的、争吵的、温暖的语言从四面八方传来，我仿佛置身于没有出口的洞穴中，黑暗被记忆点亮，在时空中忽明忽暗。前方出现了一个发亮的光点，我向光点前进，苍老而悠远的声音传来：

“在黑暗中看不清的色彩终将大白。远方的你，我的故人，使命犹在。”

四（2）

她疯魔了。

我的灵魂在半空中看见大会如残影消失，看见前来参加大会的国度使者如摔碎的玻璃裂开，看见我的肉体支离破碎，看见公主在拯救世界。

几小时前——

“禁忌的净化是什么？”

我担心地看着公主：“是毁灭，一旦开始便再也停不下来的净化。”

公主静止了一段时间，才开口道：“毁灭……”

我以为她会转身离开，没想到她却癫狂地笑起来。

“终于不用再遵循这个世界所谓的纯洁精魂规则了吗？”

我惊愕，公主说这话的时候流泪了。

“你看得见吗？你能看见吗？你看不见吧！从我懂事以来，就能看见那些精魂里所隐藏的秘密。那根本不是被污染的精魂，他们全都是有意义的精魂。他们会在记忆里笑，会哭，他们是有了感情的精魂，是最美的色彩。

“什么可笑的净化！那是抹去精魂最宝贵的记忆，让人活得像个机器，麻木、愚蠢、无知，然后人人称赞。你说毁灭？怎么能叫毁灭！那是拯救。”

公主离开，留下我一人目瞪口呆。我不过是想推翻大会的绝对权威，如今，怎么演变为这个模样？

转身，我的肉体和灵魂便分离了。

一切都如海市蜃楼，醒了。

师评·智匠创作微论

关于重生的脑洞，源于神奇五彩的方块。“透明的颜色，真是世界至美！”这是判断，是箴言。“大会将世界如蝼蚁一般掌握在手中，全然忘记初心和使命。”初心和使命是什么？“有色彩的精魂的记忆一个接一个充斥着我：小孩为了给母亲准备生日礼物，偷偷瞒着母亲在舅妈家做活；母亲为了让孩子不自卑，悄悄瞒下家里的经济状况；父亲一人在外拼搏，被贵族谩骂瞧不起，却写信告诉妻儿自己过得很好；叶子落在流水中，救了失足落水的蚂蚁；风带来的云朵下了一场不大不小的雨；嫩芽破土，用生命在低微的尘埃中呐喊……这些……都是被污染的精魂的记忆。”怎样的精魂才是最有意义和价值的精魂？这是关于真与善的追问。

童话，还是寓言？净化与污染，透明、白色、深色与彩色，透明人与精魂，净化师，学校，王宫与普通人，人心与人性……以一个小小的童话世界，智匠创意人间的大千世界。如何重生？如何净化？以童话演绎现实和理想的世界……

沉鱼珠

中文162班　宋璟霓

“夷光，你怎又独自叹气？”施夷光望着镜中蹙眉之人无奈发问。夫差待她至此，何求……“姐姐！姐姐！”殿门急促开启，那人竟不守规矩大大咧咧地进来。

“夫人，夫人，你不能……”身后的丫鬟无措地阻止。

“罢了，都退下。”施夷光无奈地遣散众人。眼前这女子她骂也骂不得，说也说不得。

旦儿是夷光在深宫中唯一的牵挂。

“你又在哪弄的伤来？”郑旦走近后，施夷光才发现她手臂的衣服被刮烂。“在吴国，你也不得当还在苎萝村。夫子教予的礼仪可有温习？”

郑旦随意扯了扯衣袖，倒来一壶茶后一饮而尽，还砸了砸嘴，才道：“姐姐，只有你我二人，何来礼仪相待？只有对着那吴王，才不得已虚情假意。”见施夷光有些责备的眼神，郑旦停住了话头，戏谑地看着夷光道：“你不会爱上吴王了吧？”

“旦儿！”施夷光娇嗔，坐到床幔边，用锦绣捂着脸不肯再说。

郑旦见此也不继续打趣。“伍子胥那老混蛋，又被我听着在吴王面前说你的不是，我这不一着急就拔了侍卫的剑嘛！谁知那小侍卫反应倒敏捷，竟一下子把我给擒住了。这伤多半也是那时候来的。”

郑旦讲得绘声绘色，施夷光在一旁听得心惊胆战。“你怎得如此莽撞！夫差可有处罚你？”

“他敢！”郑旦本激动起来，瞥见夷光的眼色，才讪讪道，“这不，我把你搬了出来，吴王也未为难我太多，只训斥了几句。小事……”

“小事！旦儿，你让我如何不担心你……”

“夫人，到时辰了，该侍寝了。”丫鬟怯怯地传话。

不等施夷光发话，郑旦率先离开，留下一串银铃般的笑声：“姐姐，就让吴王醉死在温柔乡中吧！”

红晕布满脸颊。这旦儿……

施夷光温柔地看着熟睡在她身旁的男人。

外界传言吴王好色，样丑。可在她眼中，吴王对她可谓“弱水三千，只取一瓢”。五大三粗不过是传言，吴王实则为俊美男子。

“夫差，何以报，何以还……”

“夷光……”不小心惊动了身旁的人。吴王睡眼蒙眬，抱着施夷光喃喃道：“夷光，与你一起被进献的女子，性子刚烈，也是难得一见的美人儿……”

旦儿……夷光心中泛起圈圈涟漪，轻拍上吴王的背：“夫差，睡吧。”

夫差不能爱上旦儿。

“夫人，叫奴婢何事？”

“夫差这些日子怎不见人影？”施夷光担心地问道。她怕夫差受风寒，怕夫差累着身子，更怕夫差对她的爱恋终止于此。

“回夫人，吴王这几日在郑夫人那儿。”

紧捏着手中的杯子，不可控制地颤抖。旦儿，你我可是注定要共侍一夫。泪从双颊滑下，夷光莲步移到铜镜前，早已准备好的妆容，却无欣赏之人。

旦儿，夫差只得为我一人之夫。

“夷光，前来拜见寡人，这，又是何行头？”

数十个下人抬着祀鼎大小的鼓进了大殿，将四个大鼓围成了一个圈。

只见施夷光着一身樱色碎玉粒子水袖长仙裙，水袖约长六米，上绣有金边牡丹，裙摆薄薄的一层下是一双诱人的玉足，黑色的木屐与夷光晶莹的肌肤相映。她朱唇轻启，眉眼流转，波光潋滟。

“夫差，夷光特意为你准备了这支舞，可赐薄面？”

“好，好，好！寡人这可要饱眼福了，哈哈！”

古琴缠绵的音律悠悠荡开，夷光轻舞着水袖在身前划出小小的弧度。箫声的加入使婉柔的大殿多了点点急切，夷光轻踩着木屐发出嗒嗒的声音，与琴声、箫声和着。长仙裙摆随着舞步的变换浮动，纤纤玉足也随之若隐若现。听得琴声缓了，听得箫声淡了，大殿中取而代之的是木屐清脆的嗒嗒声和不知何时挥动起来的长水袖。水袖重而有力地打在四周大鼓上，鼓点交织着响屐，施夷光穿梭于其中，如一粒红尘在乱世之中迷茫不知。倏地，夷光对上夫差的视线，她抿嘴一笑，既似坚定，又似无助，千万杂绪藏于眼中。

静了。

施夷光保持着结尾的姿势不动，吴王已然如痴如醉，迷离地看着大殿中央的美人儿。

良久，施夷光忽地坐在地上，木屐被摔得叮咚响。吴王亦不顾其威严，上前将她扶起。“夷光，可有哪里受伤？”

施夷光摇摇头，一抹算计浮上心头，眼泪像珍珠般落下。

吴王怎见得美人哭泣，轻声哄道：“夷光，寡人在此，可有什么委屈？”

夷光不答，只是无尽地流泪，吴王急了：“是何委屈不肯与寡人道来！”夷光泪眼婆娑地看了吴王一眼，又低下头啜泣。

“寡人命令你，不得有半分谎言，将事实明明白白地讲出来！”

她见吴王正色，才断断续续抽噎道：“夷光自小有一妹妹，与我同在越国长大。自小，她性子刚硬，我性子柔弱，越王将我俩一齐奉来，也好在这无亲无故的吴国有个照应。”她停下来酝酿着什么。

“夷光可是在说旦儿？”吴王见施夷光停下不说，便轻声问道。

夷光轻靠在吴王怀中，微微地点了点头。

“她可欺负你了？”

夷光闻言，又不住地流泪。“旦儿与其他女子不同的是，她好舞剑。前几日她来我这儿，手持着一把剑，我以为她又偷偷去学了新剑法要向我展示，可谁知……”

施夷光像是回忆起什么惊恐的事情，紧紧抱住吴王发抖。

“她拿剑指着我，像变了个人似的，说什么姐姐不配和夫差一同享拥江山！要不是丫鬟和侍卫及时赶来，夷光怕……怕早已命丧黄泉……”

不等施夷光把话说完，吴王的手指覆上她的嘴巴。郑旦那女人太可恨，吴王怒道：“来人，将郑旦禁足冷宫，听候发落！”

施夷光仍然抽泣着，心中却释然一片：旦儿，对不起……

“夫人。”

“可有消息？”

“她被派遣去了战场，探子亲眼看见她被乱箭射死。”

施夷光的心被揪了起来，眼前浮现着溪涧旁两名浣纱的布衣女子。旦儿，姐姐是否做错了什么？你如此敬爱的姐姐，竟逼你致死。

“可还有其他事情？”

“郑夫人留下了一封手信。”

“拿来。”

姐姐：

伍子胥那老混蛋定是在吴王面前说了我许多不是，吴王竟下旨让我一女子带兵上战场！好个武将！他将大部分精英队伍调走，给了我些老弱病残的步兵。这一去，我只怕凶多吉少。旦儿本就无依无托，可深宫中还有个傻姐姐。我这个傻姐姐，竟爱上了敌国的王。勾践和夫差的恩怨还得靠女人化解，真是可笑！罢了，罢了！人生不过一场秋梦，愿来世还能在苎萝村与姐姐一同浣纱。

旦儿

被烛火烧光的手信只剩下灰烬。施夷光双眼无神，泪已尽，话无言。

“夷光，只准犯傻一次。”

从此，她再见吴王已无爱恋；从此，她蹙眉不为君王；从此，她使尽心机手段留在吴王身边。

她要还一个越国给旦儿，她要保苎萝村的宁静给旦儿。

“姐姐，你长得多美啊！鱼儿看见你都忘记游泳给沉下去了呢！”

师评·智匠创作微论

关于四大美女之首“西施”施夷光的脑洞。“姐姐，你长得多美啊！鱼儿看见你都忘记游泳给沉下去了呢！”江山美人，向来是君王的两难选择，而亲情与爱情、家国之仇与夫妻之爱又何尝不是美人的两难选择？从“旦儿是夷光在深宫中唯一的牵挂”，到“夫差不能爱上旦儿”，再到莫须有的污蔑，“她拿剑指着我，像变了个人似的，说什么姐姐不配和夫差一同享拥江山！要不是丫鬟和侍卫及时赶来，夷光怕……怕早已命丧黄泉”，施夷光一步步被爱情冲昏头脑，背叛亲情。直到听到曾经亲如姐妹的旦儿被乱箭射杀的消息后才幡然后悔，“从此，她再见吴王已无爱恋；从此，她蹙眉不为君王；从此，她使尽心机手段留在吴王身边。她要还一个越国给旦儿，她要保苎萝村的宁静给旦儿”。然而，人死不能复生，如此作为，还有谁能一起分享？

西施和郑旦，两位千古美人之间故事的历史演义，没有着眼于越王勾践如何卧薪尝胆、吴王夫差如何好色误国的家国大事，而是从小处着眼，智匠创意男女之爱、姐妹之情的“小情小爱”所牵动的人心与人性对历史的影响。一切历史都是由人创造的，一切家国大事都是由千万个有血有肉、有情感的男男女女组成的。兴国、误国，江山、美人，亲情、友情，归根结底，总是人心。

外星人手札
——地球观察日记

中文162班　王圣洁

00

向母舰报告：

我已顺利到达地球。经过初步调查，这里十分适合生存，环境与母星情况相似。目前已成功附身于姓名为“温哲”的碳基生命体。

选择伪装融入或直接侵略还需进一步观察。

派遣员 WXR01

——电波受到干扰——

发送失败

发送失败

……

发送成功

“医生！ VIP 病房的植物人醒了！”

温哲睁着眼睛，躺在病床上，看着不断变化的天花板，被一群白衣服的人推着在不同的科室中快速移动，做着各项检查。

母星上已知的生物都是硅基生命体，除此之外，与这个星球上的生物相似点还是很多的，至少他和温哲的脑电波能够同步。这个星球的知识体系也与母星相似度极高。他现在已经成功接收了这个碳基生命体的全部记忆。温哲，男，华夏国人，20 岁，已经上了大学。最后的记忆是放假回家后，在和父母一起开车自驾游的路上发生了车祸。

天花板的样子又变成了最开始看到的那个。检查结束了，各项生命体征基本恢复正常。护工在温哲的旁边遵从医生的指示，慢慢地给他讲着他昏迷这段时间的事。温哲已经昏迷了快一年，他的父母在发生车祸后抢救无效，已经死亡。肇事司机是一位高官的公子，一个二世祖。车祸的前一天，他跟朋友喝酒唱歌玩了一整晚，第二天上午才醒，也不听别人劝阻在回去的路上飙车，于是就发生了车祸。不过，二世祖开的车安全性能倒是挺好，他只是受了皮外伤，养了几天就继续鬼混去了。温哲现在住在帝都最好的医院、最好的病房，主治医师是最好的医生，还请着最好的护工——这都是那个高官替他的儿子给温哲的赔偿。等他身体恢复后，就可以回到大学里继续学习。因为昏迷得太久，温哲的肌肉、体能都有不同程度的退化。不过既然已经清醒，就好办多了。等深入检查完毕，想必过不了多久就可以安排复健了。

温哲一边听着护工的声音一边出神，脑电波同步速度很快，但他现在还不能自如地控制这个碳基生命体的身体。不过听护工的意思，复健时即使他做出不自然的动作也不会引起别人的注意。嗯……等复健完毕，他应该就可以成功伪装成地球人了。

温哲慢慢地陷入沉睡。这个身体的状态不太好，而且他“旅行”了很久，不管是精神上还是身体上都十分渴求休息。

他不知道自己这个派遣观察员的工作要持续到什么时候。

母星上的资源已经枯竭，他们观察了很久才找到地球这个同样适合生存的星球。但是这个星球上也生活着许多生物，直接入侵太过于霸道，于是就决定派遣他先来观察一番。如果这个星球上大部分的居民行为都是有害的，那么他们就要直接入侵，也算是为这个星球除害，同时也能够得到他们所需的资源；但如果不是，他们会选择和平的方式。一切只是为了让他们能够继续生存下去。

希望能够顺利收集到更多地球和人类的信息。在陷入沉睡之前，他在心里默默想着。

01

向母舰报告：

我正逐渐掌握这个碳基生命体身体的支配权，一切顺利。近期在观察医院范围内人类的活动情况。目前认为，这些碳基生命体行为很奇怪，并且充满矛盾，可能不便于大范围伪装，需要更深入观察。

与母舰联系的电波受到干扰，请尽快排查原因。

派遣员 WXR01

——电波受到干扰——

发送失败

发送失败

……

发送成功

温哲的复健很顺利，最近已经可以扶着走廊的栏杆自己慢慢走路了。这几天的天气不错，医生建议他每天去外面走走，晒晒太阳。

再过一段时间就要到夏天了，现在的阳光不是特别刺眼，在太阳下感觉身体暖暖的，很舒服。温哲走在住院部后的小花园里，努力地控制着自己的身体。对他来说，没有扶手的辅助，走路还有些困难，不过他可以感觉到每天都有微小的进步，相信很快就能恢复。或者说，他很快就可以完全支配这个身体了。

温哲缓缓地走到花坛边上的长椅旁准备坐下稍做休息，一个清脆的童声在他身后响起："温哲哥哥，又出来晒太阳吗？"

那是一个只有十岁的小女孩。她拉着温哲的手小心地扶他坐下，然后从病号服的口袋里掏出什么东西攥在手心里，又把两手放到身后鼓捣半天，最后举起两个肉乎乎的小拳头，笑嘻嘻地问："哥哥，你猜今天的糖在哪只手里？"

温哲伸出手轻轻地碰了一下小女孩的左手，她笑得更开心了。张开左手，里面是一颗彩色糖纸包着的水果糖。"哥哥，这回猜错了！哈哈！"他正感到奇怪，只见小女孩又张开右手，手心上还躺着一颗水果糖。

"奈奈，我们该回去了哟！"

听到父母在前面叫她，小女孩把两颗水果糖都塞进温哲的手里，一蹦一跳地跑到了父母的身边，又回头向他挥了挥手离开了。

奈奈是他第一次去小花园的时候认识的。那时候，他还没有开始复健，护工推着轮椅带他到花园晒晒太阳，呼吸一下新鲜空气。小女孩性子很活泼，还是个自来熟，每次见面都会送给他一颗糖。听她父母说她得的是白血病，不过现在病情很稳定，医生说治愈的可能性很大，他的父母也稍微放心了一些，由着她每天出来玩一会儿。

温哲晒足了太阳就回病房了。走廊里的人不多，只看到几位护士轮换着休息，忙里偷闲地聊聊天。一位孕妇走到护士站，里面坐着的几位护士看见她就笑着说："张姐，怎么又跑过来了啊！我们几个就这么让你不放心吗？"张姐是住院部的护士长，怀孕期间也一直坚持上班，简直是工作狂。因为再过十几天就要到预产期了，这才从岗位上退了下来。

张姐笑着顺着她们的打趣应道："是啊，我就是不放心啊。"她抬眼看到了扶着栏杆走到护士站附近的温哲，也笑着打招呼："小哲，怎么才从外边回来？复健还顺利吗？"温哲沉默了一会儿，答应了一声。

"唉，你这孩子，还是这么不爱说话。"张姐叹了口气。自温哲醒后已经过去几个月了，之前也由她照顾了一段时间，因为他是 VIP 病房的病人，医院的高层都很重视。这个孩子总是沉默着，不是在出神就是在盯着别人看，也不知道他在想些什么。他很少主动与其他人交流，偶尔别人向他搭话才会有些回应。所以，张姐总是担心之前的事故对他的心理造成了一些影响，于是会经常主动找温哲说说话。

张姐刚从工作岗位撤下来，还有些不习惯这么“悠闲”的生活，总是想给自己找点事情做，一直在病房里躺着也不舒服。现在看到了温哲，就想陪他一起走走路，聊聊天，正好她挺着肚子也不方便走太快。两人一起慢慢走着，张姐会和温哲说一些她在医院工作这些年碰到的有趣的事、有趣的人，他也会做一些回应表示自己在听，路上有病人看见了还会友善地跟这个认真负责的护士长打招呼。

走着走着，温哲停下了脚步。他注意到一间病房外的椅子旁边放着一个小桌子，桌上放着一个显得有些旧的保温杯，一位看上去七八十岁的老爷爷靠着椅背沉沉地睡着，旁边的椅子上还放着一个鼓鼓的包。他皱着眉，脸色也不太好，显得有些疲惫。

张姐见温哲不走了有些奇怪，顺着他的目光看去，也注意到了这位老人。张姐微不可查地叹了口气，说道：“李叔叔这些天都是在病房外边的椅子上睡的。他老伴陈阿姨最近病势不太好，他不放心。老爷子每天都在这守着，他们的儿子倒是一次都没见来过……”医院有严格的探病时间规定，过了时间之后家属是不能待在病房的。她们护士虽然能理解家属的心情，但是规定就是规定，她们不能私自违反，只能劝解，家属不听她们也没有办法。看老爷子的脸色就知道这些天根本没睡好，也不知道他儿子是怎么忍心让一把年纪的老父亲每天这么辛苦的。

已经到了中午，张姐送温哲回到他的病房，刚好护工从食堂打饭回来，也邀请张姐一起。张姐的丈夫自从她住院待产之后，每天中午都会来医院给她送饭，陪她一起吃，于是张姐借了护工的手机给丈夫打了个电话，叫他把饭拿到温哲的病房。VIP 病房里只有温哲一个病人，空间却很大，足够几个人一起吃饭了。

饭后，张姐和丈夫回她的病房休息，温哲也准备午睡一会儿，为下午的复健治疗积攒体力。为了让肌肉和体能恢复正常，他最近已经开始尝试使用器械了。虽然可能进度有点快，但是他希望尽可能快地掌控这个身体，还有很多需要他做的事情在等着他。

复健治疗完成后，天色已经有点晚了，温哲回到住院部，像平常一样慢慢地走路，不过没有长时间地扶着走廊的栏杆，只在必要的时候借助栏杆稳定一下身体。每天他都会在每个楼层走一遍再回自己的病房，就像给自己加了一节“复健课”一样。在他走到三楼时听到一阵嘈杂，一群医生护士涌入一间病房，病房外一位老人手里捧着保温杯坐立难安，旁边还有一位孕妇好像在对他说着什么。

是那位李老爷子和张姐。

温哲走了过去，就听见张姐在说一些安慰的话，不过老人显然没有心思听。他很紧张，神色中还有些恐惧。张姐看到温哲过来，也没有说话。

过了不知道多长时间，医生护士都从病房里出来了，表情沉重：“请您节哀。”

原本是硅基生命体的他其实并不懂得感情，他还不理解这四个字对于这些碳基生命体有多大的分量。温哲只看到老人仿佛被抽空了力气，身体几乎不能站稳，表情也呆滞了下来，眼泪从他的眼中滑落，在老人布满皱纹的脸上留下两道晶莹的痕迹。老人抬手放在左边胸口，好像很痛苦的样子。

老人倒了下去。

02

老人很快被送到急诊室抢救，张姐送温哲回病房。“陈阿姨是因为脑血栓住院，今天突发脑梗死，没有抢救回来。而且老爷子本身就有高血压和心脏病，再加上陈阿姨去世这一打击……唉……”张姐叹了口气，陈阿姨发病时她刚好在护士站，因为和老人比较熟悉，而且也不放心他的身体，她才一直陪着老人守在外边。

第二天，温哲起床整理一番后又打算出去晒太阳，但今天的天有些阴沉沉的，给人感觉有些压抑。护工随口说了一句：“今天可能要下雨啊。”温哲打消了出门的想法，还是在楼里多走走吧，如果真的下雨了，万一滑倒就不好玩了。

在护士站又碰到了张姐，张姐招手让他和她一起坐到一旁的椅子上。温哲还是不怎么说话，只是听着护士们聊天。护士们聊着聊着就说到了李老爷子。昨天抢救了很久才把老人从死神手里拉回来，现在正躺在病房里还没清醒，但是他那唯一的儿子还是没露面。老人和老伴都是很和善的人，但他们的儿子却不是。二十多岁的时候，他们的儿子带着家里的积蓄跑出去，说是想闯荡一番，几年后回来却是一副落魄的样子，钱全部都败光了，还欠了一屁股债，陈阿姨住院的这段日子也不知道又跑去哪里了。不过女性聊天的话题总是转变得很快，温哲也不知道什么时候护士们的关注点就到了最近新出的电视剧上。

啪嚓——轰隆——随着外边的雷声，一个男人突然出现在楼梯口。他的头发和身上都是被淋湿的痕迹，温哲这才注意到已经开始下雨了。男人张望了一下，然后视线停滞在护士站的方向，快速地走了过去，恶狠狠地对里面的护士说了些什么。护士看了看手中的册子，也说了几句话。又打雷了，温哲没听清他们的对话。

男人离开了护士站，跑向同层的一间病房，刚好撞上医生从里边出来。只见他揪起医生的白大褂，语气不善地咆哮着。

"你们这些医生是怎么治的病？有没有医德？啊？你们这些庸医！赔我的经济损失！"

"这位家属，请不要激动！"几位值班的护士立马跑了过去，试图把两个人拉开。但几个人都是女性，力量也都不太强，拉不开两个大男人。张姐用护士站的座机给保安室打了个电话，也跟了过去。一位护士拉住了男人为了打医生而扬起的手臂，几乎用尽全身力气才阻止他挥出拳头。男人觉得这位护士太过碍事，想要先解决这个"麻烦"，于是放开了医生，把护士的手从他的手臂上扒下来，又用力把她向后一推。护士的注意力一直在阻止男人揍人上，猝不及防地被推了下，一时没有反应过来，眼看就要摔倒。张姐下意识上前准备接她一把，但是男人的力气太大，再加上护士的重量一起压了过来，不只人没接住，自己也摔倒了。

孕妇应该时刻注意不要磕碰摔倒，而且张姐很快就要到预产期，正是危险的时候。张姐摔倒后立刻感受到了疼痛，不只是磕碰到的地方，腹部也疼了起来。

“疼……”张姐疼得冷汗都快下来了，脸色也变得惨白。被推倒的那位护士急得几乎要哭出来，立刻打电话通知了妇产科医生，不一会儿就有一群医生护士赶到把张姐带走了。

保安终于赶了过来，把再一次扭打在一起的男人和医生拉开，然后架走了那个仍然在不停叫嚣着让医院赔钱的男人。

这个碳基生命体不会感恩的吗？温哲围观完全过程后默默地想。虽然他的母亲在这家医院去世了，但是医院毕竟也帮助他救了他的父亲啊！造成现在这个状态的罪魁祸首反而更应该是他才对……温哲觉得有些不太理解。

可能……这就是所谓的推锅？

温哲摇摇头，想要把这种想法从脑中甩出去。嗯……应该是因为他接触的人太少了，观察得不够。还是要快点完成复健治疗，出院才好。

晚上吃饭的时候，护工告诉温哲张姐已经生了，母子平安，但是因为早产了几天还有过磕碰，母子两人都有一些虚弱，不过多休养一段时间也就没有什么大碍了。那个医闹的男人被拘留了，后续还未知，左不过是赔点钱了事。

接下来的一段日子，温哲基本上只在复健治疗室和小花园出没，偶尔去看看张姐和她的孩子，也算过得比较充实。终于，无论是精神上还是身体上，在九月到来之前，他已经恢复到了车祸发生前的状态。

办好了出院手续，和张姐她们一一道别之后，温哲走出了住院部的大门。

在门口，他看到了一对有些眼熟的夫妇，他们依靠在一起，温哲看不清他们的情绪。好像是注意到有人在盯着他们看，妻子抬起头，刚好撞上了温哲的视线。她愣了一下，匆忙地用手在脸上擦了几下。

温哲突然有了不好的预感。

“小温，要出院了吗？恭喜。”妻子笑得很勉强，眼眶还是红红的。

“是的。请问，是发生什么事了吗？”

妻子终于控制不住，眼泪从她的眼中滑落。她连忙用手将脸遮住，背过身去。尽管有在努力地遮掩，但肩膀的抽动还是暴露了她的情绪。

心底的那份不安更加强烈了。

“奈奈……走了。”丈夫的眼眶和鼻子也有些红，几乎压抑不住哽咽，“奈奈的病情突然恶化，一点预兆都没有……真的是……”

心脏突然一阵抽痛。

谁能想到，那个总是笑得像天使一样，会向他撒娇、缠着他一起玩的小女孩会这么突然就离开了这个世界呢？

向母舰报告：

我已成功支配这个身体，现已出院。最近第一次感受到了那些碳基生命体说的心痛的感觉，但还没有理解这种感觉是怎么出现的。

近期观察的结论：人类这种碳基生命体十分脆弱。

母舰处究竟发生了什么？如果收到了我的报告，请回复！

派遣员 WXR01

——电波受到干扰——

发送失败

发送失败

……

发送失败

——电波中断——

03

向母舰报告：

这些碳基生命体的善与恶太过复杂，目前我还无法完全理解。

如果母舰收到报告，请回复。

派遣员 WXR01

——电波中断——

发送失败

……

自从温哲回到大学里，已经过了半个月。他因为车祸事故休学了两年，所以他要继续学大二的课程。因为耽搁的时间太久，学业上出现了些问题。原来在同届里温哲也算是拔尖的学生，但是现在——表演系的课程大多需要理解体会人物的感情，温哲在这方面退步太大了。不过他的学习能力很强，这也是他们选择他来当派遣观察员的原因。在医院的那段时间，他就已经将脑电波同步来的这个星球的知识全部化为己用——虽然也是占了些母星的知识体系和它相似的便宜。这半个月里，学院的高层甚至学校的高层都对他很关照，即使他“退步”很大，也会把一些好的机会主动提供给他，当然这都是因为那位高官对他的“补偿”。但是其他的同学并不知道，所以他经常可以听到别人在背后窃窃私语。

“这样就能博取老师、主任、院长的同情，让他们主动把好的资源机会送给他。我也想当一回植物人啊。”

“今天他不是去试那个剧的角色了吗？希望他不合适，哈哈哈哈。”

“哈哈哈哈哈哈哈。”

温哲从外边回到宿舍，就听见门内的人这样说着。他打开门走了进去，就看见这个四人宿舍里除了他，另外三个人都一脸不自然的样子。温哲盯着刚才说“想当植物人”的人，那是这间寝室的舍长。舍长很快就恢复成平常那一副老好人的样子，他推了推眼镜，微笑着说：“你回来了啊。出去一整天，你的身体怎么样？有没有不舒服？”

他们大学在国内影视文化艺术界有很高的声誉，表演系、导演系等都算是华夏国比较顶尖的了，还经常会为学生提供一些与大牌剧团、导演合作的机会。这次本来学校给了表演系一个和剧组合作的名额，这部剧是由一位演艺圈中非常有名的导演——阮婴琪指导的，她拍摄的电影都有不错的票房。这一次拍电视剧是想要尝试一下新的形式与题材，很多学生都很想抓住这次机会进入这位导演的视线，为以后的工作铺路。舍长算是这一届学生中的佼佼者，也是有力的竞争者之一，谁知道温哲这个空降兵一来就抢走了这个机会，据说还是学校高层直接拍板定下来的。而且这个温哲还经常被带去与一些大师见面，这都是作为一个普通学生没有资格去的。

“还好。”温哲放下背包后到浴室里冲澡。其实他早就感觉到在他回到学校后就暗暗地被排挤。那些原来在车祸发生前经常和温哲混在一起的同学，也就是在他回来后象征性地对他表示一下关心，知道他经常得到一些好的机会后见到他就对他冷嘲热讽一番。不过他并不在意，他只是来观察人类的而已，懒得和这些人计较。但是时间长了也不免觉得这些碳基生命体对他的恶意让他有些喘不过气。他们已经过了那种因为嫉妒、看不惯而幼稚地欺负别人的年龄，可是这些虚伪的关心、恶意充斥在他的周围，令人无法忽视。而且，他本来就是对周围人的情绪很敏感，观察也很细致的人。在医院时，他还只是作为旁观者看着周围的人和事，来到学校之后，也算是亲身体会了一把。

他觉得他对这些人的观察应该是足够了。

今天去试的角色是一位酒吧的老板，虽然在剧中戏份不多，却是一位串联起所有故事的重要人物。阮婴琪觉得温哲的相貌很好，气质温润，话不多，让人感觉有些神秘，很符合她对调酒师的想象，仿佛这个角色是为他量身定制的。她不满意的只有一点，虽然温哲对于人物的理解和把握都不错，演戏的技巧也很棒，但是对于人物感情的演绎总让她觉得有些欠缺。这个角色表面上有些冷淡，内心却很温柔，是个会耐心地倾听顾客们的故事的人。阮婴琪见离正式开机还有一段时间，就建议温哲去找一份兼职，刚好这个角色也有一点调酒的戏份，正好趁这个时间学一学，让角色增加一些真实感。

冲完澡出来，温哲发现他的手机上收到一条短信还有几个未接来电，都是来自同一个号码。他先打开短信，上面写着：我是苏林。我知道一个正在招调酒师学徒的酒吧，如果你想去看看的话就给我回个短信吧。

苏林和他同校，是导演系大四的学生。学校给了导演系一个机会，可以让一个学生在阮婴琪导演身边学习，他得到了这个名额。他俩刚好今天一起去见阮导，就认识了。苏林性格大大咧咧的，是一个有些单纯且会为别人着想的人。

温哲给他回了短信表示想去，刚发送成功，一个电话就打了过来。

“喂？温哲吗，你想去的话，我们明天就可以去那里看一下，正好明天周日。那家酒吧环境还是不错的，老板酒调得特别棒。”苏林的声音跟他的性格一样，就像一个大男孩，很阳光很爽朗。

“嗯，好。”消息送上门，温哲也没理由不接受。

“那我们明天下午一点在学校大门口见。”

提前五分钟到达学校大门，苏林已经在那里等着他了。一看到他，苏林就像个孩子一样向他挥手。温哲加快速度，刚走到他身边，苏林就风风火火地拉着他往公交车站走。那个酒吧不算太远，但也不近，公交车坐几站才能到。

上了车，两人刷卡之后往公交车里边走了走，找了一个靠窗的地方站好。车里乘客不算太多，但很吵闹。温哲听了一会儿，好像是有乘客逃票，在和售票员吵架。

“车票只要一块钱而已，你坐人家的车给钱是天经地义的事，还是别吵了吧。”旁边一位乘客看不下去，劝解了一句。

“我逃不逃票关你屁事！多管闲事！滚一边去！”

“嘿！你这人！”

一直到苏林温哲下车，他们还在吵。

那是一家名字叫作柒月的酒吧，下车后很容易就看到了。苏林带着温哲熟门熟路地从后门进去。现在还不到两点，酒吧还没有开始营业，但是已经有员工在做营业前的准备了。柒月是一家清吧，里面很大，装潢摆设以深褐色、黑色为主，很有格调，灯光是会让人放松的暖黄，看着就让人很舒服。

“哥！你想要的徒弟我给你带来啦！”刚一进去，苏林就大声喊道。

“扑哧！”一位女员工没忍住笑了，“小苏来了啊，怎么还是这么活泼。”

“桃子姐，我哥呢？”

这位女员工叫陶梓，身边的人都叫她桃子。她继续擦着吧台的桌子，回答道：“老板好像还在楼上睡觉吧，一直没下来。”

“那我去上边找他。”苏林一边跑上角落里的楼梯一边说，“温哲，你就在这等一会儿吧。桃子姐！拜托你给我朋友弄点喝的。”

陶梓给温哲拿了一杯果汁，一边有一搭无一搭跟同事说着话一边干活。温哲有些无聊，端着果汁默默地看着门口的招聘启事。几分钟后，苏林从楼上下来，后面还跟着一个看着比他要大上几岁的男人。男人名字叫殷赫，是这家店的老板，也是苏林的亲生哥哥。他们父母离婚，殷赫跟了母亲，改姓母姓。虽然父母离婚了，但兄弟两个关系一直都很好。苏林经常跑到哥哥的酒吧玩儿，初中高中的时候还被老师误解，以为他是个经常泡酒吧的不良少年。

温哲来之前，苏林就跟殷赫说了他的情况。殷赫对于招的学徒也没有什么要求，只要有心思学就可以了。温哲也觉得这里很合适，学调酒也好，观察人类也好，在这都可以做，还能得到一些工资，一举三得。虽然学徒工的薪水很少，但是他还有着一大笔事故的赔偿金，并不缺钱，等电视剧拍完也会有些钱进账。

“如果你觉得可以的话，明天就可以过来学调酒了。这里晚上七点才开始营业，不过你可以早点来，平常两三点会做一些营业前的准备工作，不会耽误你上课。如果有事不能来的话也可以请假。”殷赫看着温哲说。

“我觉得这里挺好的，可以。不过……”温哲顿了一下，“我刚才看到招聘启事上写着，学徒好像可以包住？”

好像没有想到他会这么问，殷赫有点惊讶：“是可以，可是你们不是要住在学校的吗？苏林也一直住在学校的啊。”

“我们学校在这方面很灵活的。”苏林说，“我之前一直住在学校是因为要上课啊，如果学生想住在校外也没什么不可以。”

“这样啊……”殷赫思考了一下，“如果你不觉得去学校麻烦，住在这里也可以。在这住的只有我一个，苏林偶尔来玩的时候会住一晚，还有一个空房间可以让你住。”

“住在这里，你能够学习调酒的时间还多了，也不错。”苏林说。

殷赫带着温哲去楼上看了看，那个房间有个很明亮的窗子，采光很好，床、桌子、柜子都有，还有一个独卫。温哲感觉很满意：“那我这几天就搬过来吧。”

04

殷赫是一位好老板，他对他的酒吧很重视，从酒单精细的标注上就可以看出来。店里所用的酒，品质他都是尽可能选择最好的；用的冰也会选用透明坚硬气泡少的冰，再手凿成冰球；用到的水果汁也会选择鲜榨，而不是瓶装的。

殷赫还是一位很有经验的调酒师。柒月是一家日式酒吧，殷赫最擅长制作古典鸡尾酒，他调酒的技术很好，对用酒的量把握精准，所有调酒的工序他都相当谨慎地完成。人们对于优秀调酒师的评判标准他几乎全部符合。殷赫在工作时间总是穿着一身整齐的西装三件套，偶尔也会穿带有正装元素的半休闲服，把他本就出色的外貌、气质衬托得更加出众，这帮柒月留住了很多客人。调酒师是一个容易耍帅的职业，许多好的调酒师都有很多粉丝，他作为一个长相气质技术都很好的调酒师当然也不例外。殷赫虽然平常表情有些冷淡，但他其实是一个很温和的人，只是刚一接触的时候容易被他外表的冷漠吓到而已。不过现在也有很多人很吃这套，说是反差萌。

同时殷赫也是一位好老师，对于完全是门外汉的温哲十分有耐心，细心地教他所有他掌握的调酒知识。在他的指导下，温哲很快就入门了，再加上他也是个刻苦的人，只要在店里有空闲的时间就会去做练习。没过多久，他调酒的样子就变得像模像样的了。

晚上营业时，柒月的熟客总能看到殷赫指导温哲调酒，偶尔也会善意地让温哲给自己调一杯。这些熟客对于鸡尾酒的要求都很高，品尝后还会为他提出一些很有用的建议。

“小哲的进步很大哟！今天的酒比我上次来柒月的时候调的口感好上许多。”坐在吧台的一位女顾客轻轻地笑着说，“感觉再过一周小哲就能出师了！”

殷赫平常很少有表情的脸上也浮现了些许不易察觉的笑容：“还早呢，小哲才学会几种酒的制作方法啊？他还有的学呢。”他是觉得这个学生挺好，观察细致，记忆力好，也肯吃苦练习，能教一个这么省心的学生他也很开心。

“哥，阿哲，我来啦！”苏林每个周末都会来柒月住两天，这周也一样。不过，这次他没有一来就钻到二楼放他带来的东西，而是直接向吧台走过来。苏林打开背包，将一个订好的册子递给温哲。

温哲翻开一看，是阮婴琪导演的那个电视剧的剧本。之前阮导又去找编辑把剧本重新打磨了一遍，前几天才全部改好，让苏林帮忙带给温哲。

“什么时候开始拍？”

“唔……应该是下周，还不知道具体哪天。明天我还会去跟着阮导学习，到时候帮你问她。”

“谢谢。”

温哲向殷赫请了假，想在开机前熟悉一下剧本。虽然他的戏份不多，但是他也很重视这个角色，毕竟他为这个角色准备了这么长时间。

在开机之前，阮婴琪又叫温哲过去，因为他还是个学生，可能会对剧本人物理解不到位。她是一个比较和善的导演，也很照顾后辈，想要提前一点为这个她很看好的璞玉说一说戏，帮他找找感觉。可是看到温哲现在对于酒吧老板的演绎，阮婴琪有些说不出话，实在是和她想象中的这个角色无限贴近，甚至某些方面还有超越。酒吧老板那有些冷淡平静的表情下隐藏的温柔和体贴被他表现得淋漓尽致。如果说第一次见面时温哲只是和她想象中老板的外表气质有些相似，那么现在他整个人已经成了这个剧本中的角色，他在演戏时那一点对人物感情的欠缺已经不再是他的短板。而且酒吧老板会调酒这个设定，能做到最好，不能的话删掉也没有什么问题，不会对剧情主线有影响。出乎阮婴琪意料的是，温哲调酒的动作很熟练，才学了几个月调酒，调出的味道就让她这个外行觉得很不错了，看得出来是下了很多功夫的。

听着阮婴琪对他不停地表示赞赏，温哲松了一口气。

苏林在阮婴琪身后挠头，他怎么觉得温哲演的人那么眼熟呢。

几天后，电视剧《浮生》终于开机。为了照顾还在上学的温哲，阮导先安排集中拍有他的戏份。这个剧是随拍随播的周播剧，在每周六周日的夜间播放，一天两集，一周会放四集，这四集是一个完整的故事，有些像单元剧。这个有着一个文艺范名字的电视剧，讲述的是来到名为浮生的这个酒吧的人身上的故事，用温哲所饰演的酒吧老板将这些故事串联起来。阮婴琪只是想做一个尝试，将电影的文艺片改成电视剧，而《浮生》的主题，也只不过是想要给别人讲讲故事，告诉人们平凡的人生可能也会发生不平凡的故事而已。她也不敢抱多大希望，所以把播出时间放在了很晚的时段。

这个剧中每个单元故事的主演几乎都是阮导的朋友，想要陪着她一起疯一次。他们听了阮婴琪对温哲的描述，对他有些感兴趣，在他开始拍戏后也看到了他对于酒吧老板的演绎并不是阮导太过夸张。虽然在他们这些前辈看来还有一点青涩，但第一次演戏就能如此出色已经很让人惊喜了。

而且，他们觉得温哲调的酒味道也不错。

两周后，温哲的戏份杀青了，准备离开剧组。阮婴琪和其他和他有过对手戏的演员都来送他。阮婴琪揉了揉温哲的头发，笑着祝福他，希望他以后能够更加出色。其他几位演员前辈也拍了拍他的肩膀，说期待以后有机会再和他合作。

因为《浮生》还没有拍完，苏林还要继续跟着学习，所以温哲先一个人回学校找辅导员老师销假去了。辅导员是位女老师，已经不怎么负责教学了，因为年纪比较大，总是会把学生看作自己的孩子一样，他们学院的学生都很喜欢这位老师。在学院里行政方面工作不忙的时候，她也比较清闲。她给温哲销完假，温柔地说："这两个星期拍戏辛苦了，我也看了《浮生》的宣传片，前两天电视上已经开始播那个剧了，你在里面表现得很好。身体还好吗？今天的课先别上了，快回去好好休息一下吧，明天再来学校上课。”温哲说了声谢谢，就离开了辅导员的办公室。

“哎哟！我当是谁呢，原来是我们学院的大明星回学校了啊！连着拍了两个星期电视剧，你那小身板还撑得住吗？哈哈哈哈哈！”

温哲路过教学楼的时候，刚好碰到同班同学下课，一群男生挡住了他往学校大门走的路。他们脸上带着嘲讽的笑容，故意想要让他生气。温哲的视线从他们的脸上扫过去，发现这群人都是和他原来的宿舍长经常混在一起的人。也是，如果不是温哲空降过来，那个角色很有可能就会是他的了。温哲一路过来，发现很多女孩子都会盯着他看。苏林在电视剧开始宣传、正式播出之后都看过微博上的反响，说是很不错。他调酒的动作还受到很多专业调酒师的肯定，再加上阮婴琪和参演的大牌演员转发了《浮生》官博上的预告片、动图，很多关注他们的粉丝都认识了温哲这个新人。酒吧老板这个人设本就带着近期人们审美上认为的“萌点”，再加上他的外貌也是受欢迎的那种类型，在剧中穿的衣服是更加衬托男人气质和相貌的西装三件套，就算他是一个木头，光看外表也会有很多人对他产生好感。更何况他并不是木头，演技反而比其他新人的平均水平高出一大截，就更是吸粉。舍长的相貌也不差，所以一看到温哲现在如此受女生欢迎，心理就更加不平衡了。

“大明星，赶紧回去好好歇着吧！哈哈哈哈！”

他们虽然这样说着，却仍然没有让开路。温哲淡淡地看着他们，面无表情，眼中也没有任何情绪。虽然没有表情，但这些心里不舒服的人会自动脑补他的情绪。其中一个人见他没有理会他们，感到胸中燃起火气，觉得他是在看不起他们这些人。他恼羞成怒地吼道：“你是什么意思？还是说你是个哑巴？连个屁都不敢放！”

“没有。”温哲开口，“我只是觉得你们这样挺有意思的。”

另一个人啐了一口，说：“是吗？我们可没觉得。”

温哲沉默着，倒是一边围观的女生说了一句：“不如别人，心里不平衡就要在这堵人，算什么男人！”这个女生和他们同班，也知道男生在背地里很排挤温哲，今天这一出是什么原因她也算清楚。班里大多数女生都不会像男生那样排挤他，除了对他之前受到的无妄之灾的同情，大概也还有他其实并没有侵犯到女生利益的原因——阮婴琪的剧本来就是只给了男生一个名额，她们也抢不到。“你们还是先练好演技再来堵人吧！”

“或者去整个容，改个气质？这么暴躁怎么可能受欢迎呢？”

“你们！”

温哲看着觉得挺可笑的，也没掩饰，一丝笑容出现在脸上。那几个男生看到他笑了更是恼羞成怒，握紧拳头冲上来想要揍他。

温哲不想和这些人打起来，但躲避防卫还是要做的。在母星上他学过一些反击的招数，而且他为了学习调酒特地锻炼了手臂上的肌肉，把那些招数转换一下，借力把这些人推到另一边，他还是能够做到的。人在恼怒时的攻击总是很散乱，温哲很快找到了空子钻出人堆，离开了学校。

他还有更多的事情要做，没有精力为这些不相关的人浪费时间。

向母舰报告：

近期大概理解了，这些碳基生命体做出的我们认为的不合理的举动，都是基于他们的情感。但是关于这些他们生来就带有的情感，大概还需要更深入观察，甚至体会一番才能彻底明白。

如果母舰收到报告，请回复。

派遣员 WXR01

——电波中断——

发送失败

……

05

向母舰报告：

近期的观察工作进展有减缓的趋势。为了维持报告频率，可能会发送一些与人类观察无关的事情。

希望母舰能够早日修复通信电波。

如果母舰收到报告，请回复。

派遣员 WXR01

——电波中断——

发送失败

……

向母舰报告：

这些碳基生命体中，母亲这一角色大概更加割舍不下自己的孩子。

前面报告中提到的人类苏林经常被叫到早就已经和父亲解除婚姻关系的母亲家里吃饭，这次殷赫也邀请了我一起去。可以从他们的母亲的眼神和对待他们的细节中看出她对孩子的关心。

如果母舰收到报告，请回复。

派遣员 WXR01

——电波中断——

发送失败

……

向母舰报告：

殷赫的生日快到了，苏林这些天都拉着我在商场中打转，为他的哥哥挑选礼物。他总是在担心殷赫不喜欢，总是要问我的意见。但我觉得殷赫不会不喜欢家人花了很多心思，只为了让他开心而选的礼物。

人类所说的关心则乱可能就是他这样吧。

如果母舰收到报告，请回复。

派遣员 WXR01

——电波中断——

发送失败

……

向母舰报告：

最近又有机会拍戏了，也认识了很多其他演艺圈中的前辈，这些前辈都很享受演戏的过程。苏林也很热爱导演这个职业，他现在正在拍毕业的短片，看得出来虽然很忙，但是很开心。

殷赫说我过于无欲无求，不知道我在什么时候会觉得开心。其实我现在还不太理解这种情绪，一直以来都只是按照安排的路线走而已。

如果母舰收到报告，请回复。

派遣员 WXR01

——电波中断——

发送失败

……

向母舰报告：

我已经基本上学会了殷赫所有会制作的鸡尾酒，剩下的只是练习的问题了。没有课也没有工作的时候我还是更喜欢待在柒月里，店里的环境让人感到安心，也方便我进行观察人类行为的工作，虽然这项工作已经很久都没有进展了。

如果母舰收到报告，请回复。

派遣员 WXR01

——电波中断——

发送失败

……

向母舰报告：

放假之后，苏林和殷赫一直在计划着去哪里玩，也让我给他们提提意见，可是我并不知道地球上哪里好玩。

最近每天都练习调酒到很晚，所以起床也比较晚。今天还没有睡醒就被他们架到车上，彻底清醒之后发现我们到了一个环境很不错的郊区。不过既然来了，就好好享受一下吧。

如果母舰收到报告，请回复。

派遣员 WXR01

——电波中断——

发送失败

……

向母舰报告：

今天去爬山了，苏林起床失败，只有我和殷赫去了。路上他问我毕业之后想要做些什么。我对于未来还很迷茫，这些年和母舰失去联络，我不能确定以后会是什么样子。

他说作为朋友，无论我做出什么选择，他和苏林都会支持我。

人类之间的友情原来就是这样的啊……

如果母舰收到报告，请回复。

派遣员 WXR01

——电波中断——

发送失败

……

向母舰报告：

没想到在这种小地方会有这么正宗的英式酒吧。店主，也是那家店的调酒师，是殷赫的好朋友。我这些天都泡在那家酒吧里看他调酒，他的Signature酒饮制作得非常棒，我对于这种酒饮的调制方法也很感兴趣。店主很和善，知道我在学习调酒，也教给了我一些调制Signature酒饮的方法。我有些迫不及待想要回到柒月练习了。

我好像是找到了自己的爱好。

如果母舰收到报告，请回复。

派遣员 WXR01

——电波中断——

发送失败

……

向母舰报告：

今天又和苏林、殷赫一起去他们的妈妈家里吃饭，她把一套西装三件套送给了我，说是作为大学毕业的礼物。她思考了很久，听殷赫说比起外出工作我更喜欢在店里待着，又想到我经常在店里帮忙招待客人，才选择了适合调酒师工作的这套衣服。殷赫和苏林说我穿上的样子很好看，尺码很合适。他们的妈妈看到我穿这套西装的时候显得很高兴。

不知道为什么，我也觉得有些开心。

如果母舰收到报告，请回复。

派遣员 WXR01

——电波中断——

发送失败

……

向母舰报告：

毕业之后好像大部分时间都在店里练习调酒，除了熟悉的前辈介绍的一部剧之外都没有再拍过戏。阮导今天突然打电话来问我是否不想继续演戏，还开玩笑地说很后悔让我去学调酒，都耽误我在演艺圈的发展了。不过我还是很喜欢那种演绎别人故事的感觉的。

如果母舰收到报告，请回复。

派遣员 WXR01

——电波中断——

发送失败

……

他觉得他最近发给母舰的报告越来越像日记了，感觉自己总是在写一些无关紧要的事情。

他每天一遍一遍不停地尝试，盼着有一天能够再一次看到“发送成功”这四个字，可是没有。自从电波中断后，就再也没有发送成功过。这已经是与母舰失联的第四年了，也是他来到地球的第五年。将近一千五百封未发送的报告保存在草稿箱中，他把它们都设置成待发送模式，一旦电波重新连接上，这些报告就会自动发送出去。

今天正好有空闲的时间，于是他将这些没有发送成功的邮件从头到尾看了一遍。有些想笑，也有点笑不出来。

一直以来，他都是把自己摆在旁观者的位置上，让自己置身事外。但现在，他已经逐渐适应了与人类相处的方式，甚至开始明白人类的感情是什么样子。

他都没意识到，他已经变得越来越不像原来的那个只有理智存在的硅基生命体了。

他叹了口气，开始编辑今天的报告。

向母舰报告：

今天看了所有之前没有发送成功的报告，渐渐体会到人类所说的“思念”和“孤独”是什么感觉了，可能就是我现在心里的感受吧。虽然有了一些朋友，但还是总会觉得自己是个异类。很想念母舰上的大家，不过大家即使看到我也可能会认不出我了吧。

如果母舰收到报告，请回复。

派遣员 WXR01

——电波中断——

发送失败

——电波受到干扰——

等待中

发送失败

发送失败

……

发送成功

他震惊地看着他刚写完的报告下面的电波状态突然变成“受到干扰”，而且正在排队。他身体有些僵住了，睁大眼睛看着草稿箱中的报告数量慢慢减少，眼睛变得酸涩了他也仿佛感觉不到一般，直到最后这一封也终于从“发送失败”变成“发送成功”。

06

“阿哲，你最近好像心情不错的样子啊。发生了什么好事吗？”苏林看着脸上带着些许笑容的温哲问道。今天柒月不营业，他把温哲和殷赫约出来一起在外边吃饭、看场电影，再欣赏一下帝都的夜景。

“嗯……可能是吧。”

虽然还是没有收到母舰的来信，但能将报告发送出去也让他悬着的心放下了许多。

温哲有些沉浸在自己的世界里，回过神就听到殷赫喊着“别乱跑”，才发现苏林已经蹿出去很远了。殷赫叹了口气，有些无奈：“这个臭小子，怎么还是这么毛毛躁躁的，就不能像阿哲你一样沉稳一点吗？”

他们两人顺着苏林离开的方向找过去，发现他趴在一家数码器材店的柜台上向售货员问东问西。这段时间，他一直在用手机拍摄一些视频素材，但是因为没有合适的设备，拍出来的效果苏林总是不太满意。他很中意一款有防抖功能的运动摄像机，问了很久，好像是决定要买了。苏林一摸口袋，愣住了，他居然忘记带钱包了！手机也放在了哥哥那里！他回过头，发现温哲和殷赫在他身后不远处抱着手臂看着他，有些窘迫地缩缩脖子。

最后殷赫还是帮他买下了那款摄像机。他把包装袋塞到苏林怀里，腾出手用力地揉着苏林的头发：“下次还敢不敢乱跑了？你还是小孩子吗？一到外边就乱跑。真不知道你和阿哲到底是谁年纪比较大！”

他没忍住被逗笑了，其实温哲和苏林是同年生的，不过苏林是年初，而他是年末，相差了半年多。他也觉得自从和苏林认识，自己就像有了一个弟弟一样。

还是年龄差距很大的那种。

“阿哲！你怎么也笑我啊……”

吃完饭，看完电影，已经到了深夜。三个人在附近的广场上散步，温哲听着他们兄弟两个斗嘴，突然觉得这样平静却也不失乐趣的生活也很有意思。他笑着，时不时也顺着殷赫的话开几句苏林的玩笑，看着他跳脚的样子实在是有趣得紧。

广场的中心有一个喷泉，即便是夜晚也会兢兢业业地按时喷水，许多还没离开的小情侣都在这里等待观赏这人造的美景。他们三个男人在这里散步倒是显得有点奇怪。整点，一道道水流喷射出来，不停地变换着组合的方式，配合着灯光，引来了人们惊叹的声音。

突然，天空中划过一道亮光，它拖着长长的尾巴，将深蓝色的夜空划为两半。

人们的注意力几乎立刻就从喷泉上移开了，温哲他们三个也抬起头。

一道又一道亮光，点亮了整个夜晚的天空。

时间仿佛停滞了，所有人都睁大眼睛看着这些星光划过天际，看着这些星光逼近大地。即使人造的喷泉再美，也比不过这一刻自然呈现出的盛景。

“最近……有预报过会有流星雨吗？”苏林喃喃着说。

温哲突然感到一阵心悸。

又一道星光迎面划过他们的头顶，温哲转身顺着着它的方向跑去。他不知道为什么，只是冥冥之中有一个声音一直在催促——快去追它！快追上它们！他有种预感，如果他不这么做，他一定会后悔。

风声在耳边呼啸，他不知道自己已经跑了多远，穿越了多少个街区，也不知道自己身处何处，更不知道前路在哪里。而那道星光早已不知去向，只在深色的夜空中留下了一点还未完全消失的尾巴，映照着它的来路。

殷赫现在肯定很无语吧！才刚说过他沉稳，他就跟苏林一样不顾他们乱跑了。他苦笑着，自己居然还有工夫想这些。

可能是因为风吹的原因，他觉得自己的眼睛刺痛得有些难受。

苏林和殷赫终于找到了他。

他一个人仰着头，呆呆地望着天空。

即使周围的光线并不是很明亮，那个人脸上的泪痕他们也能够看得清清楚楚。

亲爱的孩子：

我们还算是很幸运，时间足够我们读完你所有的报告，也能趁着最后的时间回复这封信给你。

你已经开始从一个仅有理智的无机质向鲜活的生命体转变，我们很高兴。这样，至少我们可以放心，你能够融入人类并生存下去。

你的派遣观察员工作结束了。

我们祝福你，今后在地球上的日子平安顺利。

来自母舰

第二天的新闻报道中说，昨晚突然出现的流星雨落在地球上的“陨石”其实是一些类似宇宙飞船的碎片。专家认为可能是因为太阳系某个小星体爆炸引起的冲击波，让一些人类留在宇宙中的“太空垃圾”碎片靠近了地球，在它们接近地球时由于受到地球引力的吸引而进入大气层，造成了昨晚那场无与伦比的流星雨。

没有人会来接他离开了。

向母舰报告：

不管这些人类是否有趣，本性是善也好，恶也罢，今后我都将会作为一个人类，在这里生活下去。

带着你们的祝福一起。

温哲

——电波中断——

发送失败

是否存入草稿箱

[是] 否

他将它锁了起来，放在他认为最难被找到的地方。

虽然失去归处，但他其实并非一无所有。

“阿哲！”

他起身，将那扇总是被他关上的房间门打开，迈步走了出去。

师评·智匠创作微论

关于外星人的脑洞，可以时空无限。“他不知道自己这个派遣观察员的工作要持续到什么时候”，因为他有特殊的使命。“母星上的资源已经枯竭，他们观察了很久才找到地球这个同样适合生存的星球。但是这个星球上也生活着许多生物，直接入侵太过于霸道，于是就决定派遣他先来观察一番。如果这个星球上大部分的居民行为都是有害的，那么他们就要直接入侵，也算是为这个星球除害，同时也能够得到他们所需的资源；但如果不是，他们会选择和平的方式。一切只是为了让他们能够继续生存下去。”而情感是地球人最为本质的特点，“虽然失去归处，但他其实并非一无所有”。爱与情感，可以传递，可以感染，可以生长，可以为之放弃一切曾经。

《外星人手札——地球观察日记》，这是一个关于外星人在想入侵地球获得资源之前，先派一个观察员来观察地球的故事。而最终的结局，观察员永远留在了地球。智匠创意从最初的非情感世界到情感世界的变化，是从外星人到地球人的变化，这大概也是地球人类最丰富、最美好的特质之一，也是最宝贵的特点之一。

青春心绪

都是我不好，
有的时候没有考虑到别人的感受。
和大家在一起，
我真的发现了自己很多不足。
我以后一定会努力地去改正，
以前的错误希望大家多多包涵，
原谅我好吗？

贾振宇和齐丹和粽子博

中文182班　贾振宇

情景一

【篮球场上，全校篮球联赛总决赛即将开始。】

（队友们在热身，齐丹坐在场边神情沮丧。）

【画外音（中文182班的同学们）：中文182班加油！齐丹加油！】

（以前同学们的加油声还在他的脑中回荡）

【比赛开始】

中文182班的同学们：加油！加油！（同学们努力地为场上的同学加油）

粽子博：别太沮丧了。

齐丹：我怎么能不沮丧？现在我什么也做不了。

粽子博：我们可以给场上的队员加油啊！

齐丹：加油有什么用？没有我，球队根本就赢不了！

（出乎意料，贾振宇今天表现神勇，最终帮助球队赢了比赛，并因全场拿下

30分而获得MVP。所有人跑到齐丹面前。)

贾振宇：队长，我们赢了！

其他同学：是啊！我们赢了，我们是最棒的！

齐丹（面无表情）：扶我回寝室。

情景二

【第二天，教室，晚自习】

粽子博：有个好消息，我相信大家都已经知道了，我们班昨天获得了全校总冠军。（全班鼓掌）我知道，带领班上拿下总冠军，一直是齐丹同学的一个愿望，下面大家用热烈的掌声欢迎篮球队队长讲话。（掌声再次响起）

齐丹：恭喜你们得了总冠军，还是让MVP贾振宇来说吧！

贾振宇：啊！我啊……我也不知道说些什么好，还是我们队长来和大家说几句吧！大家鼓掌！（掌声响起）

齐丹：关我什么事？要你讲就讲，哪来的那么多废话！（齐丹大声喊道，同学们都停下掌声，不知所措。齐丹气愤地走出了教室。）

（齐丹走出教室，一个人走着。他觉得所有的人都抛弃了他，一种以前没有过的孤单正在他心中蔓延。）

情景三

【晚自习前，教室里一群同学在议论。】

贾振宇：好像今天是粽子博同学的生日，我们大家准备一下，给她个惊喜好不好？

同学们：好！

（一群人围到一起叽叽喳喳地商量着……齐丹独自趴在桌上发呆。下了晚自习，同学们匆匆离开了教室，只剩下齐丹、粽子博、贾振宇三人。）

贾振宇：班长，我有事想找你聊聊。

粽子博：啊，可是我和新哥约好了。

贾振宇：没关系，我们一起走吧！跟我来。

（贾振宇带着他们来到了楼下的草坪上。同学们正端着蛋糕，唱着生日歌：祝你生日快乐！祝你生日快乐！祝你生日快乐！）

粽子博：谢谢！谢谢大家！我太高兴了。谢谢！

同学乙：这都是贾振宇的主意，说要给你个惊喜。他如此对你，嫁给他。

众同学：嫁给他！嫁给他！（同学们起哄）

粽子博：打死你们。嗯……以后贾振宇就是我的好哥哥了。

同学们：好！好！好！

（齐丹转身走开了。当粽子博回头找他的时候，已经没了人影。）

情景四

【教室，刚下课】

同学甲：今天一班想和我们班打场篮球赛，大家去加油好不好？

同学们：好！

【篮球场，全部同学都到齐了，却不见齐丹。】

贾振宇：雪竹，队长人呢？

粽子博：不知道。可能脚伤还没好，到医务室去了吧！

同学们：哦，那我们等下一起去看他。

贾振宇：是的，比赛开始了，加油！我们再拿下一次胜利送给队长好不好？

篮球队员们：好！

（球赛激烈地进行着。教学楼教室窗户边，齐丹看着球场面色沉重。最后三班输掉了比赛。）

情景五

【晚自习，在教室】

贾振宇：队长，今天你到哪去了？我们一直都在找你啊！

同学甲：是啊！队长，等你脚好了，我们再和他们来，一定可以赢他们的。

齐丹：你们有没有我不都可以赢吗？

粽子博：哥！

齐丹：今天大家都在这，我说下，我决定退出篮球队，队长由贾振宇来担任。

众同学：啊！为什么啊？（同学们面面相觑）

（之后的日子里，齐丹很少和同学们说话，一般都是坐在最后一排睡觉发呆。另一方面，贾振宇外向的性格在同学之间获得了好感，还因为积极配合班长工作而受到班导的多次表扬。）

情景六

同学甲：我有个提议，今天下了课之后我们全班去操场上玩游戏好吗？老鹰抓小鸡，还有丢手绢。

同学们：好啊！好久没玩过了，好怀念小时候啊！

贾振宇：是啊！我以前玩这个可厉害了。（同学们一阵大笑）

齐丹：我还有事，没兴趣玩这么幼稚的游戏，先走了！

班导（正好出现在门口）：齐丹同学，我有事和你聊聊，请你出来一下。

班导：最近有什么心事吗？

齐丹：没有。

班导：哦？我最近却有件心事。以前有个同学非常开朗，对班集体的事情非常热心，我非常喜欢他，同学们也一样。可是，最近他不见了，如果你看到他的话，就告诉他，我还有同学们都很希望他能再回到我们大家的身边来，好吗？

齐丹：……

情景七

（粽子博单独找到了齐丹）

粽子博：你怎么了？最近老是这样什么事都不闻不问。

齐丹：没什么事，还用得着我过问吗？有你的好哥哥贾振宇在不就可以了吗？你们大家不很好吗？还管我做什么？

粽子博：你知不知道自己在说什么啊？同学们都很关心你。

齐丹：呵，他做什么事都是在针对我，是为了抢走我的位子！你们都被他骗了！

粽子博：你只是在毫无理由地嫉妒他。你误会他了。

齐丹：我误会了？他得到了本来是我的MVP，离间了我和同学们的关系。还有，还有……

粽子博：还有他让真正的齐丹不见了，让原本乐观、自信、善良的齐丹变成了一个自私、极端的小人。

齐丹：对，我就是个自私、极端的小人，那又怎么样？反正你们都不在乎我，你们所有人都离我远一点最好。

（粽子博看着他，闭上双眼走开了。）

情景八

（天空下起了大雨，齐丹独自一个人坐在篮球场上沉思，班导的那句话在他脑袋里回荡。粽子博最后的那个表情，始终让他觉得似乎是自己错了。还生气吗？似乎没有了，甚至现在他都找不出个借口解释自己为什么生气。他就这样坐在雨中一直沉思着……粽子博躺在寝室里，听见外面的雨声，两行眼泪流了下来。）

情景九

【班上，正在开班会】

班导：同学们的表现一直让我非常满意。大家都很团结，就像生活在一个大家庭里一样。但是我感觉大家似乎还可以再团结一点，那样我相信我们的班级一定是个更棒的班级。没有一个同学会让我失望，任何一个同学都不会让我失望的。那么接下来就请同学们说说自己的看法。

粽子博：身为班长，我希望班上的每一个同学都真心地去和大家交流。有一些小误会、小矛盾、小摩擦，我相信，那只会让我们之间的友情更加深厚。

贾振宇：都是我不好，有的时候没有考虑到别人的感受。和大家在一起，我真的发现了自己很多不足。我以后一定会努力地去改正，以前的错误希望大家多多包涵，原谅我好吗？

齐丹：我因为自己的一些思想包袱疏远了和大家之间的距离，加深了误解，同时也使自己堕落了好一阵子，希望我以后会做得好一点。贾振宇同学，对不起，能原谅我吗？（向贾振宇伸出手）

贾振宇（紧握齐丹的手）：没关系，大家以后还是最要好的朋友。

（班上响起热烈的掌声）

情景十

（齐丹和贾振宇同时出现在操场上）

齐丹：听说你以前是长跑冠军，不过现在你遇见了我，就不再是了。

贾振宇：去你的！我还是冠军，不信我们比比。

齐丹：好啊！来！我叫开始！1，2……

贾振宇：你小子抢跑！看我追过你。

齐丹：这叫技术。

（站在远处的粽子博看着两人嬉戏，露出了开心的笑容。）

师评·智匠创作微论

同窗之谊，手足之情，关于同学之间的脑洞如何打开？“你小子抢跑！看我追过你。”“这叫技术。”

青春心绪，就是如此，有小小波澜，却又坦诚不羁。

对于男生而言，友谊更多地不是体现在彼此间的言谈话语，而是青春的矫健身影：是球场上挥汗如雨的潇洒奔跑；是赛场上自尊、自强的拼搏竞争；是在汗水与泪水中融合而来的坦荡和真诚。男儿有识，当包容大度；男儿有错，当敢作敢当。

人间正道

一念之间，
人可以为善也可能行恶。
什么样的灵魂是高贵的？
为自己还是为他人？
这会给世界不一样的未来。

灵魂测试营

中文171班　杨雨嘉

人物：热心人（据说喜欢帮助人）

黑豹、虎子（两人都是A测试室成员）

郝人、甄诚（两人都是B测试室成员）

地点：灵魂测试营（如果在舞台上，准备两个道具门）

时间：热心人死后两小时

背景介绍：灵魂测试营是通往地狱或天堂的驿站，专门为每一位逝世的新人提供相关条件，让每一位新人选择自己喜欢的室友，最终通过环境适应性考核，分别进入地狱或天堂。今天迎来一位新成员——热心人。

【旁白：热心人刚拿到灵魂测试营报名表，走进测试营大门。他知道，今天的新闻会报道，自己为了帮助一位年轻女士拿回落水的包，奋勇跳入水中却不幸身亡。想到这里，热心人不禁嘘了一口气，轻松地挨个寻找测试营中能让自己满意的室友。】

场景一

【旁白：热心人来到A测试室门口，听到半掩着的门里有说话声……】

热心人（贴近门口）：这间看起来不错，干净整洁，我喜欢。

黑豹：哎，菜园里的菜还没有长出来。今天又是发一米长的勺子吃饭，这生前在书上看到的场景的确呈现在我们面前了——用长勺子吃饭根本够不到自己的碗，都说天堂里大家都用长勺子互相喂食，地狱的人却……

虎子（急躁地打断黑豹）：地狱的人是因为冷漠无情，结果都输给了自私。不过，今天我也得告诉你，想让我用长勺子喂你，不可能。你饿死我都不会给你的！

热心人（站在门外，自言自语）：天哪，这里的人估计都得下地狱，我还是赶紧走吧……

黑豹（抬头看见热心人，急忙拉着虎子跑向门口）：哎呀，来新人了！怎么不敲门进来呢？我们很欢迎你的。

虎子（打开门）：就是，就是！快请进，快请进！

热心人（看着虎背熊腰的两人，连连摆手）：不用，不用了，我只是经过而已，我是另一间屋子的人，我……

黑豹：别呀，我和虎子都很热情。除了饮食暂时不行，其他不会亏待你的。

虎子（赶忙接上）：就是，就是，不会亏待，不会亏待，新来的也顶多干个苦活，和我们一起每天去菜园浇灌而已。

热心人（吓得惊叫一声）：真的不用了，你们忙，你们忙……

（说罢，热心人飞快将黑豹、虎子两人房间门关上，赶紧去往下一间。）

场景二

【旁白：热心人心惊胆战，一路小跑，来到了B测试室门口。】

热心人：A房间的人太可怕了，我不想饿死。现在这间屋子看起来还行。这个门，老旧，但显得朴实。（说罢，将耳朵贴在门面上。）

郝人：甄诚呀，您生前当医生救了那么多人，太钦佩您了！来，这是肉丸子，我用长勺子喂您。您多吃点，吃慢点，不够了还有。

甄诚：哎呀，怎么那么客气呢？你不还当过局长的吗？我们今天能在一起居住，不都是因为您生前提拔了好多人才吗？

郝人：您过奖了，应该的，应该的。

热心人（笑着点点头，轻轻敲门）：您好，请问有人吗？

甄诚：来了，来了，稍等。

郝人（看着热心人，温柔地问）：是今天新来的吧？欢迎，欢迎。

甄诚：欢迎加入我们，我们都等着入天堂呢。

（三人互相热情拥抱）

热心人：有什么需要我帮助的，尽管说，我们一起努力！

郝人：放心吧，第一次来只要每天坚持完成新人的任务就可以了。我们每天都吃得很饱，也很充实……

甄诚（接着说）：不会像隔壁练习室那些人，配定的饭食都不吃，只顾自己，不帮别人，每天都过得那么辛苦，还要自己栽菜自己吃。

热心人：现在都是自己人了，有需要你们尽管告诉我，我特别热心，会帮很多忙的。

【旁白：热心人觉得终于找到了最好的室友，三个人聊得很投机。】

场景三

【旁白：第二天，测试营管理员推着满满一锅汤菜进来了。】

热心人（迫不及待地打开盖子）：啊，怎么那么黑？简直是黑暗料理嘛！

郝人（同样看着黑乎乎的一团汤菜）：怕什么，自己的这一份，最后都是喂给别人的……

甄诚：就是就是，管他什么黑暗料理。歌谣都唱：只要用长勺子喂饭给他人吃，就能去天堂了。

【旁白：说着，甄诚和郝人拉着热心人坐下，强行用长勺子把食物塞进热心人的嘴里……】

场景四

（回到舞台中央，把道具门撤下。）

【旁白：灵魂测试营的成员们经过几个月的测试，终于迎来了毕业典礼。管理人上台发言，揭开了测试营的秘密。】

管理人：经过几个月的生活测试，通过考验大家面对不健康的汤菜食品时所做出的反应，得出以下结论：下地狱的是用长勺子喂他人吃饭的成员；上天堂的是不用长勺子而自己种菜吃的成员。下面请大家谈谈自己的感想，然后就可以去报道了。

黑豹（很激动）：感谢测试营给了我们互助互爱的机会。我和虎子两个人是孤儿，生前加入过黑帮，但遇到善良的孤儿院老妈妈后，明白了人生在世要行正义。我俩是在一次卧底抓毒贩的过程中不幸身亡的。面对黑暗料理，我们怎么也不忍心用长勺子喂给对方吃……

虎子（赶紧接上）：对对对。好在有菜园，虽然每天浇水施肥很辛苦，但我们吃的是放心食品。我也很感谢我的室友在我最饥饿的时候鼓励我要坚持。

黑豹、虎子（同时）：下辈子，我们还要做好人！

管理人：恭喜你们俩通过测试进入天堂。希望你们以后投胎人世，多做善事。

（黑豹和虎子互相搂着退场）

热心人（哭丧着脸）：真没想到，我在门外听到的和后来所认为的都是错的！原来，在测试营，用长勺子喂饭才更冷漠啊……这两个可恶的室友，生前骗取他人的钱财，现在还要骗得我也下地狱……我真后悔啊……

甄诚（默默地自言自语）：听说下了地狱还要下油锅，我真的不该害人又害己啊……

（热心人和郝人、甄诚哭泣着离开……）

管理人（看着热心人，摇摇头）：哎，可惜了。热心人这个小偷，生前打着帮助他人的幌子偷东西，临死还装成热心人帮别人下河找包，不料却被水冲走了……还以为他死后会有改观……真是咎由自取，恶有恶报啊！

【剧终】

师评·智匠创作微论

天堂与地狱，一念之间，是关于灵魂善恶的脑洞：一念之间，人可以为善也可能行恶。什么样的灵魂是高贵的？为自己还是为他人？这会给世界不一样的未来。

以灵魂测试智匠创意人性的善恶，以形象的故事传达哲学的思考与追问。人性的善恶只在一闪念间，却通向了人间的天堂或地狱。这传递了“莫以善小而不为，莫以恶小而为之”的人性信念与准则。

锦书难托

茔茔蔓草，岁岁不老；
风雨如晦，死生为谁。
茔茔蔓草，岁岁不老；
风雨如晦，死生为谁……

不老梦

——改编自同名歌曲《不老梦》

中文172班　王琦

画外音

女童：茔茔蔓草，岁岁不老；风雨如晦，死生为谁。茔茔蔓草，岁岁不老；风雨如晦，死生为谁……

过路人：小友，叨扰一下。请问，沿这条小路下山，多久能寻见人家啊？

女童：你是外乡人吧？山脚有条小溪，溪边就有人家，小半时辰就能到，不远的。

过路人：哦，多谢小友啦。你方才念的童谣新鲜得很，未从别处听到过，可是有什么故事？

女童：有呀。你可听说过，淮南国翁主刘媗与振翊将军韩衿的故事？

第一幕　情窦初开

（衿坐石上翻书入神，媗由其身后悄悄上。）

嫣（团扇敲其头顶）：又在这儿装斯文！

衿（吃痛哎哟一声，讪讪一笑）：今早又被卫青将军训斥了，说我读书太少，日后就是立了战功，于军中也难服众。

嫣（了然地哦了一声，抢他手里书卷）：那让我瞧瞧，你在看哪篇圣贤书呢？（嬉闹一阵，嫣后退两步，佯作威胁）不许过来！（嘻嘻一笑，看书上内容）野有蔓草，零露溥兮。有美一人，清扬婉兮。邂逅相遇，适我愿兮……（玩味地看他一眼，抿笑逗弄）你可知道，这写的是何意？

衿（干咳一声，摸摸鼻子）：还，还没来得及看懂呢……

嫣（原地转上那么一圈，歪头再笑）：这啊，写的就是我这样的姑娘，让人瞧了喜欢，遇见了，就忘不掉啦。懂了没？

衿（半信半疑，又不敢再问）：啊……啊？啊！懂了，懂了。

嫣（满意地将书卷还他，有些羞怯地再问）：下月十五是我生辰，府里太过吵闹，我不喜欢，想出去走走。你，你能不能……

衿（收敛笑意）：黄河决口于濮阳，陛下派十万兵士前去救灾，命衿前去督查，三日后便启程。

嫣（笑容凝固，拉他衣袖相问）：即日去，何时归？

衿（语气略有歉意）：我也不得而知。想来赈灾过后，我便要去戍守襄阳了。

嫣：其实，其实我一直倾心于你！娘说，姑娘家不可这般不知收敛……可我，我怕你走了，再开口，不知要等多少年了……

衿（静默几秒，摸了摸她后脑，宽慰笑笑）：乖，你还小。再过几年，你长大了，我也安定下来了，那时再谈此事也不迟。

嫣（又惊又喜）：那你这是答应了？

衿（笑）：傻丫头。（看看天色）时候不早了，我该回营了，你也快些回去吧。（往台下撤）

嫣（招手）：记得写信来，我等你啊！

【画外音（女）：那之后的三年，刘嫣只见过韩衿一次。她缠着闹着，跟长姐

去了一趟襄阳。隔着高高的城门，她仰着头看了一眼她的心上人。】

第二幕　纸短情长

（男女主分坐台两边，提笔写信。可念词。）

衿：阿媗亲启。转眼又是冬至，长安可有落雪？营中今日热闹得很，弟兄们包饺子包得起劲。我还吃到个有铜钱的呢，茴香馅，味道自然不比你府上包的。过了冬至便是三九，长安天寒雪重，小姑娘记得添衣。万望珍重。

媗：韩衿亲启，展信祝安。闻听定襄一战，你功不可没。往后再见，怕是要尊称一声将军了。我知卫青将军战无不胜，麾下将士无不骁勇。可沙场之上刀剑无眼，经不起半分疏忽。你千万小心，落了伤，可是要来我这处领罚的！好了，爹爹又在催我了，便先写到这里。等你回朝那天，我定去城门口迎你。

衿：别后想念，无时未已。暮春时节才见你，一别六年，归来再见故人，竟已是个大姑娘了。十五那日，你生辰，可有收到簪子？不晓得你戴上是何样子。有时想至出神，平白落了帐中弟兄调笑。他们笑，你可不能笑。下次相见，须得戴与我看才好。

媗：如久未笺候，想近状佳吉。彼时君曾道，你漂泊未定，媗年岁尚小，儿女情长，来日再谈。如今，你已功成，妾已及笄。六年来，在我梦中出现无数次的风景，想来，已指日可期了罢……

衿（放下笔，缓缓站起）：我允诺。

媗（站起与他遥遥相视）：我等你。

第三幕　终不得求

（男女主分立台两侧）

【画外音（男）：元狩元年，刘媗的父亲——淮南王刘安密谋反叛之事败露，刘媗与其姐刘陵受父牵连，被迫下狱。不出半月，刘媗便身染顽疾，每日咳血不止。一晌贪欢，红消香断，又有谁怜……】

【御书房】

衿（单膝跪地，抱拳，语气恳切）：恳请陛下，让臣再见刘媗一面！

帝（冷哼一声，漫不经心）：爱卿是大汉的功臣，不日便可如卫青一般，荣载我大汉史册。而她刘媗，乃叛臣之女，亦是戴罪之身。你！

衿（语声愈高，语速加快）：臣同刘媗几年前便两情相悦，如今她受父亲牵累沦落至此，臣不可做无情无义之人啊！

帝（拍案怒）：放肆！她予你的，和大汉予你的，孰轻孰重?！朕不追究你余情未了，枉负朕寄予之厚望，已是网开一面。朕劝你，莫再不识好歹……

衿（急切）：陛下！

帝：退下！

【狱中】

媗（迷蒙中咳醒，从桌上坐起。陵于后场上，拍抚其背）：姐……几时了？

陵：刚过子时，怎么了？

媗：已经，三十六天了。今日，刚好是十五。十五了，媗，已经十九岁了啊。（轻轻拨了拨簪子上的流苏，笑）听说啊……他加了官，封了爵，在长安还有一处府邸，甚是气派……咳咳咳咳……（哽咽）我是不是，再也见不到他了……六年前，他说，我还小。可是姐姐，我现在很怕，怕不知多久以后，若还能再见到他，（合眼，哭）我已经老了……

第四幕　大梦不老

（韩衿坐桌前翻书，神情郁结，长叹一声。）

侍（上台行礼，略有迟疑，将簪子双手交给韩衿）：将军，今早从中都官狱传来消息，淮南翁主刘媗，于昨夜，病逝狱中……

衿（站起，震惊）：什么！（难以置信地后退两步，闭眼极力调整情绪）后事……如何料理，陛下可有吩咐。

侍（低头）：圣上旨意，刘媗翁主乃罪臣之女，不允其葬入祖陵。但念其罪名尚轻，可留全尸，想来……是要安置在哪个乱葬岗吧。

衿：乱葬岗……（苦笑）她一个小姑娘，睡在那里，怎能不害怕。派人在终南山，择处温暖向阳的地方，要水草丰美，要繁花开遍。让她在那里，安安心心地睡下。

侍（再行礼）：将军，陛下有言，刘媗坟茔，不可在碑上留名……

衿：既然如此，那就以白石立碑。碑名，不老。

侍：是。（下场）

衿（拇指轻抚手中发簪）：情思杳杳，大梦不老。黄土之下，不过一碑、一棺相隔。（抬头目视前方，释然而笑）生死早晚，团聚之日，想来不远矣。阿媗，你再，等等我。

【画外音（男、女）：茔茔蔓草，岁岁不老；风雨如晦，死生为谁。茔茔蔓草，岁岁不老；风雨如晦，死生为谁……】

师评·智匠创作微论

关于一首歌谣，一段凄美爱情的脑洞。“茔茔蔓草，岁岁不老；风雨如晦，死生为谁。茔茔蔓草，岁岁不老；风雨如晦，死生为谁……”不老梦，不老，梦；爱情，痴情，深情，终化作茔茔一方蔓草。

爱对一个人，却生在错的时代，生在错的家庭。借一个传说，谱一曲深情的歌谣；借一曲歌谣，演绎一个凄婉忧伤的爱情故事。此情长在，岁岁不老。

《钗头凤》

中文172班　熊孝杰

【旁白：宋高宗年间，陆游之父陆宰路过郑州，因其妻唐氏与郑州通判唐闳同为唐氏族人，便想入城拜访增进两家关系。入城后听见城中之人无一不在谈论："唐家独女，文静灵秀，大方出华，女红出众，诗才过人，知书达理，蕙质兰心。"更有喝茶之人流利地背出此女十岁时所作的诗文。陆宰觉此女才华横溢，必能成为其子游的贤内助，便向唐家提亲。】

第一幕

【陆府】

唐父（出场，作揖行礼）：陆兄，好久不见呐，你可是难得来一趟我的府邸呀。

陆父（回礼）：唐贤弟客气了。

唐父：坐，（扶唐父坐下，向丫鬟）给陆大人看茶。陆兄可是遇到了什么可喜之事，这般高兴？

陆父：哈哈，我来这儿的路上，一进城，就听见城中之人无一不在谈论：唐家独女，文静灵秀，诗才过人，蕙质兰心。不知唐贤弟可识得这女子啊？

唐父：陆兄见笑了，这女子正是小弟独女。不过，小女才疏学浅，担不起这些评价。

陆父：那城中之人可说得头头是道，连令爱十岁时所作的诗文都背得出，你竟还说她担不起？（唐父无奈地笑笑）贤弟教女有方，本该高兴才是，为何脸上全然不见欣喜之情呢？

唐父：说来也不怕陆兄笑话，小女从小养在我身侧，随我读书，现也会作些诗文，不说秀外慧中，但也算得上是聪明伶俐。可一想到几年后她就要及笄出嫁，忧心她婚嫁之事，这才（摊手）……

陆父（笑）：我以为是何事。陆兄若不介意，我有一子，年长令爱三岁，才识还过得去，不如你我二人结成亲家，为他们二人定了这门亲事如何？

唐父（喜）：好啊！陆兄的学识人品我自然是信得过的。前不久听闻陆兄三子（思虑状）叫……

陆父：犬子单名一个“游”字。

唐父：对！陆游！十二岁时便为诗作文，后因长辈有功，以恩荫被授予登侍郎之职，陆兄可是为此子求亲？

陆父：正是！

唐父（喜出望外）：好哇！好哇！

陆父（从袖中拿出钗）：那陆家就以这只凤头钗为信物，承诺于令爱及笄后着人来提亲。

（两人握住钗）

第二幕

【旁白：公元1144年，十六岁的唐婉执凤头钗嫁于十九岁的陆游。喜烛高照，红罗帐暖，虽是初见，却已情定终身。】

【陆府】

【画外音：一拜天地！二拜高堂！夫妻对拜！】

陆游（深情）：表妹，（忽觉不对，改口）婉儿，不，蕙仙，从今以后，你便是我妻了。此后任凭弱水三千，吾只取一瓢饮。你放心，（握住唐婉的手）蕙仙，陆务观此生定不会负你。

唐婉（含羞）：富贵不欺，贫贱不离，青丝白发，琴箫合鸣。务观不离，蕙仙亦不弃。

陆母（上场）：咳。（坐于上位）

陆游：母亲！（拉唐婉）蕙仙，这是母亲。

唐婉（行礼）：母亲。

陆母（冷傲）：嗯。你既是嫁进了陆家，便要守陆家的规矩。陆家的女子从不去外面抛头露面，也不会去读些劳什子的诗书。身为陆家三媳，你的任务就是好好辅助游儿，成为他的贤内助，让他在官场上无后顾之忧，明白吗？

唐婉（再次行礼）：妇明白了。

陆母：嗯，下去吧。（挥手）

（陆母转身欲下场，陆唐二人行至舞台左侧。）

陆游：蕙仙，你瞧，这儿有一尺纸纱，我俩一起做只纸鸢，可好？

唐婉：我不会啊。

陆游：我教你。

唐婉：好！

（唐拿起纸鸢走至舞台右侧，陆扶着唐。舞台最右侧陆母怒目。）

陆游：近日听说城东有灯会，十里长街一片火树银花映得夜空如同白昼，人声鼎沸，热闹非凡，蕙仙可想去看看？

唐婉：好。

（陆母摔袖，陆唐二人缓缓行至舞台中央。）

陆游：后院的莲花开了，蕙仙何时可与为夫共赏啊？

唐婉：只是赏莲?

陆游（有些害羞地笑）：自然不是。早闻蕙仙诗才过人，可为夫还未见识。这后院赏莲不过是借口罢了，想与蕙仙吟诗作对、花前月下才是真。

（唐婉用团扇掩嘴而笑，两人打趣，陆母上场。）

陆母：够了！唐婉！我与你说的你全当耳旁风了不是！身为人妻，不想着如何为丈夫的仕途助力，整日缠着他陪你吟诗作赋、风花雪月。唐婉，你六年来无所出，你简直不配为人妇！游儿，休了她！

陆游：母亲！

陆母：我让你休了她！（见陆游摇头，气得指他）好啊！你现在竟然敢为了她忤逆母亲！你！（捂住心口）

陆游（扶住母亲）：母亲！母亲！

陆母（气若游丝）：你听不听母亲的话?

陆游（哭）：我听，我听……

（唐婉呆住，失魂落魄地慢慢走下场。）

第三幕

【别院】

（陆游、唐婉拿着包袱上场）

陆游（把包袱给唐）：蕙仙，母亲近日身体不好，恕我现在还不能接你回去。但你放心，等母亲身体一好，我便立刻来接你回家。这别院，是我特地找人为你修筑的，小是小了点，但是……蕙仙，蕙仙你别哭，（抱住唐）你信我，我定会来接你的。（作举手发誓状）谷则异室，死则同穴。谓予不信，有如皦日。

唐婉（呜咽）：我信……我信……

陆游（摸头）：我该走了，蕙仙，不可忘我！

唐婉：只愿君心似我心，定不负相思意。

陆游：好。（两人拉着手，依依惜别。）

（陆游下场，唐婉坐下。）

唐婉（从包袱里拿出凤头钗，细细抚摸）：柔情似水，佳期如梦，忍顾鹊桥归路。两情若是久长时，又岂在朝朝暮暮……务观，我信你，你可一定要来呀。

（陆母上场）

陆母：唐婉！

唐婉（惊吓，站起）：母亲?！

陆母（上前打了她一巴掌）：我不是你母亲！我们陆家可不会出你这般不要脸面的人。若不是别人告诉我，我竟不知你还死缠着游儿，还让他为你修了这大别院！

唐婉：是谁告诉母亲的?

陆母：谁？满山阴城都在传“陆家阿游，金屋藏娇，行为不检”！你不要脸，陆家还要脸呢！我唐氏怎么出了你这么一个与有妇之夫厮混，还不知廉耻的人！

唐婉：有……有妇……之夫?

陆母（正色）：我已做主为他娶了一名王氏女子，不是有妇之夫是什么?

唐婉：不……不可能，不可能！怎么会?（失魂落魄）我要问……

陆母：他不会再来了。王氏产期将近，他日日呵护，很忙，抽不开身。你走吧！我已派人告诉你父亲，接你的人应当在路上了。（拂袖离开）

（唐婉哭，陆游上场。）

陆游：母亲！您怎么在这儿?

陆母（打陆一巴掌）：不孝子，你是要气死我吗?我说你怎么不肯与王氏成亲，原来你背着我还与唐婉在私下联系。你这么做，就不顾虑你的名声、陆家的名声吗?走！我不许你再见她！

陆游（乞求）：母亲！

陆母：走！你若不走，今日，我便与你断绝母子关系！

陆游：母亲！

陆母：走!!!

（陆游垂下头，母拉陆走。陆游恋恋不舍地看向别院，唐婉依然在掩面哭泣。）

【旁白：后陆游娶了王氏女，唐婉也受父命嫁于宋朝宗室仪王赵仲湜之子赵士程。一代美眷，就此了结了他们爱情的诗篇。】

第四幕

【旁白：十年后】

【沈园】

（陆游先入沈园，毫无心情地闲逛。赵士程与唐婉相随游园，三人相逢。）

赵士程：近来春色正好，想不到携内子游园正巧碰见陆兄，可真是有缘啊。陆兄，容我介绍一下，（执唐婉手）这位是内子。

陆游（行礼）：嫂……嫂夫人好。

赵士程：不知陆兄辞官后可好？

陆游：劳赵兄挂念，陆某尚活于世。

赵士程：陆兄说笑了。本王知陆兄仕途不畅，懊恼低沉在所难免，只是希望陆兄早日振作，我大宋光复昔日荣耀万不可没有陆兄这样的人才啊！

陆游：陆某一介莽夫，事事不成，连心爱之人也不能护，谈何保家卫国？

赵士程：陆兄切勿悲观。我大宋百年基业，岂能让那金人轻易毁之？况且皇上已下旨，浩浩之师已发于京师，想来，收复失地不过是时间问题。

陆游：呵，陆某也愿如此。友人待我归，告辞了。

（陆游下场，赵唐走两步。）

唐婉（欲言又止）：夫君……

赵士程：嗯？

唐婉：他，他其实，是……

赵士程：我知道。（唐婉愕然）婉儿，我说过，娶你前我便了解你的全部，你不必对我有所顾虑。我知道他在你心中占据很重要的位置，但是，婉儿，我不在意。我相信时间可以抚平一切，我期望有一天你可以把他忘了，（执手）让我住进你心里……杯酒两盏，儿女成双，高官田下，桑麻共话。（握住唐的手）我一直，都这么期望……

唐婉：那，（正色，威严）让我敬他一杯酒，也算，和过去道个别。

赵士程：好。知秋，给夫人备酒。（温柔）我在园外等你。（下）

（唐婉与丫鬟上，丫鬟手中端着酒食，陆游抬眼，与唐婉四目相对。）

陆游（站起）：婉……嫂夫人。

唐婉（想说什么却哽住了）：表哥，请坐吧。（强笑，陆游与唐婉一同坐下，唐示意丫鬟上酒）外子说我们兄妹多年未见，略备薄酒，让我们聊聊家常。

（沉默……）

陆游、唐婉（同时）：你……

唐婉：你……近况可好？

陆游：好……

唐婉：嫂子……好？

陆游：好，谢谢你。（看了唐婉一眼）你……瘦了。

唐婉：瘦了吗？（苦笑）是老了。

（沉默……）

陆游（没话找话）：你要好好保重身体。你姑母身体一直不太好，总是心口痛……

唐婉（冷然）：哦……

陆游（惊觉）：你——还在恨吗？

唐婉：呵，你在说谁？（笑得轻蔑）你？还是你母亲？（陆游不答）你母亲身为我的姑母，却对我多番刁难，不顾我的声誉，硬要我受被休之辱。我该不该恨？你身为我的丈夫，却优柔寡断，不敢反抗，让我像情人一样等在别院。可明明我才是你的妻子，是你陆游明媒正娶的结发之妻啊！（哭）到头来，我等到的是你瞒着我与别人成了亲，（颤声）我……我不该恨你吗？

（沉默……）

陆游：对不起。

唐婉：有用吗？（平复情绪）

陆游（举杯）：我向你赔罪。

唐婉：罢了，陈年旧事还揪着你不放，倒显得我小肚鸡肠。（唐婉先一步一饮而尽，陆游犹豫了下，也饮下酒。丫鬟上前倒酒。）

丫鬟：夫人，您少喝些吧，老爷说您身子最近都不太好的。而且方才上车时我见老爷藏了个纸鸢，想来，待会儿是要邀您一块放的，您可别现在喝醉了。

唐婉：纸鸢？少年人玩的东西，怎么还拿来哄我？

陆游（眼神里满是怀恋，轻声念）：纸鸢……我一直留着呢。

唐婉（惊）：十六年前那只？

陆游（抱歉的神态）：嗯……舍不得扔。

（唐婉吃了一惊，旋即起身背对陆游面向观众擦泪。忽而风起，桃花飘落。陆游站起来，想把唐婉唤回，却哽住了。）

丫鬟（上前）：夫人，外面风大，还是回来吧。

（唐婉回来坐下，沉默片刻，猛地喝了一杯酒。）

陆游（不敢看唐婉）：你……这些年怎么样？我去寻你，可母亲说你回了郑州。不久，我就听闻你与仪王之子的婚事。（哽咽）我……我想，大抵是陆游这一生注定如此，仕途不畅，抱负不展，妻离子散，老无所终。你不跟着我，未尝不是一件好事。他……应当对你很好。前尘往事，就让它随风而去吧。

（唐婉低头沉默……良久，抬眼看向陆游，眼中有恨有悲。）

唐婉（冷笑）：表哥说的是，陈年旧事何必在意。只是物还是各归其主的好，此后，我们再无瓜葛。（唐婉从怀中拿出一只白帕子的方包，打开，是一只凤钗。）

陆游（大惊）：这凤钗……你还留着？

唐婉：当时，表哥说不日便会接我回家，让我不必担心，我便整日拿着它，想着你大婚那日对我说过的话。你说你此生定不负我，我就这么一天天地等着、盼着你来……（哭泣）走的时候急，自然就留着了。如今，上天让你我再会，我便把它还你。（哽咽）此后，你我，两清……（陆游盯着钗）告辞了。（起身离开）

（陆游望着凤钗感慨万分。忽而又来了一阵风，桃花飘落如纷飞的泪。陆游猛喝一杯酒，拿出笔在墙上写着，面容满是忧伤。）

【画外音（陆游）：红酥手，黄縢酒，满城春色宫墙柳。东风恶，欢情薄。一怀愁绪，几年离索。错、错、错。

春如旧，人空瘦，泪痕红浥鲛绡透。桃花落，闲池阁。山盟虽在，锦书难托。莫、莫、莫！】

（唐听到后微微颤抖，回转身，满眼心疼地望着陆游。走近一步，却被丫鬟拉住。）

丫鬟：夫人，走吧，老爷还在等您呢。（丫鬟拉走几顾回首的唐婉，唐婉满脸是泪地慌忙转身，随即撞上了来寻人的赵士程。）

赵士程：夫人！

丫鬟：老爷，夫人像是感染了风寒，咱们快些回去吧。

赵士程：好。

（陆游近似癫狂地写下整首词，望着唐婉离开的方向，跪地痛哭。）

（行出沈园，唐婉犹豫踌躇。）

唐婉：夫君，奴家好像有些东西落在沈园了，待奴家回去取一下。

赵士程：让知秋去便是了。

唐婉：不必，她不识得，还是我去吧。（转身）

赵士程：那为夫……

唐婉：我去去便回。

【沈园】

（唐婉走到题字处，轻手抚摸，在石壁旁拿起一支笔。）

唐婉（一边写，一边伤心）：世情薄，人情恶，雨送黄昏花易落。晓风干，泪痕残。欲笺心事，独语斜阑。难，难，难！

人成各，今非昨，病魂常似秋千索。角声寒，夜阑珊。怕人寻问，咽泪装欢。瞒，瞒，瞒！（边写边咳）

（唐婉看一眼，咳嗽着离开。陆游出，看她走远。看到词，悲痛不已，泣不成声。忽然台下传来一阵猛烈的咳声，接着是来寻人的丫鬟大叫：夫人！夫人！啊！来人哪！夫人咳血啦！陆游慌乱回头。）

赵士程：婉儿！婉儿！快找大夫来！（抱走唐婉）

（陆游欲上前，却只愣在原地，双手垂下。）

【旁白：沈园之遇后，唐婉郁结于心，不久后，怏怏而终。】

【谢幕】

师评·智匠创作微论

“唐家独女，文静灵秀，大方出华，女红出众，诗才过人，知书达理，蕙质兰心。”“富贵不欺，贫贱不离，青丝白发，琴箫合鸣。务观不离，蕙仙亦不弃。”关于一首令人为之动容的经典诗词的脑洞，如何打开?

陆游与唐婉的故事，哀婉动人。两阙诗词，一段凄美的爱情，几多深情。正如“非为织作迟，君家妇难为”，多情却遇无情棒。钗头凤，同题同人情亦同，两阕诗词演绎了一场爱情悲剧。智匠创意，由诗及剧，对传统文化经典的重经和重述，为今人演绎了一段深情。

彼岸花开

中文172班　李文泉

人物：曼竹（大小姐）、无念（和尚）、杂役、小姑娘、爷爷

小姑娘：彼岸花开，艳绝天下。爷爷，你快看啊，这三生湖畔的彼岸花好似比其他地方的更为好看呢。

爷爷：那，丫头，你知道这里的花为什么这么好看吗？

小姑娘：嗯……我不知道，爷爷，爷爷，快讲给我听听嘛。

爷爷：好好好，你这小丫头。那是很多年前的事了……

第一幕

【龙清寺后院】

曼竹（看着不远处菩提树下盘膝而坐的无念，绞了绞衣袖，一咬唇，向他跑去）：小师傅，小师傅，你叫什么名字呀？

无念（睁开眼，看了眼曼竹，起身施礼）：阿弥陀佛，回施主，小僧名为无念。

曼竹：无念……无念……好名字呀！那你有喜欢的女孩子吗？

无念：阿弥陀佛，回施主的话，小僧无恋于红尘，早已斩断情根，故无喜欢的女子。

曼竹（脸上露出欣喜的笑容）：那你觉得我漂亮吗？

无念（看着曼竹的脸）：阿弥陀佛，施主，人生在世，外表不过是一具皮囊，在小僧眼中，人是无丑美之分的。

曼竹（鼓起面颊，佯怒）：你个木鱼脑袋！本小姐看上你了，你喜不喜欢我？

无念（面无表情）：阿弥陀佛，小僧……

曼竹（不耐烦地摆摆手，打断他的话）：不准再念阿弥陀佛了。整日念这一句，你不烦我都烦了。

（无念看了一眼曼竹，一言不发，敲着木鱼转身回到了庙中。）

曼竹（追在他身后，大喊）：喂，你别走啊！小和尚，你赶紧还俗娶我吧！

第二幕

（无念站在庙前，远处曼竹向他缓缓走来。）

曼竹（低着头，眼里含着淡淡的忧伤）：呐，小和尚，你喜欢过我吗？

无念（看着曼竹，被她眼底的忧伤震了一下）：阿弥陀佛，小僧……

曼竹（打断无念的话，拉起他的手，语气中含着期盼）：和我来一下好吗？

无念（想抽出手，抬头看了看曼竹，便放弃了）：好。

（曼竹带着无念走到一个彼岸花盛开的湖边，湖心盛开着朵朵白莲。）

曼竹（看着湖中的白莲）：你可知，我要嫁人了？

（无念顿了顿，没有说话。）

曼竹（看着无念，流下眼泪）：我以后不会打扰你清修了，只希望你能记得，曾经有一个女子爱过你。

（无念动了动嘴，好似说了什么。）

曼竹（看向脚边的彼岸花）：小和尚，你看，这里有白莲和彼岸花，你更喜欢哪个？

无念（顿了一顿）：白莲。

曼竹（露出一丝苦笑）：白莲属佛，你自是喜欢的，是我白问了。那你可知我最喜欢的是哪一个吗？

（无念没有回答）

曼竹（蹲下身子，抚摸着彼岸花）：我啊，最喜欢这彼岸花了。她很美，不是吗？

（无念看着曼竹，轻轻地应了一声。）

曼竹（露出微笑，缓缓地说道）：彼岸花，开两岸，两相望，两相忘。无念，我还是喜欢你呢。

（话毕，曼竹起身看着无念。看了一会儿，便转身离去，只留下无念一人看着她的背影，久久不能回神……）

第三幕

（大婚当日，无念一袭僧衣向曼竹的府上走去。到了府内，却发现府中早已乱成了一团。）

无念（挡住一名杂役）：阿弥陀佛，请问施主，这府中发生了何事？

杂役（一脸愁苦）：回大师的话，今日我们府上小姐大婚，可小姐却不见了。

（无念愣了一会儿，好似想到了什么，匆匆转身离去。）

【三生湖畔】

无念（满脸焦急）：曼竹，曼竹！你快出来，我知道你在这里，曼竹……

（无念的声音突然卡住，他看到曼竹的尸身漂浮在水面上。）

无念（颤抖着声音）：曼竹……

（无念迅速向曼竹走去，抱起了她。）

无念（一脸悲痛）：曼竹，曼竹！你醒醒啊，你看看我，我是无念啊……

（无念流下眼泪，将曼竹轻轻地放在彼岸花上。）

无念（起身，双手合十，口中轻喃）：阿弥陀佛，终是我负了你。

（曼竹嘴角扯开一丝苦涩的笑，眼泪缓缓流下……）

【旁白：佛曰“人有轮回”，若此情还有来世，我希望我不会再遇到你。你可知你那句阿弥陀佛，负的是我大半年华。情的苦，我好似再也承受不住了……】

师评·智匠创作微论

“彼岸花开，艳绝天下。”一种花，因特别的名字而让人浮想联翩，并产生了特殊的含义。如何以一种特别的脑洞打开关于一种花的故事？

彼岸花开，两相望，两相忘。多情与薄情的相遇，是伤心的故事。曼竹遇见无念。“最好不相见，如此便可不相恋。最好不相知，如此便可不相思。最好不相惜，如此便可不相忆。”智匠创意，以花问情，以情问世。问世间情为何物？直教人生死相许。一花一菩提，是话语，更是人情。

下篇

网文写作研讨

网络穿越小说书写第二人生，
创新青年世界观，
共理想建构
激励大学生创新创先创优，
爽点爆款，经典网游，
异彩纷呈，启迪思考。

网络穿越小说研究

穿越的脑洞，是未卜先知？
设若人生可以未卜先知，
正如马尔泰·若曦，
是脑洞，抑或是白日梦？
穿越，是一种虚幻的人生，
更是一种真挚的深情！

浅谈网络穿越小说的主题阐发手法

——以《知否知否应是绿肥红瘦》为例

汉外181班　曾云潇

众所周知，穿越小说大多以其新奇的背景设定、有趣的人物互动和紧张的故事节奏为大众所喜闻乐见。近些年，网络文坛出现了大批穿越题材的作品，同时也涌现出了数不胜数的穿越小说改编影视剧，从《步步惊心》到《庆余年》，都是作者以穿越为起点而构筑的想象空间。穿越小说为什么如此为大众所追捧？我将试图以《知否知否应是绿肥红瘦》（下文简称为《知否》）为例，从小说主题阐发手法的角度浅析一二。

正所谓小说是作者之"布道场"，可融会并传递作者之心声。《知否》就将作者欲向读者传递的信息与宣扬的主题巧妙融入情节进展中，使作者和作品达到"共塑""共融"的状态。

通过热播的电视剧，可能很多人都已经熟悉了《知否》的故事背景，但我要聚焦的是小说原著。从网络文学分类上看，这是一部穿越题材的"种田文"（即长篇记述生活琐事的叙事小说），讲述了在民事法庭工作的现代普通上班族姚依依遭遇泥石流意外后，穿越成了古代封建社会中一个文官家庭的卑微庶女（盛明兰），为了在极其恶劣的“宅斗”环境中存活下去，她付出一系列努力最终活出精彩人生的故事。作品主题包括家和万事兴、与人为善、公平正义等。作品不仅将主人公的一生勾勒得清晰明白，还描摹出一个宏大的时代背景。体量如此大的小说是如何逐步阐明主题的？我将其策略归纳为三种类型：借由“引爆情绪”到“制造共鸣”的强烈代入感，直接阐明道理；以紧张激烈的情节走向，逐步向读者“渗透”作者的观念取向；通过对比不同人物的命运归宿，烘托作者想表达的主题。

首先，对主人公盛明兰，精要准确的心理描写具有直接说理的作用。小说虽然以第三人称叙述，随情节发展的需要会转换人物聚焦（如第一卷中为了描绘府中女眷的“宅斗”全貌，镜头先后从盛老爷悉听盛老太太教诲转向林姨娘对女儿传授心计，再到大娘子在屋中大骂姨娘，以此场景转换之法让每个人物在读者心中产生立体形象）。但纵观全文，叙述中心始终集中在正面形象的主人公盛明兰身上，而对她所思所想的说理性叙述往往就是作者阐明道理、表现主题的最佳窗口。例如在明兰初次回到老宅，祖母向其交代资产时，有这样的心理描写：“在这古代，钱真不是万能的，如果没有相应的能力和家世护佑，有钱的商贾容易成为被官府或权贵讹诈敲打的对象……”这则道理与文中其他很多处对“文官家风”问题的强调暗合，包括盛老爷无论多么“宠妾”也到底做不到“灭妻”那一步，因为明清时期（《知否》创作参考的时代背景）对朝中官员的礼仪约束比较严格，一旦因“治家不严”闹出了什么丑闻，则很可能造成官员仕途不顺、家族走向败落的下场，因此，小说推崇“家和万事兴”的主题就在此显现出来。还有一段心理描写：“其实她想说的是，千子万子不如手中的银子，何况你还不是亲的。这是常年工作于民事法庭的小书记的肺腑之言……”这段说理则是身为穿越者的明兰，以现代社会人见多识广的优势在劝祖母多为自己留些体己银子时出现的心里话。因角色身份关系，不能直接言明的露骨话被藏在心理描写中，这段话除了具有侧面展现明兰对人情冷暖具有敏锐洞察力的特质和具备作为法院工作者的丰富职业阅历的作用之外，还有利于描绘《知否》书中的世情状况——无论古今，社会交往始终有共通之处，“靠他人不如靠自己”“自己的血和泪不会背叛自己”，诸如此类为现世所普遍接受的道理，放在封建背景下也能说通，既符合作品的设定逻辑，又能引起读者共鸣。由此可见，作者正是通过类似的心理描写逐渐勾勒出一个尽可能完整且规则自洽的世界观。

其次，通过制造情节上的激烈冲突传递观念。虚构小说的情节冲突始终是被广大读者津津乐道的。大家都是过着平凡生活的普通小人物，或许很难像书中人物一般经历那么夸张的大起大落，但在阅读小说过程中可以体验一把所谓的“辉煌人生”。《知否》虽然是一部以描写宅中生活琐事为主的种田文，但主人公先后为“大家族出身的官宦小姐”和“侯府夫人”的身份设定，都注定了必然会有许多“不凡”的事情降临在她身上，同样有不少“夸张的大起大落”作为书中激烈的矛盾冲突，撞击出十足的火药味。而矛盾往往蕴藏着小说的主题。如最终卷中，祖母被康姨母迫害而生命垂危，一向看似温柔顺从的明兰因被触及底线而奋起反击。因为祖母是在这个陌生环境中唯一为明兰提供关怀的人，所以哪怕在封建社会礼教严格的环境下，她就算忤逆长辈也要为祖母鸣冤。文中有这样的语言描写：“您孤苦半生，没有骨肉、没有家，所以他们欺负您。放心，您还有我……便是众叛亲离也罢，就当我白来这世上走一遭吧。”抱着这样的一腔孤勇，明兰十分坚决地采取行动、处置恶人，每读此处，只觉大快人心。通过对类似情节的描写，与人为善与公平正义的普适价值观得到展现，使作品多了一个潜在的教化作用，而不仅仅是能让读者产生短暂快感的“爽文”。由此观之，激烈的情节冲突往往能给人留下深刻的印象，并适当传递人性中永恒追求的“真、善、美”。

最后一种表现策略是以不同人物命运走向对比来烘托作品主题。《知否》是一篇篇幅巨大的种田宅斗文，书中涉及家族众多，人物更是庞杂，而作者将书中主要人物的命运走向交代清楚，借此烘托出“善恶因果皆有报”的主题。心思狭隘的林姨娘在机关算尽后被逐出盛府，昔日美人堕落成粗鄙老妇；而同样有着行为过失的大娘子也受到了相应惩罚，但由于她并未主动害人，因此只是回乡思过几年。二者结局的对照，一方面说明了恶人有恶报的道理，另一方面又体现了现代人“量刑处罚”的人文关怀。类似的对比还有很多：终日无所事事的孙秀才与长期责骂儿媳的孙母在失去盛家庇护后，生活每况愈下，最后不但成为街坊的笑料，连温饱都成问题，而心地善良、毅然改嫁的淑兰姐姐最后家庭和美。以非正当手段为自己算计婚事的盛墨兰余生都身陷没完没了的内宅斗争，周转于数不尽的貌美姨娘中，而一向遵照自身实际情况、不做不切实际富贵梦的盛明兰反而因为堂堂正正地活着而得来了尊贵的诰命与幸福美满的家庭……基于此，小说中人物命运的不同色彩连缀在一起，形成一幅带有明确主题的完整画卷。心怀正义光辉的主人公们在明亮处闪耀，心中邪恶力量压过良知的反派们在阴暗角落苟延残喘，这正是符合自然法则、社会秩序的模样。《知否》是描绘世情的小说作品，其主题始终还是带着人们对人性美好的歌颂与对世间正义的向往的。

总而言之，《知否》的三种主题表现策略交错进行，共同构成将作品主题构建完整的建筑材料，相互映衬，为主题的升华增色，而这也是作品之所以被大众喜爱的原因之一。当然，作品仍然存在一些问题，比如某些略显冗余的章节为了试图将大家族中各个成员的生活交代清楚而存在，这不仅对主题的凸显作用并不突出，而且容易引起读者的疲劳。对此，电视剧改编版将一些不重要的情节与人物删去，也不失为一种弥补措施。

师评·智匠创作微论

关于穿越网文，正是脑洞大开，以幻写真，“小说中人物命运的不同色彩连缀在一起，形成一幅带有明确主题的完整画卷。心怀正义光辉的主人公们在明亮处闪耀，心中邪恶力量压过良知的反派们在阴暗角落苟延残喘，这正是符合自然法则、社会秩序的模样”。

在民事法庭工作的现代普通上班族姚依依，遭遇意外穿越成古代封建社会中一个文官家庭的卑微庶女（盛明兰），为了在极其恶劣的“宅斗”环境中存活下去，她付出一系列努力最终活出精彩人生。这是穿越，也是现实。

从《传闻中的陈芊芊》看现代意识

汉外 1901 班　李晨源

穿越到自编剧本里的编剧陈小千，机缘巧合地成为花垣城地位尊贵却恶评满国的“三公主”陈芊芊。熟知剧情的陈小千为改变陈芊芊顺理成章“三集即下线”的女配厄运，逆转其荒唐人生，在经历与玄虎城少城主韩烁的情感纠缠、与野心勃勃的姐姐争夺少城主之位的波折之后，最终收获与体悟爱和责任。《传闻中的陈芊芊》人物关系简单，剧情进展推动快，但这些并不妨碍其精神内涵的展现。低成本小网剧里也有高质量大启发，以陈芊芊为代表的网络新年轻形象折射的极具时代价值与当代特色的“现代意识”繁荣景象着实引人欣喜。

何为“现代意识”？百度百科上的解释是这样的：“现代意识是指现代人所具有的意识，是现代科学技术与社会发展的产物，是现代人对现代生活进行理性反思的结果。”概括地说，现代意识是人们的理性思维体现。理性与感性当是相对立的两种思维倾向——自然，这是个不那么具有“现代意识”的观点。这样的现代意识，生动鲜明地体现在陈芊芊这一角色的塑造之上。以爱情观、事业观、人生观为切入点，传达陈芊芊力主“男女平等”，既不同于玄虎城“男尊女卑”，亦不同于花垣城“女子为贵”的新式思想。正如上文所讲到的，现代意识是一种介于理性与感性之间的独立形态，它以理性为依托，却又不事事理性、凉薄寡情。正是因为感性元素的适时贯融，使得这样的理性里多了些温情的滋味。

“穿越”的身份使得陈芊芊在思维模式、谈吐风格、行事节奏上都带着鲜明的现代人特点：比花垣女子少了些跋扈，比玄虎女子多了番敢做的豪情。第一，她摆在第一位考虑的不是自身的仕途利益，而是民安，可见其本心善良仁厚。所以，她会做出与古代人楚楚不同的炸掉福脉救人命等颇具人文关怀特性的举动，而非为了所谓虚无的福脉庇佑置百姓生命不顾的荒谬行为。这是符合当代价值观的。第二，芊芊偷龙骨是为韩烁医治心疾，这与第一点有着相似之处。真实的生命与所谓虚幻的福运，她更重视的是前者。这反映了一种科学、理性、不迷信的标准现代人认知观。第三，芊芊戏说韩烁“虎”，而正是这句“虎”，成为大结局韩烁和芊芊双双回归现实生活、回归韩明星与陈小千身份后相认的线索。再之，芊芊信实干而不信“走花路天门大开者为明主”的预言。无论其是否有争夺少城主之位的初心（其实并没有），但她最终不愿自私自利的楚楚主掌花垣城百姓命运的坚持，也凸显了其责任感与作为城主之女为人民谋幸福的主人翁意识。

“你凭什么觉得韩烁一定会爱上陈楚楚呢？”这是韩明星对陈小千剧本的疑问。性格互异与性情相投，究竟哪一种更得真心？固然，这是个人云亦云的问题。互异确实可使生活增添风采，可新鲜感与差异性的相守要经历些什么呢？磨合是需要时间的，磨合更是需要精力的。这样的消磨，大抵是以柔情似水作燃料了。反之，性情相投，世界上没有两片完全相同的叶子，没有两个完全相同的人，可相似性实在是省却了价值观念、表情达意、处事风格等诸多方面的矛盾与对立。这一番的省却即成为隐形的收入，磨合也成了“磨合”而非“忍耐”，使得坚持也有了意义——准确地讲，即把生活过成自己。“人生也有白天和黑夜，只是不会像真正的太阳那样，有定时的日出和日落。”韩烁遇到芊芊本不是剧本设定，情节错位、机缘巧合成就一段相知佳话。当不相容者（玄虎与花垣）相容，“天降祥瑞，日月同辉，天门大开，异彩漫天”。

可以说的是，现代意识在芊芊身上发生了奇特的变形，使得理性感性化、感性理性化，最终达到一种圆满的平衡。网络传媒高度发达，同质化剧集层出不穷，当“傻白甜”女主已然不合众口，“甜”而“微辣”、“傻”而“有脑”的陈芊芊自是杀出一条血路。“恋爱脑”多遭诟病，“搞事业”又易滑向另一个端点，如何寻求二者之间恰到好处的结合，成为该剧隐藏的看点。

“现代意识”总与“独立”相联系，陈小千作为现代社会女性，也将这一认知带到了花垣城的时空之中。我们可以以一反例为证。《倾城之恋》中的白流苏为何摆脱不了丑陋的算计？她所要的无非是“经济上的安全”和一张长期的饭票，范柳原的计划是要白流苏做情妇而不是妻子。“倾城之恋”，这哪里有一点点的浪漫气息？只是香港的城市倾沦了。一场因自私而畸形露骨的交易，却又是一次爱情的战争，从一开始就是明显的男人占主动和支配地位，因为白流苏缺乏物质和精神独立，这成为她陷入被动的关键所在。而陈小千则不然，固然在穿越之初，其唯一愿景即是保命，可后来的经历越发地使之增强了一心为民的责任意识。她有独立的想法，有独立的事业，有独立的爱的能力。力排众议炸福脉救矿工、阻止黑化的姐姐继任、妥善处理与裴恒的感情纠葛……敢试、敢做、敢担，不拖泥带水。现代社会赋予现代女性全新的自我认知，她们一面要保有传统女性亘古的温柔、贤惠之“淑德”，一面又要有打拼事业的本领。可以说，时代对女性提出了更高的从基本生存到上升式发展的要求，也正是在这一全新要求的激发之下，女性崛起迸发出势不可挡的力量。可“女拳主义”的抬头又极易造成新的性别不平等，花垣城之“女子为贵”，说到底也是对传统性别理论的反讽。无论是“男尊女卑”还是“女尊男卑”，都成为前时与后继的极端，是不值得推崇的。因而，从这一点上来讲所谓“现代意识”，又不仅仅是独立意识、独立女性，它应该是普济众生的存在自由、人格平等与精神开拓。

由此观之，芊芊不过是现代意识个体的缩影，而现代意识确确实实是在现代文明的滋养里萌发、成长起来的。“也要楚天阔，也要大江流，也要望不见前后，才可对月下酒。”它是辽阔，倒也温润珠圆。

师评·智匠创作微论

穿越的脑洞，还在以古论今，天地悠悠。“也要楚天阔，也要大江流，也要望不见前后，才可对月下酒。”时空浩荡，终归恰是，一杯醇香。

“她有独立的想法，有独立的事业，有独立的爱的能力。力排众议炸福脉救矿工、阻止黑化的姐姐继任、妥善处理与裴恒的感情纠葛……敢试、敢做、敢担，不拖泥带水。现代社会赋予现代女性全新的自我认知，她们一面要保有传统女性亘古的温柔、贤惠之‘淑德’，一面又要有打拼事业的本领。”“从这一点上来讲所谓‘现代意识’，又不仅仅是独立意识、独立女性，它应该是普济众生的存在自由、人格平等与精神开拓。”芊芊留给世界的，是傲娇，更是女性的誓言。

现代女性情感观在异时空的显现

——以《步步惊心》为例

汉外 181 班　刘佳慧

《步步惊心》讲述了都市白领张小文误入时空隧道穿越成清朝少女马尔泰·若曦，进入宫廷成为御前宫女后身不由己地卷入“九子夺嫡”的争斗，并先后与几位阿哥产生情感纠纷的故事。若曦拥有穿越前现代社会的记忆，知道康熙晚年“九子夺嫡”的既定事实，深陷自身情感与历史进程的矛盾之中。小说中身为现代人的若曦尽管穿越古代，却仍然向往自由，认定命运必须把握在自己手中。但若曦穿越后经历的一系列惊险故事，迫使她在这样一个封建思想根深蒂固的社会中不得不迅速成长。我们也可以看出，若曦虽然穿越到古代，但是她的思想和做法都尽显现代之风。

张小文在穿越后的第二人生中，经历了在第一世界现代社会中从未有过的生活。小说以历史上真实发生的故事——九子夺嫡——为女主角穿越后第二世界的背景。作者在不改变总体史实的条件下，虚构了若曦这一角色。一个从小接受现代教育的独立女性，穿成将要进宫选秀的满族官宦小姐，巨大的身份反差和与现实世界完全不同的社会环境，造就了若曦不一样的奇妙经历。小说不仅满足了许多读者对爱情的幻想，也满足了读者想要窥探历史的好奇心。在这其中体现的现代女性的情感观，我们可以分为友情和爱情两方面来讨论。

“我难道就这么坐等着一切的降临吗？”这是若曦在穿越前期，第一次直面古代封建社会“皇权至上”的残酷事实时内心发出的疑问。对于皇帝的旨意即便心中不满都不可轻易表露，敢公然忤逆天子的人实在太少，在皇权的面前每个人似乎都那样渺小。“今日花，明日果”是马尔泰·若曦的座右铭，她相信自己的命运始终由自己把握。终于到了选秀女的时候，若曦并没有照家族的期望那样被选为秀女，而是成为在御前奉茶的一位女官。她乐观地把这份差事当作第一世界里的正经工作来看：“福利好、管吃住，只是规矩尤为严厉，行差踏错便是体罚。”若曦利用在原世界学习到的知识与能力，在成为女官后的三年里逐渐适应了宫里的生活。若曦现代人积极乐观的心态让她在穿越后的世界里没有自怨自艾，反而泰然处之，在规矩中寻找自由，摸索出了自己的一套宫中生存之道。

若曦刚刚穿越时与十阿哥交好，十阿哥开朗活泼，两个人在一起斗嘴很是开心，外人都传若曦与十阿哥两情相悦了。但若曦知道她和十阿哥只是好朋友，因为十阿哥是在若曦的第二人生中第一位与她嬉笑打闹的好友，与十阿哥相处时想说什么便说，很是轻松自在。在十阿哥与明玉完婚后的争执中，若曦更是点醒他不要错过眼前人。

十三阿哥则可以说是若曦的“蓝颜知己”了。若曦在穿越后结合已知的历史仔细考察了自身处境，她知道历史中的政治胜利者是四阿哥与十三阿哥。她作为八阿哥侧福晋的妹妹，表面上是八阿哥的人，心知不能扭转历史，但也想在能力范围内尽可能地让自己的日子好过一点。在与十三阿哥交谈后发现，他居然与自己的思想相似。在一个封建社会，尤其是他作为统治阶级的皇室子弟却对当下的制度风气有另一番见解，这让若曦惊喜不已，二人相谈甚欢。若曦将十三阿哥认作知己，他们纯粹的友情让人羡慕，就像若曦所说的：“无关风月，只为真心。”

此外，若曦在穿越后的第二人生中与几位阿哥爱恨嗔痴的情感故事也是小说的一大看点。

若曦与八阿哥的情感像是爱情却又不纯粹。八阿哥在初见若曦时的眼神和在府中的接触都显示着八阿哥对若曦的感情不一般。八阿哥给若曦的手镯原是给她的姐姐马尔泰·若兰的，后来却送给了若曦。八阿哥对若曦的感情昭然若揭，若曦也是从这时开始反思自己对八阿哥的感情。八阿哥清风朗月、八面玲珑，若曦渐渐地产生了倾慕之情。但因深知八阿哥的结局和他身为自己姐夫的原因，她作为现代人的爱情观让她不能接受八阿哥。不过八阿哥对若曦的默默付出和守护让若曦在茕茕孑立之时有所依靠，久而久之若曦终被打动。她全心全意接受了八阿哥，不想他落得历史中那般惨淡的下场，也为了自己和他的将来，若曦暗示八阿哥放弃争夺皇位。奈何八阿哥最终还是没有放弃江山梦，并怀疑若曦此举别有意图，若曦深受打击伤心欲绝。现代人的感情观让她不能接受八爷的不信任。若说八阿哥喜欢若曦，不如说八阿哥喜欢的是和若兰年轻时相似的若曦，她们都是那么纵情率真。

冰冷无情的四阿哥其实一直在关心着若曦。在皇权争斗中，四阿哥的坦直和在危难时的舍命营救让若曦信任并追随于他。后来四阿哥胤禛登基，若曦虽深爱四阿哥，但觉得因为自己害得其他几位阿哥下场悲惨，自觉罪孽深重。若曦更是被八福晋刺激至流产，并与四阿哥产生误会。这些沉重的经历和四爷禁锢的爱情压得她身心俱疲，让她只想逃离紫禁城。

十四阿哥也默默喜欢着若曦，曾向康熙求赐婚却被若曦拒绝。十四阿哥爱得真切，他记得若曦说过的话，记得若曦的一切喜好。若曦流产后，又接连卷入八阿哥与四阿哥的矛盾之中，心烦意乱。此般情形下，她最终选择遵从先王遗诏与一直爱着自己的十四阿哥成婚，离开了生存已久的皇宫。若曦与十四阿哥不说恩爱，但也算是相敬如宾。若曦病重死前想与雍正见最后一面，但却因误会竟没能见成，最终在浓浓的思念中香消玉殒。

《步步惊心》中马尔泰·若曦的几番情感经历，在古代背景下看似乎不易被世人理解，但站在今人的角度却能获取些许共鸣。若曦对朋友诚实坦荡讲义气。在爱情方面，八爷与若曦的感情缺乏信任，爱情不纯粹且太过重利；而若曦与四爷的感情有信任、有陪伴、懂放手。最后若曦选择嫁给十四爷并不是不爱四爷了，而是她深知两个人的爱情之间隔着太多的死亡和太多沉重的事情。他们的爱情不能承受如此重负，于是若曦放手选择离开。她知道所有人的结局，却不知道自己的结局。在陌生的社会生存环境下，她不得不小心谨慎、步步计算，在爱情中也再三考量，这其中都显示出了现代女性的情感观。我欣赏若曦在面对封建权力时的不屈服，她不接受自己的命运只由别人的几句话而操控，她所受的教育告诉她：命运是掌握在自己手里的。若曦懂权衡且自立，目光深远却也尊重自己当下最真实的内心。现代女性的情感观与另一个世界社会环境、文化氛围的碰撞，这也是网络穿越小说中的情感观与其他古代言情小说的最大不同之处。

师评·智匠创作微论

穿越的脑洞，是未卜先知？设若人生可以未卜先知，正如马尔泰·若曦，是脑洞，抑或是白日梦？穿越，是一种虚幻的人生，更是一种真挚的深情！

“我欣赏若曦在面对封建权力时的不屈服，她不接受自己的命运只由别人的几句话而操控，她所受的教育告诉她：命运是掌握在自己手里的。”欣赏，即是若曦对每一个读者的影响。

网络文学内容研究

网络文学在恍然间已经走过数十年的历程，从最初的星星之火到今天的不可忽视、蓬勃发展、影响巨大，成为使人不得不驻足审视的文学与现象。『追求经典』将会是网文不可避免的趋势和发展方向。读者的要求越来越高，倒逼网文的质量越来越好，期待网文的『经典』百花园缤纷绚烂。

从《亵渎》谈网络小说的文学性

汉外 1801 班　刘昊宸

自从 1998 年痞子蔡发表《第一次亲密接触》开始，网络文学正式进入了大众的视野，而今天所提到的《亵渎》就是中国网络文学最早期的一批作品之一。

我认为，网络文学与传统文学的差异主要表现在两个方面。

首先，在故事内容方面，我认为这也是当今网络文学发展中的不足之处。

文学创作应当融入作者自己的世界观进行设计与构造，用自己的视角去书写，而不仅仅只是讲一个故事出来。我主张任何一部小说都应该有自己的灵魂，应当有作者想要表达的东西，作品最终应该向读者展示作者自己的世界观。

《亵渎》是一个关于规则与挑战的故事，有平衡就有失衡，有规则就有反抗。《亵渎》本身选取了绝对的强权，即书中所说的“力量法则”作为规则，这也就给予了这部小说独特性。《亵渎》中的矛盾对立并非是传统意义上“善与恶”的对立，而是嘈杂的、多元化的矛盾对立：光与暗、美与丑、圣洁与愚蠢、神与魔等等。而这些矛盾也不完全是固化的、不变的，它们之间的边界常常会因为各种原因被模糊对待：譬如你会看到与魔族相恋的天使、加入光明教会的死灵法师等等。并且我们可以看到，书中的每一个人物形象都是多元化的，具有多面性，读者无法对其中的人物做出单纯直接的判断：这个人是好人，这个人是坏人。在阅读《亵渎》的过程中你完全做不到。与传统的网络文学中白衣胜雪、仗剑天涯的大男主形象不同,《亵渎》中的男主肥胖不堪、外貌猥琐、内心恶毒、贪财好色，哪怕是要你承认他不是坏人都十分困难。这样的男主设定下的小说自然具有其独特的趣味。

在这样一部小说中，作者融入了自己对于宗教、信仰、人生、社会的独特思考与理解，引人深思。我一直认为，文学创作应当是读者的启明灯而不仅仅只是麻醉药。文学既然来源于生活，那么也应当归于现实。一千零一夜或者说安徒生童话都能让小朋友明白些道理，那么现在的网络小说如果读完之后只能让读者产生“好”这一类的评价，也属实说不过去。文学确实构筑了一个虚拟的世界，但是这个虚拟世界的目的不是让读者沉迷其中逃避现实，在读过之后热血沸腾地倒头大睡，而是应当让读者沉静下来进行思考，这也就是我说的文学来源于生活也应当归于现实的含义。

第二点在于结构方面。

长篇小说本身是一个“杂语世界”（巴赫金），所以说网络文学与传统文学最主要的冲突其实并不在语言叙述方面，甚至有的网络小说的语言叙述做得非常好，以非常精美的语言讲述着或是动人或是热血的故事。

而我认为，网络文学和传统文学主要的矛盾在于意义结构与叙事结构，让我们来看一些数据（数据为大概参考）。

《斗破苍穹》	五百三十二万字
《亵渎》	二百六十六万字
《斗罗大陆》	二百九十七万字
《黄金瞳》	四百二十万字

以上是网络文学。

再来看看传统文学的一些代表作品：

《丰乳肥臀》	五十八万五千字
《射雕英雄传》	一百零一万两千字
《三国演义》	六十四万字
《水浒传》	一百零四万字
《红楼梦》	九十六万字
《平凡的世界》	一百零四万字

从以上这些数字的对比可以看出，大部分网络文学作品的篇幅实际上都是远超传统文学作品的。

在我的印象中，传统文学的作者和作品都是非常注重叙事布局的，哪里多写一点哪里少写一点是非常明确的。这种布局结构实际上符合人类文明进化和社会管理的基本原则——节约原则。作家会尽最大努力控制自己作品中不必要的部分，只写或多写自己最感兴趣、最想表达出来的内容，尽自己最大的努力用最短的篇幅来传达最多的、最核心的价值。但是网络文学突破了传统文学的载体，利用网络数据承载自己的作品，因此叙事布局中的节约性原则对网络文学的作用大大降低，也就相对消解了网络文学对于叙事总体性的要求，造成了网络文学这样一种松散且随意的写作方式，这与传统文学的思维方式与价值观是不相符合的。

若我们想要让网络文学与传统文学价值观符合，需要考虑以下这样几个问题。

第一，字数与收入的关系。

经过粗略的调查之后我发现，网络文学创作中作品的字数与作者的收入密切相关。不仅是文学网站给作者的底薪，在出售自己作品的版权时，作品字数也与版权费挂钩，因此多写多赚钱就成了网文作者的基本常识。我们可以要求网文作者精简字数，写一些优质的作品，或者拆分写作计划，比如打算写一部四百万字的小说，那就拆成四个一百万的或更少。但是在原有设定的基础上添砖加瓦肯定要比从零开始容易很多，因此很多作者就会选择牺牲作品质量，拼凑增加自己作品的字数。

当今的网文作者，很多只是单纯的文学爱好者或是拿写作当糊口的生计的写手。他们并未接受过专业、系统的文学知识的学习，这导致他们很难写出精品。甚至，部分写手写作的启蒙书是某些网络神作，因此，我们不能期待每一个网络写手都是沈从文。

第二，脱离市场化的可行性。

初中时，我曾经读过一篇文章，文中写道："网络文学的世界中，读者是上帝，但是我们不能让这些上帝握着写手的笔，制造出一篇又一篇的垃圾作品。"这篇文章中还提到要让作者提升读者的品位，从作者那一方发力，这似乎可以称得上是网络文学界的"供给侧改革"。但事实上，无论怎么改，读者至上将在很长一段时间里成为网络文学界的铁律。毕竟网络文学靠的是浏览量、推荐数、点击率等，看的人多才能挣更多钱。写一些文学性高的东西固然是好事，但是如果因没人看或字数过少导致收益降低的话，以此为生的网文作者收入就会受影响。牙都快饿干了，还要和人家探讨艺术，这不仅可笑，更是残忍。

另外，网文发展还存在一个非常重要的问题，那就是评定网络文学的布局结构是否需要采用新标准。

我们是否应该讨论传统文学整体布局或是意义结构的合法性呢？

毕竟传统的叙事结构只是诸多叙事结构类型中的一种。其实经典的叙事结构有很多，比如张柠在《网络小说的文学性与新标准》中所列举的，《一千零一夜》的箱型框架结构，《源氏物语》的串珠状结构，《印度五卷书》的东方套盒结构，《红楼梦》的圆形蛛网结构。来源于佛教故事的《阳羡书生》的叙事结构就是一个东方式幻想世界的完满结构。

如果传统文学使用的叙事结构并不是唯一的，那么，问题来了，我们究竟能不能打破结构上的传统观念，打破传统的对于世界认知和意义叙述的模式呢？如果可以的话，那么我们所说的经典文学评价体系，包括对长篇小说的叙事结构的理解也就可以被颠覆，而最先被颠覆的，就是那种单中心的精英话语模式以及其在文学评价体系中建立的规则。

刚才列举的诸多叙事结构模式，其实都是反对单中心而提倡多中心的。如果应用在小说叙事中，就是提倡叙事的多中心与文体的开放性。当我们将这种叙事的多中心性拿出来评价网络小说的时候，也就正如张柠在《网络小说的文学性与新标准》中所说："我们会理解为什么小说是一种'未完成的开放性的文体'，而不仅仅是一个'市民社会的史诗'或者'成问题的社会中问题人物寻找意义的旅程'。"我们应该把带有民间叙事色彩的、优秀的网络小说认定为一种开放的、未完成的新文体。既然每一个叙事片段都很精彩，那么我们又何尝不能将这种结构形式正统化呢？

最后，如果我们想要研究网络文学，那么网络文学的经典化势在必行。我们应当发明一套基本的话语体系去概括和评价网络文学，而不是任由点击率和推荐率等数据成为评价一部网络小说好坏的标准。

网络文学作为新时代的新的文学形式，其发展的道路还很漫长。与其他近代新兴的艺术形式，如电影、流行音乐相同，网络文学的发展将会遭受一定的阻力。当然，从发展的角度出发，我们也应当尽全力来完善这一新兴的文学形式。

师评·智匠创作微论

关于网文，抑或小说，它们是"一种'未完成的开放性的文体'，而不仅仅是一个'市民社会的史诗'或者'成问题的社会中问题人物寻找意义的旅程'"。文学，是人学。人，有无限可能。

“如果我们想要研究网络文学，那么网络文学的经典化势在必行。我们应当发明一套基本的话语体系去概括和评价网络文学，而不是任由点击率和推荐率等数据成为评价一部网络小说好坏的标准。”所谓“有识不在年高”，进入网络文学场域，舍我其谁?!

浅谈网络文学的文娱性

汉外191班 崔子平

在国内文娱化问题研究的三个阶段中，“人文精神大讨论”与“文艺休闲娱乐功能”之间的争论随近些年来互联网的发展和网络文学的兴起，再次被推上我们思考争论的浪潮。世纪之交的娱乐文化现象也在网络文学极速发展的过程中省思。在接下来的讨论中，我将以后者，即“文艺休闲娱乐功能”为重点，结合网络文学发展现况，从何谓娱乐、互联网条件下网络文学娱乐现象中作者与读者的互动和为网文的娱乐寻找边界三个方面来阐释我的观点。

当我们探究网络文化的文艺娱乐性时，第一个逃不开的问题就是对“何谓娱乐”的思考。从人类心理结构角度出发考察娱乐，娱乐大致被分为了四个方面。第一种为本能之乐，这种快乐可以理解为人类对于娱乐本能的追求，是一种生理上对娱乐的不自觉的倾向；第二种为感性之乐，是以本能之乐为动力进一步对娱乐的发展，感性之乐可以理解为对于可乐之物所传达的表面的各种信息进行领会而产生的快感；第三种为理性之乐，它以感性之乐为素材和基础，通过运用抽取和归纳等方法对感性之乐进行分类总结，是对感性之乐的超越和提升；第四种为观念之乐，是对理性之乐的再度升华，上升到了某种信仰、精神的层面。

从对四种娱乐的分类和理解，我们不难从普遍的网络文学的阅读经历和感悟中得出结论，大部分读者在阅读网络作品的过程中多停留在本能之乐和感性之乐的层面上。我们从猎奇的网络文学的故事情节中获得快感，再受这种想要获得快感的本能驱使，在“为娱乐而娱乐”的循环中往复。当然，也有许多读者在优秀网文作品的感染之下，将感性之乐上升为理性之乐，这也是大部分网络文学被称之为“爽文”的众多原因之一。

同时，互联网给予了网络文学创作者与读者更多即时互动的机会。区别于传统文学整书出版的形式，网络文学大多都在各网络平台上以连续更新的形式发布，而正是由于这样的互动形式，读者不再处于被动的地位。读者在平台之下对已存在的故事情节的评价和反映，也能影响网络文学创作者对接下来故事情节的设定。在这个（互动的）过程之中，读者和作者的亲密关系使网络文学有了更强的亲和力和更广的受众范围，读者和作者也都同时拥有了文学创作和文学审美阅读的体验。这种体验，满足了作者和读者的本能之乐和感性之乐，并在作品加工改造的过程中逐渐满足了他们的理性之乐，使网络文学进一步文艺娱乐化。

此外，在数字化媒介时代，精英与大众之间的界限日益消弭模糊。没有了传统文化体制下多重环节的监审以及创作身份和创作目的的特定要求，“草根”创作者获得了自由书写、表达的自由。正如网络文学《诛仙》作者萧鼎所说：“我写网络小说就是为了发泄。”网络文学创作对读者和作者娱乐需求的满足和互联网对创作者和阅读者的门槛和限制的放宽，让网络文学迅速地发展蔓延。

在作品的数量突破式增长的同时，网文质量虽然良莠不齐，但在众中取精，仍有大量的网文作品突出重围。在今年“珍藏时代经典　悦享网络文学”发布会中，百部网文佳作入藏国家图书馆（《庆余年》《琅琊榜》《大国重工》等）。同时，众多的网络文学也将被纳入国家文献信息资源保存体系，作为一种新兴的文字形式记录着时代表达。

但是，大众娱乐的时代下，何为文学娱乐的边界？这同样是我们需要思考的问题。中国传统儒家思想对于娱乐的界限用“乐而不淫”来阐释，例如《诗经》

中的《关雎》，虽然是首爱情诗，但“写欢乐不过是琴瑟钟鼓，写幽怨不过是辗转反侧，不伤于大和，既把欢乐和哀怨充分地表达出来，又符合道德的规范，既不禁止感官欲求，又不放纵感官欲求，防止过而不及”，在本性之乐、感性之乐和理性之乐中达到了平衡微妙的境界，此所谓中国传统教训中的“发乎情，止乎礼”。同时，在西方，《娱乐至死》的作者尼尔·波兹曼也在书中写道：“人们感到痛苦的不是他们用笑声代替了思考，而是他们不知道自己为什么笑以及为什么不思考。”在网络文学蔓延式发展和文学商业化、资本化目的的刺激下，部分网络文学创作者一味追求点击率，“好玩”“有趣”“新奇”“刺激”的感官体验带来的娱乐之感成了许多人为之消费的信条，盲目地被本性之乐和感性之乐驱使，例如很多言情小说、武侠小说、耽美小说，其强烈的故事性、情节性和浓重的暴力、性爱色彩踩到了读者的“爽点”上，强烈的审美冲击使得读者无力反抗和思考，只得被动地接受输出不加甄别的信息，这也是网络文学过分娱乐化后不可避免的问题。

朱大可在《生命中不能承受之乐》一文中，表达了他专题研究的主题思想，即“我们需要娱乐，但不能忘记思考”，应该“营造宽松的文化空间，把政治还给政治，道德还给道德，娱乐回归娱乐”。由此，我们认为看待当下网络文学的发展也该如此，既不要过分追求它的社会教化功能，又不要过度追求和强化它的文娱功能，为网络文学创作立“度”。

师评·智匠创作微论

“看待当下网络文学的发展也该如此，既不要过分追求它的社会教化功能，又不要过度追求和强化它的文娱功能，为网络文学创作立‘度’。”关于文学，“教化”与“文娱”，是否可剥离开来？

理性看待网文的文娱性，就要深入思考其特质："在网络文学蔓延式发展和文学商业化、资本化目的的刺激下，部分网络文学创作者一味追求点击率，'好玩''有趣''新奇''刺激'的感官体验带来的娱乐之感成了许多人为之消费的信条，盲目地被本性之乐和感性之乐驱使，例如很多言情小说、武侠小说、耽美小说，其强烈的故事性、情节性和浓重的暴力、性爱色彩踩到了读者的'爽点'上，强烈的审美冲击使得读者无力反抗和思考，只得被动地接受输出不加甄别的信息，这也是网络文学过分娱乐化后不可避免的问题。"既知缘由，便知去路。未来的提升与改进，已在征途。

少年们总能在网文里找到属于自己的快乐

汉外191班　吕才敏

在中国，自古以来就讲究“书生文气”，“文学”更是见证了几千年历史的兴衰。习习古风吹拂至今，它已发展成了一种重要的学科门类。

随着网络的发展，相应的“网络文学”的概念逐渐衍生。

网文究竟是如何诞生的？网文的发展最早可以追溯到西陆文学，具体时间已经模糊。最早的网络小说其实是论坛形式的网络与爱情式青春类小说，连成体文章都算不上，如今却有众多读者，究其原因，是网文带来的愉悦与欢乐。

人们为何会喜欢读网文？就是因为在忙碌了一天之余，想要阅读些什么来放松心情，可又无法集中精力去细细揣摩那些隐晦和深奥的名人名著，于是，网文就成了最好的选择。且网文种类众多，无论是什么群体的读者，都有挑选的余地。

网文大多是以快、狠、准的手段，稳稳地抓住读者的心。它能够给读者带来愉悦和欢乐，是因为它就是按照读者所想的模样去创作的。其中包括甜美的青春校园玛丽苏爱情故事，也包括平凡人因某契机而逆袭成某业界大佬的传奇故事，更不乏众多重生之后一路打怪升级后报仇雪恨等让读者能够代入并且感到欢愉的故事。看小说的人无非就是想要在别人的世界里多活一次，去拥有自己在真实世界怎么努力都得不到的，去爱自己不敢爱的（也许是物质方面的，也许是精神方面的）。

网文读者的对象大多集中在青少年，而处于这个阶段的人们大概率都是普普通通地上下学、考试、努力融入周围环境的群体。在来自身边各种各样的烦恼和压力的作用下，网文成了他们躲避的最佳场所。这时，网文的内容刚好符合中二时期的青少年们的需求，于是，网文成了他们的快乐源泉。然而因为网文质量的参差不齐，很多家长或者圈子以外的大多数人都对网文产生了刻板的印象，让网文曾一度无法在“文学”的世界生存，也无法堂堂正正地出现在大众的视野中。这是很可惜的，网文不该被埋没。

直到现在都有众多粉丝的“双斗”（《斗罗大陆》和《斗破苍穹》），这两部作品从小说到漫画，再到漫改动画，再到网络游戏，甚至到真人漫改剧，无论哪个阶段，都有众多支持者，承包了多少人的青春和童年。

这些网络文学 IP 在给读者带来快乐的同时，也带动了商业的发展。上面提到的小说改编而来的动漫和真人剧带来的商业影响力可真不小，它们在众多同类型的竞争者中凭着自己独特的优势杀出了一条血路，一路向上发展，打造出了只属于自己的品牌。从原著粉的角度来看，自己所喜爱的作品有了好的发展，自然能够支持原作者继续进行更好的创作，也能够给粉丝本身带来动力；从新领域粉丝的角度上看，这些领域的衍生给他们提供了很好的使用感受，自然乐在其中。

再者，当一个新人想入网文的坑时，他最先用来做参考物的，必然会是市面上最火爆最有影响力的 IP。也许有的人会想：“大众口碑那么好，会不会其实也就那样，只是个噱头？”我想，一部网文 IP 虽然因为众口难调而不能做到有口皆碑，但其必有出彩的闪光之处。也许是饱含深入人心的情感，也许是流淌悉心雕琢的文字，无论是哪一种方式，它总能以一种赏心悦目的姿态与我们相见。就算网文没办法从“文学”上做到满足，但单就故事的内容而言，既然能让那么多人追捧，能够“让你看得开心、看得爽”，这不就足够了吗？

网络文学的类型有很多。除了上面提到的那几种，还有前些年很小众但近几年逐渐出现在大众视野里的耽美小说。这种类型的小说，即使不是深度读者，也能够了解到大致内容。很多人一提起“耽美”二字，总是会不约而同地笑起来，至于笑什么，自然因人而异。而造成这种现象的出现，很大原因是耽美小说。

前面提到过，网络言情小说拥有很多读者，然而言情小说的局限性很大，套路来来去去就是那些，看得多了也会让读者觉得索然无味。而耽美不一样，耽美可以写出很多类型的故事，并且一般都不按套路出牌，脑洞清奇，它们可以跨种族、跨职业、跨年龄。有的文章会用耽美的外衣去剖析社会深层的东西，比如世人对同性恋的刻板印象；有的文章可以利用不同职业的设定，去讲述或者调侃一些大人们习以为常而孩子们从未切身了解过的行业里的潜规则以及让大多数人无可奈何的社会黑暗之处；还有的文章可以通过跨越年龄的设定，写出青少年遇到的不被大人们理解和关心的痛苦和烦恼。可能有人会问：“啊？这快乐在哪？”如有这个疑问，你可以细细想来，你通过这样的方式去了解社会百态，去感同身受，或者是在某些方面有了共鸣，有了被人理解的心情，这不就是一种收获吗？这难道不值得快乐吗？

也可能有人质疑：“若是这样的话，那我为什么不直接去读经典名著？”这样的质疑不无道理，文学经典确实应该成为青少年在阅读路上的有质量保证的选择，但是我相信，让很多人对文学或者说是对读书这件事情产生兴趣的，也许就是这曾经不被正名的“网络文学”。

经典名著像一位须发尽白的老者，带领当代青年领略历史风尘中社会的风貌和思想的馈赠。而网文，却是能够为我们拂来春风的新朋友。它们活泼明艳，携着我们的手，一起洞悉当代社会的脉搏，让我们体会当代人的深切情感，给予我们新时代的洗礼。

师评·智匠创作微论

“就算网文没办法从‘文学’上做到满足，但单就故事的内容而言，既然能让那么多人追捧，能够‘让你看得开心、看得爽’，这不就足够了吗？”这是难得的对待网文的一份包容和大气，更有深邃的思考。

“经典名著像一位须发尽白的老者，带领当代青年领略历史风尘中社会的风貌和思想的馈赠。而网文，却是能够为我们拂来春风的新朋友。它们活泼明艳，携着我们的手，一起洞悉当代社会的脉搏，让我们体会当代人的深切情感，给予我们新时代的洗礼。”借此而言，经典名著与当下网文，无不应在社会的人文世界占有一席之地。

网络文学发展现状及背后的价值思考

旅管191班　徐诗萌

网络文学，顾名思义，就是指新兴产生的以互联网为展示平台和传播媒介的，借助超文本链接和多媒体演绎等手段来表现的文学作品、类文学文本及含有一部分文学成分的网络艺术品。其中，以网络原创作品为主。

其发展现状尤其值得当代人去思考和细究。

首先，关于网络文学进入门槛低的问题。一方面，网络文学是一个新兴的行业，相比较传统文学出版之前需要经过大量审核，它的优势尽显：不需要程序复杂的严格审定，更没有出版之前的大量印刷宣传费用。虽然在一定程度上也会对它们进行相应的审核，但也是针对某些人气较高的或是即将上架的作品。另一方面，作为普通人，在当代有这样的机会去展示自己。开放的网络平台为素人提供发表作品的机会，让众人关注到自己，这放在以前是想都不敢想的事情，自然有很多人选择这条路。所以，网络作品会难以避免地出现良莠不齐的现象，一些语句不通、逻辑不畅、错字百出的作品也能被发表、疯转。

其次，关于网络文学衍生出的产业链。付费阅读就是一个很有说明性的产业链现象。还有IP版权经营性获利，动漫影视改编，通过出卖原著版权实现文化价值的变现。这些都是尊重知识、尊重脑力劳动价值的表现。

再次，创作模式的时代性特征。章回式的写作模式符合当下年轻人的作息时间规律。无论你是在工作还是在学习，都可以通过间隙的几分钟时间阅读完更新的内容，符合快节奏的生活模式。另外，这种定时更新、每次更新内容适度的模式，加强了读者和作者之间的联系，比以往作者写什么，读者被动接受什么更具灵活性。就作者而言，他们可以即时了解读者的心情和对于故事发展的想法见解，也方便做出修改；就读者而言，他们可以在整个作品的创作中，体验到更多的话语权，这可以极大地提高读者的参与感和满足感。由此，双方进行了多次思想碰撞，双方获利。

虽然网络文学在一定程度上的确促进了文学事业的发展，激发了人们心中的那份激情，但我们对事物的评价需要从辩证的角度来分析。网络文学不可忽视的一些缺点，也的确值得人们重视，并且要尽快解决。

比如，蹭热点、抄袭现象层出不穷。市场的自发性是一种难以避免的现象，但也不能任由其发展。国家文化管理局及相关政府单位需要对此做出严厉的惩罚，针对情节严重与否做出合理判罚。只有这样，才不至于流失行业内部的创作激情，也会给投机取巧、蹭热点、博人气的不良作家以警示。

又比如，套路模式化严重。众多的网络文学作品高产量推出，但真正可以称得上是良心出品的却很有限。什么题材最近比较受欢迎就写什么作品；什么剧情吸引人，不管和自己的文章上下文是否衔接，都通通拿来充数……同质化创作，流水线上生产出来的作品，又有什么可值得去赏析阅读的呢？更为严重的是，一些为迎合低级趣味而产生出来的作品，三观不正、哗众取宠、歪曲历史……真的是令人瞠目结舌。

还有，网络小说影视化也存在问题。就影视化改编本身而言，它不仅会促进网络文学行业的发展，而且能促进我国文化事业的中外交流。影视化逐渐形成一种趋势潮流，有很多原因：情节吸引人，题材丰富，还有就是其背后的利益保障。但影视化的程度及内容需要有更进一步的监管。具体大方向问题如下：一、过度改编。对于一些经典文学作品一改再改，一拍再拍，即使现在的拍摄技术、特效后期早已经有了质的飞跃，却再也还原不了最初的经典味道。近几年翻拍较火的《神雕侠侣》《西游记》等等，除了满屏的尴尬，找不出其他词汇来形容和评价。二、过度商业化、娱乐化。网络作品改编的初衷其实是让更多人了解这个作品，但是越来越严重的商务资本铜臭气，渐渐掩盖了作品的本真味道。观众、读者看到的、感受到的不再是最初原著的清新本味，而是不断的广告植入。原来的剧本被改得面目全非，迎合少数人的要求，把观众的智商、最初读者的情谊踩在地上反复蹂躏。三、改编无理性。网络小说影视化改编，更重要的一点是让原著小说的忠实读者和影视剧的新生观众共同爱上改编而来的影视剧作品，但真正能做到让翻拍剧贴合原著小说的影视作品少之又少。这种现象，一些是由于大环境导致的，一些真的就是因为整个制作拍摄团队不够专业导致的。

针对网络文学的发展状况及其背后相关的价值链，我觉得应该从多主体来分析和解决。首先就是作者本身，应该树立好文化传播者的榜样，自觉坚持原创，尊重知识产权，不断提升自身的文化素养，这样才能带来更多精品，才能让网络文学这朵活力之花不凋谢；其次是读者，要理性判别正确的价值观导向，选择良心读物，对自己负责，对社会负责，为了文化事业的发展贡献力量；另外，还有影视制作人，要坚持经济效益与社会效益相结合的原则，在商业化奋斗的同时，更加关注作品的质量输出；最后就是希望国家相关部门出台有效的文件，严格监督网络文学平台和影视行业，提出相对应的奖惩机制，促进国家的文化事业发展。

师评·智匠创作微论

从进入门槛到产业链，从创作模式到蹭热点，从影视改编到过度商业化，短短一篇小文，讨论了众多问题，虽然未能一一解决，但看到即有希望，提出好的问题是最关键的一步。这就是当代青年的视野和视角。

“针对网络文学的发展状况及其背后相关的价值链，我觉得应该从多主体来分析和解决。”针对作者、读者、影视制作人、国家相关部门的这些想法，无论如何，煞有指点江山的气魄。愿意思考，愿意为文学和社会思考，是一份愿意肩负的责任和勇敢的担当。

论网络文学与新时代大学生思想政治教育的联系

汉外181班　马梦瑶

习近平总书记曾指出，面对严峻复杂的国际疫情和世界经济形势，我们要坚持底线思维，做好较长时间应对外部环境变化的思想准备和工作准备。同时，习近平总书记也强调，应当从发扬当代大学生的斗争精神、提高当代大学生的政治定力、提高当代大学生的道德素质三个方向加强对新时代大学生的思想政治教育。由此可见，新时代大学生思想政治教育已经引起了广泛关注，而文学作品自古以来就承载着思想政治教育的重任，既是思想政治教育的主要教材，又是大学生开展自我教育的主要形式与手段。

首先，网络文学对新时代大学生的思想政治教育主要体现在网络安全方面。近年来，新媒体技术不断发展，网络技术迅速普及，文学作品的形式也随之发生了改变，网络文学已然成为一种新兴的文学类型。这种"文化快餐"被众多的大学生所接受，成为其喜闻乐见的阅读方式。虽说新兴的文学作品类型的出现开拓了大学生的眼界，有助于他们表达自我，但这些网络作品中不乏粗制滥造的成分存在，充斥着大量情色、离经叛道、是非观念不分明的内容，这样的内容势必会对大学生的价值观造成严重的误导。所以说，加强对于网络文学的监督管理是新时代大学生思想政治教育的必由之路。

其次，网络文学也有其积极的一面，体现在新时代大学生思想政治教育方面就是，网络文学能够增强当代大学生的文化自信，从而达到文化认同。传统的大学生思想教育的政治色彩非常浓郁，具有较为显著的意识形态标签。而当下以 90 后为主的大学生普遍拥有较强的个体意识，传统的灌输性、教条式的思想政治教育很可能会使其产生抵触心理。尽管一些大学生表面上接受了思想政治教育的内容，但内心却没有产生认同感，致使思想政治教育效果大打折扣。就比如当代大学生正在学习的各种思政课，我们在课堂上听讲很认真，在相应的考试中也取得了一定的优异成绩，可是当我们放下课本，走出教室，我们又得到了些什么呢？所以说，传统的思想政治教育模式已经不是万能的，而网络文学依托发达的现代信息技术，发展前景是十分明朗的。再者，网络的开放性与多元化为大众参与文学创作提供了平等的机会，因此每个人都可以通过互联网畅所欲言。网络文学的发布门槛低，这使得每个人都有成为网络作家的可能，大学生作家就是网络文学创作大军中的一大主力。开放的网络环境在开拓大学生视野的同时，还可以培养大学生的主体意识，使他们养成独立思考的能力。另一方面，多姿多彩的网络文学作品迎合了大学生的精神文化需求。大学生处在人生发展的重要转折阶段，情绪波动极大，网络文学在情感表现方面更加直接、大胆。大学生的这些特征为其文学创作提供了非常丰富的可能性，这无疑会增强他们的文化自信。

最后，网络文学能够帮助新时代大学生树立正确的价值观，是新时代大学生思想政治教育的重要内容。这里以十四夜的《醉玲珑》为例。这部小说主要讲述的是情场失意的企业总裁独女宁文清无意之中触动了阵法穿越到古代，成了具有双重身份的凤卿尘（臣相女和巫族女），与夜氏皇族四皇子产生了一系列的感情纠葛。后来在巫族被诬陷遭遇灭顶之灾之时，凤卿尘通过一系列斗争为巫族洗刷冤屈，并最终与四皇子一起开创了盛世。关于穿越、关于男女主角的感情纠葛，我们能去考究的内容并不是很丰富，但是穿越后女主角为改变自己人生而做出的一系列努力却是值得研究的。这便是网络文学能够对新时代大学生进行思想政治教育的一个重要方面，这类具有价值导向作用的网络文学也比比皆是。所以说，网络文学对于帮助新时代大学生树立正确价值观是有一定积极意义的。

新时代大学生思想政治教育工作任重而道远，其时效性的实现受到多方面因素的制约。网络文学作为一种崭新的文学样式，它对大学生有着极强的吸引力与影响力，是大学生思想教育的新形式。作为一种崭新的思想教育方式，网络文学不仅拓宽了大学生思想政治教育的手段，更丰富了高校思想政治教育的内容，有利于促进新时代大学生思想教育工作的进一步深入。

师评·智匠创作微论

既看到其中问题的存在，也看到其在教育和文化中产生的作用，这是青年人具有的辩证思维和包容思想的表现。网文与思政教育，大概是很少有人关注的视角，但作为网文阅读者，能够体会到网文中的思政教育元素，具有独特价值和意义。

“网络文学作为一种崭新的文学样式，它对大学生有着极强的吸引力与影响力，是大学生思想教育的新形式。作为一种崭新的思想教育方式，网络文学不仅拓宽了大学生思想政治教育的手段，更丰富了高校思想政治教育的内容，有利于促进新时代大学生思想教育工作的进一步深入。”在思政课程发展的同时，阅读思政内容同样具有意义，而主动思考思政教育，对于思政教育的接受者来说，更为难得。从网络文学到思政教育，大学生是其中的最直接受益者。

浅议网络文学 ①

齐齐哈尔大学 机械175班　吴邦硕

在笔者看来，不是所有的网文小说都能被叫作网络文学。因为作为一种文体，其创作内容也必然是向“善”的，拥有积极向上的观念且符合社会价值观。但目前网文小说市场，为了迎合大众读者的需求，小说当中会出现大量的低俗桥段甚至不堪的言语。如果仅仅是作为一个娱乐消遣的工具，那么貌似也无可厚非，但若是作为一种文学读物、一类文学题材而言，却是不可忽视的问题。而这也正是家长们反对青少年看网文小说的一大理由。

网络文学作为一个新兴的文学创作题材，正在改变着传统的一些创作理念。且其发展速度越来越快，网络小说作家也如雨后春笋般层出不穷。网文不仅成了一个热点、一种娱乐方式，甚至延伸出了许许多多的产业。

纵观各大网文大神的作品，其中的知识和理念也是相当齐全的。网文小说的主要构成共有三点：其一，大时代背景；其二，小说人物的刻画；其三，小说故事的情感。而这些因素或多或少都与作者本身的思想情感有关。

① 本文为特邀参加大连大学大学生创意写作课相关研讨论坛的兄弟院校同学创作。

近期，网文界有一个特别火的小说类别，叫克苏鲁风小说。克苏鲁最早出自美国小说家霍华德·菲利普·洛夫克拉夫特所创造的克苏鲁神话，是旧日支配者之一。虽然他不是地位最高的，却是最知名的，也是克苏鲁神话的形象代表。世界几大上古神话体系，其中最为出名的有三个，分别是：上古中国神话、古希腊神话、北欧神话。另外两个比较出名的有西亚或美索不达米亚神话和印度神话。而在网文界中，对应大时代背景下的各神话体系的小说也是层出不穷，特别是古中国神话体系。《飘邈之旅》的作者萧潜便是借助了现代网络的力量，从中汲取了中国上古神话的修仙传说，进而根据自己的整合，开创了网文小说的一个时代——修仙流。他所梳理的修仙境界，被网文小说作者沿用至今，甚至隐隐成了中华修仙文化的标志。

不仅如此，中国古代的文化、服饰甚至喜好也都在网文中有所体现。几十年前，金庸、古龙双峰屹立，武侠世界蓬勃发展，现在烽火戏诸侯，一人一笔道尽江湖风雨，朝堂天下，一句剑来，让多少人的武侠梦又重新活了过来。

一本好书，汇聚的知识、思想、灵魂、意志都是丰盈的。网文作为一个新生的文学题材，在未来定然会越来越好，中国的网文热潮也会越来越激烈。但，在网文极速发展的时候，我们也要保存一份真心，尽量避开那些污害网络文学环境的作品，减少那些不健康的文字流入市场。同时我们身为读者，也应该尽量不去读那些存在不正确思想、不健康理念的网络小说作品。

最近几年，国家新闻出版广电总局对网络小说中一些不良行为进行了管理，对于有不健康内容的书籍也进行了封禁处理。看得出来，这一举动对作者的创作激情和读者的阅读兴趣都产生了一些影响，但这些不适应只是暂时的，网络小说要想真正转变成网络文学，这是一条必经之路。我相信，在未来，网文将会更加兴盛，对于青少年的积极影响也会越来越好。

师评·智匠创作微论

笔者提出“不是所有的网文小说都能被叫作网络文学”，并从内容到语言到理念给出自己的观点，能够多方面、多角度地思考网络文学的得失与特点，可见一代青年大学生的情怀和识见。使命感与责任情怀在，点点滴滴，是前行路上的收获。

“一本好书，汇聚的知识、思想、灵魂、意志都是丰盈的。网文作为一个新生的文学题材，在未来定然会越来越好，中国的网文热潮也会越来越激烈。”“我相信，在未来，网文将会更加兴盛，对于青少年的积极影响也会越来越好。”这既是一位青年人对优秀文学的理解，也是一代青年对优秀网文的评判观点代表，有一种“书生意气，挥斥方遒”的气概。

网络文学小议

中文181班　谯子春

随着互联网与多媒体技术的快速发展，文学与互联网结合诞生了网络文学。网络文学也属于文学的范畴，与传统文学的创作相似，作品的题材来源于社会现实。作者将社会现实进行艺术加工，以文学的形式将社会现实表现出来，通过艺术升华，给予读者思考的空间。同时，作品也不免带有作者本身的主观意识，表现出作者对于社会某一现实的看法与倾向。与大部分优秀作品一样，优秀的网络文学作品对人生具有正向的引导意义，读者在阅读作品时，能够感受到作品背后所隐含的社会哲理与人生哲理。

网络文学是伴随着网络经济发展而成长起来的，不可避免地具有商业化特性。作者会迎合读者的喜好，以获得广大的读者群体。当今社会，经济快速发展，社会压力增加，生活节奏加快，如此种种让人们想在闲暇时，在小说中脱离现实，找到一片短暂的乐土。网络小说恰恰实现了这一点，它的节奏快、爽点多，让我们在阅读时，可以迅速将自己代入到主角的身份，这也是网络文学能够快速发展的原因。在闲暇阅读时，人们不是想到书中去寻找人生与未来的意义，他们想找的是快乐而不是沉默的压抑。这是社会快节奏发展和功利化的结果，我们应该正视这个客观现实。

由于这个客观事实，人们看待网络文学时，很大一部分是一片批判之声，特别是对于大部分家长来说，耽误孩子学习，让孩子沉迷小说无法自拔，仿佛成了网络文学不可抹去的污点，但这么说未免有失偏颇，任何东西都有矛盾性。

众所周知，网络文学以网络为载体，由于传播较为便捷，阅读便捷性大大提升，降低了阅读的成本。网络文学在给阅读带来便捷的同时，也使大众思想活跃碰撞，文化之间相互交流，极大地推动了知识的传播。

依靠多媒体技术，读者与作者在网上可以相互分享自己的看法与观点，因此，相对于传统文学，网络文学具有更大的互动特性。人们在互联网上可以尽情地相互讨论看法，抒发自己的观点，表达自己的阅读感受，这极大地满足了人们自我表达的需要。而各种思想在网络世界里碰撞，不同立场的不同观点相互辩驳，使人们不再闭门造车，而是兼容并蓄，以海纳百川的姿态吸收发展，从而促进了思想的发展。

网络文学相比经典文学，总是贬大于褒，这是因为它太年轻了，从它产生到现在才不过十几年而已，缺乏一定的沉淀，无论是其创作目的还是创作价值，人们也还在不断探索的过程中。

但随着社会的发展，人们越来越重视精神文化建设，越来越多的人开始关注网络文学的发展与建设，也有越来越多的读者进入了网络文学的圈子。网络文学的发展使得套路单一的劣质作品无法满足读者的阅读需求，题材创新、情节创新等网络文学创新的呼声越来越高。大量新鲜血液的加入，使网络文学进入更新换代阶段，网络小说进入了淘汰赛过程。迫于形势，网络作家不得不不断提高创作能力，脱离浮躁，开始重视小说蕴含的文学价值与思想需求架构。随着网络小说不断自我改良，人们也开始接受网络文学，并向网络文学反馈市场质量需求。在这种优良的自我循环中，网络文学得到了合理化、科学化的发展。多媒体互联网的发展更为网络文学的传播提供了便捷。追求经典，追求创新，已经成为网络文学的目标。

经过不断发展，网络小说也慢慢地“回归经典，追求经典”。从曾经的单纯追求爽点，情节混乱无脑，单纯追求商业化，到现在开始反映社会现实，反映人生哲理，网络文学也在一步步发展，不断成为当今文学的重要组成部分。

网文作者烽火戏诸侯说过：网络文学蓬勃发展二十年，固然是商业土壤里怒放的一朵奇葩，也确实经历过很长一段时间的泥沙俱下、人心浮躁。但是我坚信随着读者的逐渐成熟、作者的不断成长，会形成一个良性循环，前者带动更好的阅读习惯，后者推进经典网络文学作品的涌现，最终“我见青山多妩媚，料青山应如是”。

在网络文学的花园中，百般红紫斗芳菲，好一番春意盎然的景色。网络文学也将如春天一般，生气勃勃，不断发展提高。

师评·智匠创作微论

网络文学在恍然间已经走过数十年的历程，从最初的星星之火到今天的不可忽视、蓬勃发展、影响巨大，成为使人不得不驻足审视的文学与现象。“追求经典”将会是网文不可避免的趋势和发展方向。读者的要求越来越高，倒逼网文的质量越来越好，期待网文的“经典”百花园缤纷绚烂。

诚如论者所言：“与大部分优秀作品一样，优秀的网络文学作品对人生具有正向的引导意义，读者在阅读作品时，能够感受到作品背后所隐含的社会哲理与人生哲理。”“在网络文学的花园中，百般红紫斗芳菲，好一番春意盎然的景色。网络文学也将如春天一般，生气勃勃，不断发展提高。”

浅谈网络小说的多样化建构

中文 191 班　苑绍东

网络小说的多样化建构，第一个方面就是网络小说的类型多样化。从初始发展比较单一的玄幻修仙小说《天魔神谭》《我是大法师》，到现在相对丰富的军事小说《我是特种兵》，历史小说《赘婿》《大明王朝》，游戏小说《全职高手》，体育竞技小说《刀客》等等，网络小说的内容已经得到极大的丰富，类型也越发迥异千奇。第二个方面是网络小说的风格多样化。初始时，网络小说的风格以热血、修真、武侠等为主，比较单一。到现在，霸道总裁、都市丽人、轻松写意等等，已经得到了不小的拓展。第三个方面是网络小说的剧情人设多样化。从绝对正义角色到后来的偏正义角色、亦正亦邪角色，剧情主人公的形象明显得到了更加真实的展现与丰满。我们有理由相信，在这个新时代里，网络小说的风格、类型、剧情、人设等，都会得到更加充分的发展，使多样化更加充分。

网文建构可以开创一个流派风格，成为开山的标志，也可以在开创的基础上进行完善。初创者开创的模型被后继者进行完善，得到完成度更好的作品。比如人物模型——某种人设的代名词，著名演员焦恩俊于宝莲灯中扮演二郎神杨戬后成为二郎神的代名词；世界模型——新奇的世界建构，《斗破苍穹》所建构的斗气世界以及众多修真小说创建的修真世界等；规则模型——某些小说遵循的设定，比如修真小说的筑基金丹等级规则、洪荒神话的天道等。

《斗破苍穹》是于 2009 年 4 月 14 日开始上传的一部玄幻小说，作者天蚕土豆选用了穿越题材，而穿越小说目前公认的开山之作是台湾作家席绢的处女作《穿越时空的爱恋》，这是于 1993 年就早已出现的。穿越小说是网络小说最火热、最受欢迎的类型之一。而《斗破苍穹》构建了一个全新的斗气世界，其奉行的世界规则是弱肉强食，世界规则构建相当新颖，也算是一个低位的世界模型。其世界规则融合了现实世界的古今规则，弱肉强食无论是在古代还是现代都一直存在。当然，在书中的世界，弱肉强食法则同样会被压抑，但还是会有一部分被释放出来。这也就是书中强者为尊，弱者为奴的思想来源。主人公萧炎不断修炼提升阶位，向上发展，这不自觉地和当代向上精神产生交融。提到《斗破苍穹》，想必书虫们印象最深的就是女主角之一纳兰嫣然退婚一线。萧炎少年得志却意外沦为连普通人都不如的废物，纳兰嫣然不愿委身于一个前途毫无光明的人，正所谓世界不同何必相融，于是她强行退婚，然后被剧情设定狠狠打脸。而因此出现的废材退婚流被之后很多网络小说作家运用，“三十年河东，三十年河西，莫欺少年穷”。

《斗破苍穹》的人物模型还有很多，例如青梅竹马萧薰儿、随身老爷爷药老。每一部经典的网络小说都会相应产生一些人物模型。人类的思想在进步，在发展。只要有发展，就会有新的东西出现，然后建构更新的未来。站在时代前沿，我们眺望网络小说的未来，清晰可见的是会不断更新换代、不断创建新标志的全新时代。

师评·智匠创作微论

对于类型众多的网文而言，探讨其多样化，是一个非常丰富的话题，仅是本文作者提到的从类型到风格再到人设就有诸多。而网文的丰富性与多样化源自现实世界的多样化和丰富性。

“每一部经典的网络小说都会相应产生一些人物模型。人类的思想在进步，在发展。只要有发展，就会有新的东西出现，然后建构更新的未来。站在时代前沿，我们眺望网络小说的未来，清晰可见的是会不断更新换代、不断创建新标志的全新时代。”每一个网文阅读者或小说爱好者总是如此对网文的发展信心满满，期待网文的未来发展诚如其所愿。

网络文学艺术性分析

当大部分人都在关注网络文学的内容及特点时，已经有人开始关注网络文学的艺术甚至语言及审美，自由性、大众化特点及其审美影响与前景等。审美视角的思考，是对网络文学良性发展的未来的期待和呼唤。这是人心所向，也是必然之路。

网络文学语言与文学审美性的辩证关系

汉外191班　潘欣彤

网络文学语言是网络文学审美形态的核心要素。网络文学语言由传统文学语言发展而来，但又不同于传统文学语言。网络文学语言依靠网络进行创作，最终提供给网友进行阅读的展现形式，对创作者和读者并没有严格的限制，打破了传统文学语言的局限，也因此带来了很多传统文学不具备的审美性和局限性。

一、网络文学语言的审美特征

语言表达上的大众化。网络文学语言的大众化，即是将文学语言展现得简易化、通俗化。这种通俗的大众喜闻乐见的作品，恰好更符合网民读者阅读时的情感预期。《网络文学与传统经典文学阅读价值比较研究报告》的问卷调查显示，读者在阅读网络文学作品时，更多的是想要放松心情、得到心理满足，也就是所谓的追求网络文学的“爽”点。当我们阅读一篇语言通俗流畅的网络文学作品时，更容易一目了然地把握文章的内容、思想，相对不需要深入思考语言表达的内涵，阅读负担减轻，阅读欲望也随之加强。而若这种“快餐式阅读”成为一种大势所趋，传统的文学审美性必然会发生一定的“形态变异”。

语言运用的自由性。互联网是一个自由的平台，文学是人类自由精神的象征，正是因为二者有一个共同的精神支撑点——自由，互联网能够接纳文学走进网络。语言是沟通的媒介，文学创作就是一种作者与读者错时空沟通的活动。网络作家为了满足读者对于新鲜感的追求，吸引网民的注意，提高点击量，必然会在这个媒介上绞尽脑汁出奇、出新。同时文学创作本就是一个情感迸发的过程，网络文学作家往往追求个性张扬和内心情感的释放，这也是导致网络文学语言自由性强、个性鲜明的一大重要原因。

二、网络文学语言的审美影响

在网络文学蓬勃兴起、传统文学相对式微的大环境下，分析网络文学语言对文学审美性的影响更需要辩证地去看待。

网络文学的语言有传统文学语言和现代科技衍生语言（以网络语言为主），既继承了传统审美表征又发展了新兴语言。在当下社会中，随着网络科学的进步和普及，网络文化的发展带动了网络文学语言的进一步成熟，并以通俗化、大众化、自由化、戏谑化逐渐取代传统文学语言的经典化、神圣化、理性化。

在网络文学的语言里，雅俗本就不是对立的，网络文学语言随着网络文学的发展日趋走向成熟，逐渐形成了自己的审美特征。大热的推理剧《隐秘的角落》，其原著《坏小孩》即为典型网络小说，作者紫金陈的文笔也在小说知名后受到了一些诟病。来看出自原文中的语段：

> 叶驰敏停顿一下，过了几秒，眼泪就如兰州拉面般滚了出来。
>
> 他愤然用尽全力，一把将朱晶晶推翻出去，丁浩伸手去拉时，已经来不及了。紧接着，楼下传来一声剧烈的“砰”！就像西瓜从高处落到了地上。

阅读时，细心的读者可能会察觉，前句中这个比喻略显生硬。在我们传统的阅读经验中，将眼泪与翻滚的拉面联系起来实在是过于牵强。而后一句，形容一个人坠楼的场面用“就像西瓜从高处落到了地上”，也不是什么精妙的比喻，但粗浅地一眼看过去，却足以产生画面感。这样的句子放在严肃文学、经典作品中很难不受人指摘。但若是在以网络为载体的网络文学中，在追求心理刺激的阅读过程中，很少有人会停下来仔细品评这样一句话，而更多的只是草草掠过，脑海里仅留有浅层印象即可满足。这也正是网络文学语言审美性有一定的变异，同时文学性显著降低的重要原因。

网络文学语言在很大程度上将传统文学作品规范严肃的语言形式转变成了轻快的语言格调。这一方面极易造成深度思想的平面化，对传统的主流文学审美是一个相当大的冲击；另一方面，也降低了创作和阅读的门槛。

三、网络文学语言的前景

网络文学语言伴随着网络文学发展至今，在作品中呈现的形式也纷杂多样。因为网络文学语言的词汇构造形式，部分人对网络文学语言抱有偏见，认为：一者网络文学语言粗浅稚拙，难以满足文学作品对于审美性和文学性的要求；二者网络文学语言弊端尚存，因其构词的形式怪异，会给读者带来阅读上的困难，或将影响语言的规范化和传统文学语言的正常发展。但究其根源，传统审美要求并不是一个固定的牢笼，文学的审美性可在阳春白雪亦可在下里巴人。网络文学语言的出现对传统文学审美的冲击是必然的。事物大多存在着正反、利弊两方面，面对必然的发展趋势，如何做到扬长避短，促成网络文学语言审美性的提高？可以从以下几个方面努力：首先，要加强网络文学平台的载体建设；其次，要注重网络文学作品的创作质量；再者，需要建立完善的网络文学批评体系；最后，要加大对网络文学的监督力度。

作为一种崭新的文学形态，网络文学具有强大的生命力和诱人的艺术魅力，网络文学语言更是有着强烈的吸引力和共情调动能力。历史上历次的语言变革往往蕴含着新生的力量。如果我们能创建一个合理的评判环境，创作者和读者提高文学素养和审美水平，网络文学语言将会与传统文学语言齐头并进，共同繁荣，文学自由的时代也会随着网络文学的良性发展而真正来临。

师评·智匠创作微论

当大部分人都在关注网络文学的内容及特点时，已经有人开始关注网络文学的艺术甚至语言及审美，自由性、大众化特点及其审美影响与前景等。这就是这篇小文所代表的一种研究趋向。青年大学生理性的阅读与思考网文的现状，已可见一斑。审美视角的思考，是对网络文学良性发展的未来的期待和呼唤。这是人心所向，也是必然之路。

“网络文学的语言有传统文学语言和现代科技衍生语言（以网络语言为主），既继承了传统审美表征又发展了新兴语言。在当下社会中，随着网络科学的进步和普及，网络文化的发展带动了网络文学语言的进一步成熟，并以通俗化、大众化、自由化、戏谑化逐渐取代传统文学语言的经典化、神圣化、理性化。在网络文学的语言里，雅俗本就不是对立的，网络文学语言随着网络文学日趋走向成熟，逐渐形成了自己的审美特征。”观点明确，富有思考与见解。网络原住民的网络文学语言观，由此可见。

网络文学轮回叙事方式的阐述[①]

——《三生三世十里桃花》

重庆师范大学 财管182班 余思瑶

《三生三世十里桃花》这部小说是经典的古风仙侠类爱情小说。小说主要围绕夜华和白浅两位主人公之间的爱恨纠葛描绘了一幅荡气回肠的神仙爱情画卷，展现了一个缥缈梦幻、浪漫多情的神仙世界。小说中的神仙人物不再高高在上，反而给人一种亲近、接地气的风趣感。

小说中，七万年前，墨渊（夜华同胞哥哥，白浅的师傅）以元神祭东皇钟之际，夜华的元神被身为男儿身的司音（这是白浅学艺时的化名）悲痛嘶哑的声音唤醒，将爱刻入了记忆里。五万年后，重获新生的夜华与经历情劫在俊疾山上的白浅（这时叫素素）相遇、相许、相爱，却受天规所限，无法相守，最终伊人诛仙台上一跳，心成殇。缘分就是如此阴差阳错。三百年后，他又重新遇见白浅（此时白浅已喝忘情水，不记得飞升上神时所经历的一切，那三百年已然忘却）。两人又宿命般地相遇、相知、相惜、相爱。这一次夜华更加倍地偏宠她，小心

① 本文为特邀参加大连大学大学生创意写作课相关研讨论坛的兄弟院校同学创作。

地呵护着失而复得的感情。隔了三百年，还是躲不开宿命般的纠缠，天时地利人和，论说这一世无论如何都不应再错过。可惜，最后为了救白浅，夜华牺牲了自己。白浅着魔般抱住夜华的身体，十四万年修行结出的法界，四海八荒的神仙齐聚若水之滨，却没有一个人能破得开，直到东皇钟的声声悲鸣引来清修的师傅墨渊。如同那九九八十一难，少一难便算不得归真。幸好最后夜华醒了，文中写道：“树下立着的黑袍男子，眉目如画，漆黑的发，唇边浅笑懒回头，还是旧时模样，叫了一声：浅浅，过来。”三生三世，十里桃花，总算修得个圆满。

开篇用顺序的叙事方式描绘了白浅历经情劫时化身凡人素素被夜华带上天宫后的生活。全程以第一人称素素的视角，展现了被爱人背弃的痛苦、无奈、委屈与后悔。文中写道：“其实那本是他们二人之间的爱恨情仇，我不过是一个路人，迷迷糊糊被牵扯进来，是命中的劫数。”最后素素跳下诛仙台，破除封印，飞升上神，喝下忘情水，这须臾几十年的爱恨情仇不过是青丘之国白止帝君的幺女白浅上神做的一场梦，梦中带着无尽苦楚和微微桃花色。

三百年后便到了白浅与夜华相遇这一世。夜华与素未谋面的白浅在十里桃林偶遇，留给白浅的只不过是春宵梦一场，不过从此两人开始了新发展。夜华知悉白浅就是素素时，利用那纸既定的婚约，加上锲而不舍的努力和无微不至的关怀，终于赢得了白浅的芳心。白浅恢复记忆后，对夜华之前所为心伤不已，心存怨怼。东皇钟一战后，在夜华弥留之际白浅才看清了自己的心，也真正看懂了夜华。

幸好最后峰回路转，三年后夜华苏醒了过来。文中写道：“不留神洞旁三年前的桃树已开得十分繁盛。青的山，绿的树，碧色的潭水，三年来，我头一回看清了青丘的色彩。日光透过云层照下来，青山碧水中的一树桃花，犹如九天之上长明不灭的璀璨烟霞。”有一种恍若梦境、雨过天晴的感觉。明明是自己的家怎得头一回看清了色彩？不过是失而复得，能马上再见到心爱之人的欣喜豁然，更是经历了三生纠葛后，终于能安稳生活的喜悦。

司音与墨渊那一世运用了插叙的手法，文中写道：“后来大哥告诉我，风月里的计谋不算计谋，情趣罢了；风月里的情趣也不算情趣，计谋罢了。经过一番情伤后，我以为甚有理。堪堪彼时，却并未悟到其中三昧。”这是白浅在去参加东海大宴时，因迷路脚滑而掉下了大洞，遇到了懵懂时期的初恋离镜，想起了七万年前的心伤往事。白浅五万岁时，变换了男儿身，名叫司音，与鬼族二王子离镜相爱，可阴差阳错离镜不知白浅真身，与长相神似白浅的女狐狸玄女苟合到一起。初尝情爱，便受此情伤，反而是师傅墨渊整日陪白浅度过了这段伤情时期。鬼神擎苍乱世，墨渊是东皇钟的主人，拼着魂飞魄散的风险将擎苍锁进了东皇钟。白浅一遍遍声嘶力竭地呼唤着墨渊的名字，她没能唤醒想唤醒的人，却唤醒了一个久睡的灵魂（夜华）。这是夜华和白浅的初次相见，只是白浅不曾看见，这个声音却深深刻进了那个灵魂（夜华）的骨子里，从此三生三世的劫缘便在此种下。

三世轮回运用插叙、顺序的不同方式叙述，终是一人的浪漫爱情诗篇。十里桃林见证了他们的缘起缘灭。作者的文笔潇洒风趣，言语之间颇有道家风范。这是属于女子的风骨、洒脱，以淡淡俏皮的口吻描绘着深刻浓烈的感情，轻松之余也能感受到如飞蛾扑火般的炙热画面。这是当代人对爱情忠贞纯粹的向往，人们骨子里的浪漫情愫在此十里桃林中展现得淋漓尽致，凸显了作者内心深处浪漫的人文情怀。

师评·智匠创作微论

叙事，是传统文学艺术研究的视角。在网络文学中，同样有叙事的呈现，可作为研究的视角。而轮回，作为中国小说的经典叙事模式，在网络文学中获得重生。同是叙事，同是轮回，同与不同，传递出网文与传统文学之间可互鉴，亦可互见。

"三世轮回运用插叙、顺序的不同方式叙述，终是一人的浪漫爱情诗篇。十里桃林见证了他们的缘起缘灭。作者的文笔潇洒风趣，言语之间颇有道家风范。这是属于女子的风骨、洒脱，以淡淡俏皮的口吻描绘着深刻浓烈的感情，轻松之余也能感受到如飞蛾扑火般的炙热画面。这是当代人对爱情忠贞纯粹的向往，人们骨子里的浪漫情愫在此十里桃林中展现得淋漓尽致，凸显了作者内心深处浪漫的人文情怀。"三世轮回，正是真情深情的亘古爱情故事的重现，亦古亦今，情义永流传。

《残次品》

——网络文学的开放性与想象力

中文191班　曲冉

网文作家priest的星际科幻小说《残次品》讲述了在未来星际战争的大背景下，精英主角们带领身处底层的“科技弃民”（残次品）打碎科技“乌托邦”的梦魇，完成社会变革，获得生存权的故事。

作为一部星际科幻小说，大胆的想象力和合理的逻辑是必不可少的，《残次品》能在众多网络文中脱颖而出，其想象和逻辑功底可见一斑。美国哲学家杜威曾说：科学最伟大的进步是由崭新的大胆的想象力所带来的。但我认为不仅如此，想象力的创新也需要社会的开放和包容，毕竟，无论新事物多么先进，也需要社会的接纳才能成为流行，网络文学同样如此。于我而言，其最吸引我的地方就是开放与想象。

最初，《残次品》在浩如烟海的网络文学中，成为我眼中的闪亮点，是因为它引用了狄更斯《双城记》中的一句话：“这是最好的时代，也是最坏的时代。”加上“残次品”这个并不算褒义甚至有些贬义的词汇，让我很想了解一下这到底是怎样的一部作品。

但当我真正阅读完这部小说时，我不仅明白了“残次品”的双关含义，同时也被作者想象的伊甸园所打动。

首先，伊甸园是作者所构思的未来产物，相当于未来的高级网络。但这个网络不再单单以各种线路、电脑等工具来传播，而是直接接入人的大脑，甚至未来的战斗武器机甲也要由网络来链接大脑。伊甸园可以按照最标准的生活准绳、身体质量来为你调节各项身体反应，提供生活需要，更是可以直接将知识信息传输进大脑。伊甸园本来是作为人们的娱乐用具，但逐渐被所有人应用，危机也由此开始。事物总是具有两面性，科技也是。正如作者在书中所描述的：“任何东西都有两面性，谁能让你幸福，谁就能让你迷失。”当它渗透到了人类生活的方方面面，那么人类的隐私也将无所遁形。当所有人都相信并接受了它的时候，这便成了一项信条、一项规定。而不能与所谓的伊甸园相连接的少数人自然而然被认为是低等、劣质的下等人，只能被驱逐出发达的七大星系，去往落后、遥远、混乱的第八星系。在没有战争的和平年代，那些所谓的管理层、领导人反而为了自己的形象去屏蔽信息，以维持自己的隐私和形象，这就产生了相应的阻隔技术。但这项技术实际上是违反管理者们所宣扬的信条的。

这部书中对于伊甸园这一形象的想象，既没有凭空想象，也没有胡编乱造，而是对当代网络所带来的利弊的合理想象，让我对网络文学的想象力有了很大的期待。每个刚出生的婴儿，都会在合法注册之后，被纳入伊甸园。这个合法公民从生到死，都会得到最好的照顾，现实世界被精神网无限延伸，孤独、抑郁、焦虑……这些都不可能存在，因为一旦伊甸园感受到你有这方面的倾向，就会通过刺激你的感官、调节你的激素水平，来消除这些不良感受。远古地球时代，很多宗教都有这种概念——无忧无虑的终极理想之地，他们叫它“极乐之地”“天堂”或者“伊甸园”。传说神明把人类从伊甸园里轰了出去，现在凡人又自己做了个新的。它就像老子所说的愚民之政，让人民依靠外部事物，失去自我感受。这不是人类的进步，反而是人类的退化。

再有，所谓的残次品，表面上看是指那些生来就不能连接机甲、连接伊甸园的空脑症患者，如其中的角色黄静姝之流；深层看，却是指向联盟中一生下来就被伊甸园托管的公民。他们过分依赖伊甸园而失去了自由，失去伊甸园后不堪忍受又跳入了新的牢笼，最终反而成为失去自主意识的残次品，陷入一种新型毒品——“植入型人体及脑电波生物芯片”。就这样，当他们完全依赖于科技并以之为幸福时，一旦他们所依托的科技遭到毁灭，那么依赖它的人也必将走向灭亡。而他们所谓的被伊甸园抛弃的空脑症患者反而像是普罗米修斯一样带给人间火种，带领人类走上正确的道路。正应了那句话——不完美才是完美，虽然听来强词夺理，却不是没有道理。如果所有人和事物都是完美的，那这个世界也会缺少很多乐趣吧！作者在作品中像很多未来灾难文一样对人类划分了等级，但又不是以财富、地位划分，而是以能否链接使用伊甸园、是不是空脑症来划分，所以网络文学一大吸引人的地方就是它的想象力，即使创意相同，但总是能够创造出新的表达。

而网络文学的开放性则表现在方方面面，例如它囊括了星际、危机、未来、同性间的爱情等主题，以及对未来人类命运的探讨。在文中有人问：“我们的未来，是会死于奥威尔，还是死于赫胥黎？”“这两位伟大的预言家，一个描述了高压暴政，用永不停息的憎恨和专制驱动的社会，另一个描述了娱乐至死，自愿被洗脑、被设定的玩偶社会。一个讲了永恒但不会有结果的战争环境；另一个讲了战争消失、人类大同，所有人都浸泡在迷幻药里的时代。”将网络文学所流行的跌宕情节和大主题相融合，可以充分发挥自己的想象，推演现实社会中还没有定论的事情，给人美好的向往；可以就自己喜欢的创作背景（如人们对同性爱情的包容与接受），对于现在我们的法律正在改善的地方进行自我意见的表达。其实人类往往就是在这些开放的思想中得到进步，而这也是这部作品可以吸引我的另一大原因。

存在即必然，网络文学的存在肯定有其必然意义。在这部作品中，我感受到了那种活跃的想象力和对未知事物的开放性探讨，这或许就是网络文学蓬勃发展的一大原因。因为时代需要不断发展，也需要不断接纳新事物，所以我们或许可以在网络文学中受到启发。

师评·智匠创作微论

开放性与想象力，大概不是网络文学唯一的特点，但大概却是网络文学最显著的特点。论者抓住了网络文学这两个显著特点，并予以彰显。从一部独特的网文中分析其类型与深刻内涵，探讨其开放性与想象力，是一部网络文学，也是一类网络文学的特质所在。“我感受到了那种活跃的想象力和对未知事物的开放性探讨，这或许就是网络文学蓬勃发展的一大原因。因为时代需要不断发展，也需要不断接纳新事物，所以我们或许可以在网络文学中受到启发。”或许是作品的开放性与论者思想的开放性相契合，这是当代青年人的大视野。

“将网络文学所流行的跌宕情节和大主题相融合，可以充分发挥自己的想象，推演现实社会中还没有定论的事情，给人美好的向往；可以就自己喜欢的创作背景（如人们对同性爱情的包容与接受），对于现在我们的法律正在改善的地方进行自我意见的表达。”所谓心有戚戚，是网文，是故事，是现实，也是对未来的畅想与期冀。

有反思才有文学

——谈网络文学的艺术价值[①]

江西师范大学 历史181班　吴梦锜致

在网络文学高速发展的现在，网络文学是否有文学价值，又有多少文学价值，一直被大家广泛讨论和思考。

要讨论这个问题，首先要明确的是，一部作品的价值在于读者而非作者，这一点尤其体现在网络文学上。

网络文学一向被认为不具备文学价值，因为无论是写手还是读者，都把网络文学当作消遣。写手大部分情况下并不会深思作品要创造怎样的价值，读者也很少会字斟句酌分析作者的用意。但我们需要明确，文学价值是由读者自己发觉的，当我们在某一段话中受到了触动，这不一定是作者有意的，但一定是我们自己品读出的价值。读者自己发现的美、自己察觉的讽刺才被认为是精妙的文笔和手法，由作者明确告诉我们的美、解释出来的艺术，反而显得矫揉造作、刻意雕琢。例如电影《妖猫传》中，场景画面无可挑剔，但两位主角从头到尾的细致解

① 本文为特邀参加大连大学大学生创意写作课相关研讨论坛的兄弟院校同学创作。

释，对于剧情内容的具体分析，给人一种电影和影评一起看的感受。这样并不会给观众带来好感，细致入微的解释反而会让观众有一种被轻视的感觉，这是因为留给观众思考品读的空间少了。

读者自己的思考和品味才能成就作品的价值。在这一点上，文学价值或许与作者设计并无关联。例如网络文学《馥郁》，这部作品设定新奇，所有的人物在文中的本体都是香水，有各自的味道，而在香水社会中无论是社交还是恋爱，都“以香取人”，并且这一点在文中被夸张化和极端化，香水们连相亲时都要特意标注自己只能接受哪一类的香调。在这样的背景下，两位主角一个是香味有副作用的“情丝绕”，一个是和香水社会格格不入的“风油精”。这样的背景故事乍一看意图鲜明，即讽刺现实社会以貌取人的“潜规则”，包括文中“风油精”的家长屡次建议她去“整香”，也对应了现实社会中“整容”的风气。但这样的设定虽稍有新意，却不够深刻。类似话题的剖析讨论，大众也在其他平台上见过不少，但在深入思考分析后，也能发现不同的亮点。作品本意是讽刺社会以貌取人，给两位主角设定了不被大众认可的香味，但值得玩味的是，这两位的长相却一个是帅气酷哥，一个是清冷美人。这样的情况不是作者自相矛盾吗？深究原因，不外乎是为了迎合大众的口味，毕竟主角的颜值也是网络文学的爽点之一。当然，也有可能是作者自己也具有这样的审美偏好。作者笔下的人物通过反抗斗争而获得幸福，但作者本身却屈服得毫不犹豫。这种情况的出现很荒诞，但也有无奈。

没有思考就没有艺术，看过了就过，作品没有给自己留下任何影响，那它就毫无价值，成了名副其实的消遣品。但又如何发现网络文学作品中的文学价值呢？这里总结两点供大家参考。

其一，要用欣赏的眼光和品味的角度去读网络文学作品。文学价值并没有具体的衡量标准，但要有相应的门槛。欣赏首先是针对文字和内容都相对扎实的作品。具体操作不必赘述，只是在阅读过程中放慢一些脚步，不能只关注主角的恋爱过程，还要多注意细节描写，善于发现精妙的比喻、生动的剧情，关注作者如何塑造人物，在阅读过程中进行欣赏和品味。

其二是最重要、最容易读出味道、品出价值的“反思”。日光底下并无新事，艺术总是来源于生活。文中写出的设定、人物的观点与命运，是否让我们回想起自己的经历、某种社会现象、某种历史评价等。

比如网络文学中层出不穷的穿越《三国》《红楼》的作品，作者对古典小说中角色的认识与再创造，对情节的复述与改写，有时确实能让我们更充分地理解小说人物。这也是一种反思，它让我们拓展思路，相当于采百家之长。但如果是根据自己阅历进行的反思，则会更深刻、更有价值。

在此举一个我自己阅读反思的例子。网络文学作品《东厂需要你这样的人才》中，主角是一个有心计有手段的太监，具体情节不做赘述，其中有一段我印象颇深。文中配角，即主角所支持的小皇帝，是重生归来的人物。小皇帝的前世今生展现了主角作为权力最高的司礼监秉笔太监的两种不同结局。

前世的小皇帝沉迷享乐、不思进取，万事都交给他信任的主角大太监去处理，认为既然有他在，那自己当然可以安于享乐。但这样做的结果是，小皇帝被拦架死谏，为皇帝辛苦维持国家机构运作的主角则因为“宦官弄权”而被处死，留下了一世骂名。而重生的小皇帝幡然悔悟，觉得不应该辜负主角的辛苦付出，决定努力上进，让主角得以还政放权，最终，不但青史对主角赞誉有加，番外中还有后世现代人们为主角拍电影、歌颂他的功绩之类的情节。

作为历史专业的学生，我或许更敏感一些，主角两世命运的对比深刻揭露了很多隐没在历史叙述下的现象。回想历史，太监宦官多以奸臣恶贼的形象为大家熟知，而从无赞颂清名。单论明清两朝五百多年，宦官行列中竟无一个杰出人才，令人难以置信，甚至细思恐极。探究其中原因，无非是士大夫话语体系下对宦官群体的歧视打压，和宦官万事系于皇帝，无法掌控自己命运的悲惨境地。当我们体会到了文中主角前世死亡的悲剧性，发现了现实历史中所谓“宦官弄权”不得善终的理所当然的荒诞性，就获得了极其珍贵的文学价值。

一部作品是由读者最终完成的，它的价值、内涵都不再是作者的一面之词，我们自己所有的解读和反思都是文章价值的体现。网络文学的艺术价值可能并不单单靠作者精巧的构思，而是我们自己脑子里有什么思考，所谓“心中有佛，所见皆是佛”。

总而言之，如今网络文学的发展势头大好，高质量的作品也越来越多，良莠不齐、泥沙俱下的现象也是不可避免的。但我们的阅读、理解和讨论都可以让它变得更好，我们能在互相交流中对作品的质量有更充分的认识。我们只是普通读者，但我们可以用好评和点击投票，为网络文学去芜存菁，贡献珍贵的力量。

师评·智匠创作微论

“有反思才有文学”，谈网络文学的艺术价值，却又在探讨网络文学的思想内涵，后生可畏。当一代青年在被一些人视为娱乐为主的网络文学阅读中读出深邃，或许，当代青年的见识和思想已经超越了被时代落下的很多更年长的人。不再是人云亦云，而是明心见性，这是民族和文化的希望所在，也是时代和国家的未来所在。

“一部作品是由读者最终完成的，它的价值、内涵都不再是作者的一面之词，我们自己所有的解读和反思都是文章价值的体现。网络文学的艺术价值可能并不单单靠作者精巧的构思，而是我们自己脑子里有什么思考，所谓‘心中有佛，所见皆是佛’。”貌似在论网文，实际在论那些读网文的人。同样是包容心态，更多了学理和思想。

经典网游对大学生创新综合能力提升影响研究

要培养大学生的创新综合能力，一大重点便是培养大学生对于创新的热情。这种热情可以通过创新所能获得的物质奖励来激发；也可以通过塑造一种创新氛围，增强社会大众对创新的认可来激发。

一名 2000 小时的《命运 2》玩家想分享些什么

法学 1811 班　王平原

一名资深的网游玩家，在经历过开荒、带过许许多多的萌新、经历过多个合作副本高难度挑战后，到底在游戏合作中切身体会到了什么东西？这些东西到底能给大学生的创新综合能力提升带来怎样的积极影响？我主要总结为三个方面：一是攻坚克难的驱动力，二是团队角色分配，三是团队认同感和归属感。

攻坚克难的驱动力

首先，我想和大家说明一个观点。通常认为，人发现和克服困难的流程与结构通常是这样：

> 发现困难→产生想要克服困难的勇气和决心（驱动力）→调动一切积极因素战胜困难→战胜困难，取得成果，享受成功的喜悦

在我看来，驱动力是决定人行动和决策的重要力量。我们玩《王者荣耀》，玩《英雄联盟》，玩《CS: GO》，可以是为了一局游戏的胜败，又或者是为了与好

友一起快乐“整活”，我们最开始的驱动力就决定了最后团队成员协作行动的目标和成果。

《命运 2》之所以能够区别于其他团队合作游戏（如《王者荣耀》《英雄联盟》等）而更具有研究价值的一大原因便是，它具有其他团队游戏所没有的，驱使素未相识的玩家进行团队合作、完成同一目标的强大动力。

这一动力，一部分来自游戏副本本身诱人的奖励。通关副本所给予的武器、装备能够提升玩家账号的战斗力。并且，完成副本中的特殊隐藏挑战还能获得更为强力的奖励。另一部分来自副本以外的奖励。除了通关本身，由熟悉机制的老玩家帮助对副本一无所知的新手完成副本，老玩家不仅能够获得游戏官方本身认可的特殊“指导者奖励”，还能获得来自新手的认可，从而满足自己的社会认同感。

无论是哪一部分的驱动力，最后都引向一个目标——副本的通关。这就已经比一般团队合作中各怀心思，劲不往一处使所导致的糟糕场面强太多了。就像是骑驴人吊着的那根胡萝卜，不断吸引着驴往前跑。

这一点对于大学生创新综合能力提升有什么积极影响呢？我认为，当前的大学生自己对于创新缺乏一种驱动力。要培养大学生的创新综合能力，一大重点便是培养大学生对于创新的热情。这种热情可以通过创新所能获得的物质奖励来激发；也可以通过塑造一种创新氛围，增强社会大众对创新的认可来激发。

团队角色分工

《命运 2》的副本除了机制晦涩抽象以外，对于团队合作的要求也极高，但就算是再高的团队合作要求，只要我们将任务和团队角色进行合理分配，我们也总能高效顺利地完成通关。

因此，我不以传统观点中成员作为团队中的一个附属角色来考虑，而是根据长时间以来带领队伍进行副本活动的经验，量化地将团队成员分成三种角色——指导者、辅助者、行动者，帮助大家理解如何构建一个高效的团队结构。

首先，我认为团队之间必然存在知识水平、接受水平、指挥水平等能力不均的情况。一般来说，团队中需要一名“指导者”。作为指导者，承担着统筹指挥队伍的责任。在能力上，一是必须表达清晰明了。清晰明了的表达才能带来高效的指挥效率，并帮助团队成员快速理解副本机制和团队进展情况。二是必不可少的灵活协调能力。指导者作为队伍的头脑，对于其他成员的进展情况应该有一个大概的把握，灵活协调队友间的分工，指挥各队友出现在应该出现的地方，保证队伍有序推进。

除了指导者以外，一般还应有玩家担任一个叫作“辅助者”的角色。辅助者的能力一般与指导者相当，或弱于指导者。辅助者的任务主要在于：辅助指导者进行队伍指挥；纠正指导者的指挥错误；在指导者指令模糊时补全有效信息。辅助者在团队当中的地位更像是“次位指导者”，或者说是指导者的“约束者”，但又不同于指导者始终处于队伍指挥中心的地位。辅助者在大部分情况下更应该保证冷静的思考和耐心的聆听，充分尊重指导者的中心地位。因而，对于辅助者来说，耐心、细心，必要时刻的决断力，一定的指挥水平，是一名合格辅助者的必备素质。

此外，在传统观点中，一个团队完全由行动者组成，行动者之间的相互配合才构成了一个有机的团队。实则不然，在现实情况中，行动者主要处于团队中的从属地位，在团队中主要承担接受命令、完成目标的任务。如果把指挥者比作大脑，把辅助者比作关节，那么行动者就是最后伸出去的那只手。作为行动者，纯粹听从指导者的命令不一定能顺利完成任务。这就需要行动者对游戏内容具有一定的理解，能够辨别是非，找出指导者的指令和现实情况相契合或是不相契合的地方。只有这样，行动者才能真正贯彻指导者的正确指令，真正理解抽象的游戏机制，从而通关。

除了对关卡的理解外，还有对指导者指令的理解。每一名指导者都有其不同的语言习惯。有些指导者习惯于将大量指令以一句话、两句话概括完毕；有些指导者则是习惯于一步一步发送指令。面对不同的指导者，行动者也必须及时做出一定的反馈，从而构成行动者与指导者的良性互动，推动游戏过程中各项可能出现的突发问题的解决。

在现实生活中，并不是每名团队成员都能具备三种角色都应具备的能力。以我自己的亲身经历来看，我们更多应该先从找准自身定位开始，每个成员根据自身能力匹配合适的角色，各司其职，避免一人担任多角的混乱情形发生。这样才能在团队工作中发挥自己的长处，才能推动团队工作高效进行。

团体认同感和归属感

其实到这里，我讲的论述已经接近了尾声，这一部分主要是想跟大家分享我自己的故事。

在 2000 小时的游戏生涯中，我认识了许多来自五湖四海的朋友：有同是连大学子的扶贫、Zevi、大鱼、C 罗、士官长、决大佬；有广东佬 Erlin；有会八国语言的日本留学生奥利给；有三十多岁、事业美满的天大博士孤狼；有同城学子 Jackpot；还有江苏土豪东风……他们每个人都带给了我一段值得回忆的故事。

我在这 2000 小时里与这些朋友经历了太多难忘的时光，我们一起经历过很多难忘的副本作战，比如打了整整一天的机制遗愿、打到半夜三点的利维坦教学车、打了近一周的无暇王冠、打了近一个月的无暇遗愿，还有公会朋友轮班帮聋哑人兄弟修的往日尾王，等等。

我在《命运 2》游戏中体会到了纯真的喜怒哀乐。这种情感不像现实世界中那样，可能夹杂污垢，可能要被迫察言观色。游戏这个东西从来不是社恐的福音，而是一个人与人直面心灵的地方。于我而言，也从来没有除了《命运 2》以外的哪款游戏可以把一个又一个公会和小社区团结在一起，且超越了玩伴的范畴。

如果要问什么是团队归属感和荣誉感。我想说，这些已经超脱了游戏本身通关的乐趣和团队合作的喜悦，每个人都在团队合作当中找到自己的定位，并且为团队的成功贡献了自己的力量与智慧，留下了属于每一位团队成员独一无二的难忘回忆：这就是团队归属感和荣誉感。

风月不扯，离合不骚。你我山前相见，山后相逢。

师评·智匠创作微论

“这一点对于大学生创新综合能力提升有什么积极影响呢？我认为，当前的大学生自己对于创新缺乏一种驱动力。要培养大学生的创新综合能力，一大重点便是培养大学生对于创新的热情。这种热情可以通过创新所能获得的物质奖励来激发；也可以通过塑造一种创新氛围，增强社会大众对创新的认可来激发。”这是一种追问，更是一种自审。如何以持续的驱动力激发当代大学生创新？在当下，面对潜力无限却行动力有限的大学生，这是每一个师者，也是大学生自身都应该思考和解决的时代问题。

“游戏这个东西从来不是社恐的福音，而是一个人与人直面心灵的地方。”或许，每一个不加辨别就对游戏一概反对的人都应该倾听一下真正玩家的真心感受。

网络游戏的文学感染

中文181班　刘炳良

在互联网为数众多的游戏中，我们评判一款游戏，尤其是一款网络游戏是否优秀时，往往会将目光聚焦在它的可玩性、它的游戏机制和它的公平性上面。而这些方面，也确实是一款优秀的网游所应该具备的。但是，仅仅具有这些东西是明显不足以被称作是一款优秀的网络游戏的。我很喜欢的一位UP主“我是怪异君”在他的一个视频中曾经这样形容推理小说：“一个优秀的推理小说的核心必然是他的诡计，这是整个推理小说的骨架。但是一个人不能只有骨架，他还需要丰满的血肉去包裹这些骨架，这些血肉就是这篇小说中的故事。优秀的推理作品不应该只有诡计，而应该两者兼得。”我想这些话放在游戏中也依然适用。尽管一款优秀的游戏的玩法和可玩性是它的核心，但它在不断走向优秀的途中所必须要具备的，还有一个个优秀的故事、健全完整的世界观、饱满丰富的人物形象、深刻复杂的情节架构、使人眼前一亮的彩蛋设计、出其不意的反转等。这一切需要用在文学创作上的技巧和方式，都应当合理并且恰当地穿插在游戏的设计之中。《漫威蜘蛛侠》和《荒野大镖客》等独立作品自然不必说，像《魔兽世界》《英雄联盟》《守望先锋》这样主打竞技的网游也有自己相关的背景设定，暴雪游戏甚至又以《魔兽》的背景和世界观为基础设计了《炉石传说》来作为背景的补充和说明，甚至连《马里奥》也有一套自己完整的背景设计。可见游戏背景这个设计是十分重要而且必要的。

所以今天我选取了这样一个题目，想从文学的角度来探讨游戏的背景故事对于人们，尤其是对一些非深度硬核玩家的感染。

首先，游戏与传统的文学相比较而言，游戏玩家可以更好地接触到人物形象，可以在最短的时间，对一个人物以及他的故事有一个大致的了解。这应该是网络游戏的一个特性。不管是什么游戏，玩家在游戏中首先要有一个代理，代替他在游戏的世界中行动。他可能是玩家自己选择的某位英雄，也可能是游戏设计给你的一个光头杀手之类的。无论如何，当我们进入游戏的一刹那，我们就已经开始了解我们现在所操控的人物了。这使得玩家更容易代入人物，也更愿意了解与之相关的故事情节。所以，与小说中最重要的人物塑造手法相比，游戏中的背景设计可以更容易地让玩家产生共鸣。

其次，网络游戏这样的设置还有一个巨大的优势，就是使玩家有一种发现的乐趣。B 站就有这样一个 UP 主，他的视频内容主要就是发掘隐藏在游戏中的关于游戏背景的小线索，并用这些小线索逐步还原出游戏的背景故事。把细微的线索不着痕迹地插入到文章中，让读者在卷末获得一种恍然大悟、意料之外又在情理之中的通透感是很困难的，然而这是网络游戏的巨大优势。在游戏中，尤其是在自由度比较高的游戏中，线索就躺在那里等待发掘，往往是有意者得之，这就是网络游戏具有的发现的乐趣。将情节和背景在细微处相结合，显得简单且更具有感染力和冲击力。

网络游戏的世界观可以从多方面、多角度进行展示。这包括但不限于 CG 动画、漫画、官方小说、官方设定集、游戏内的语音、游戏内的画面等。这些如果以文字的形式表现出来，可能会成为一部《银河帝国》或者《冰与火之歌》这样数以百万言的长篇巨制。但是，与点点铺陈的文学和影视作品相比，网络游戏将一个世界瞬间展开在你的眼前，再以不同的表现形式来逐步地补齐细节。每当你以为你即将探索到尽头的时候，就又会有新的东西以新的形式展现在你的眼前。这对于玩家的吸引和感染力往往是巨大的，他们会不自觉地融入游戏所营造的环境，并设身处地地体验其中的酸甜苦辣。

最后，网络游戏可以通过副本的设置来丰富人物的角色和性格，同时还原背景故事之中的事件，让玩家有一种设身处地的参与感。这样的设计在独立游戏中是展现故事情节和推动玩家进行游戏的主要方式，也是游戏与传统文学、影视最为相似的地方。

师评·智匠创作微论

网游与文学，有关吗？有！“网络游戏可以通过副本的设置来丰富人物的角色和性格，同时还原背景故事之中的事件，让玩家有一种设身处地的参与感。这样的设计在独立游戏中是展现故事情节和推动玩家进行游戏的主要方式，也是游戏与传统文学、影视最为相似的地方。”除此之外，还有很多，值得每一个网游玩家开启思考。

“尽管一款优秀的游戏的玩法和可玩性是它的核心，但它在不断走向优秀的途中所必须要具备的，还有一个个优秀的故事、健全完整的世界观、饱满丰富的人物形象、深刻复杂的情节架构、使人眼前一亮的彩蛋设计、出其不意的反转等。这一切需要用在文学创作上的技巧和方式，都应当合理并且恰当地穿插在游戏的设计之中。”由此可见，玩家所做的，游戏所带来的，不仅仅是玩这样简单。从思想到艺术，经典网游和经典文学一样，都可以也应该是带来审美享受的艺术。

论网络游戏的集体荣誉感

中文 181 班　时新宇

可能在大多数人的眼中，提到网络游戏的第一反应多是娱乐性大于其他属性。在父母的眼中，游戏就是阻碍孩子学习的大山，是让孩子成绩下降的罪魁祸首。但他们不知道的是，优秀的网络游戏对我们综合素质的提升会产生一些有益的影响。甚至，伴随着一些国际赛事的举办，网络游戏更是发展为可以体现集体荣誉、国家荣誉的一种电子竞技运动。

电子竞技（Electronic Sports）是电子游戏比赛达到“竞技”层面的体育项目。电子竞技运动就是利用电子设备作为运动器械进行的、人与人之间的智力对抗运动。通过运动，可以锻炼和提高参与者的思维能力、反应能力、四肢协调能力和意志力，培养团队精神。电子竞技也是一种职业，和棋艺等非电子游戏比赛类似。

2003 年 11 月 18 日，国家体育总局正式批准，将电子竞技列为第 99 个正式体育竞赛项目，从此时起，中国电竞终于开始了正规划的运作，电子竞技俱乐部也像藤蔓一样野蛮生长。好景不长，国家新闻出版广电总局发布《关于禁止播出电脑网络游戏类节目的通知》，这无异于当头一棒，一时间中国电竞岌岌可危，中国也被扣上了电竞弱国的头衔。电竞好似悬崖间的一颗种子，汲取黑暗中的养分，蓄势待发。2005 年的冬天，WCG 的颁奖台上，一抹艳红飘扬于此。SKY 李晓峰将中国电竞推上了世界舞台，他本人也被称为“魔兽”人皇，中国的电子竞技终于得到了属于它的第一个世界冠军，这对于这颗黑暗中的种子无异于黄金的灌溉。

在《战地风暴》这款军事斗争游戏中，全球玩家都可以同台竞技。2015 年 9 月，大量中国玩家加入，为了表达友好，官方特意向外国玩家提示 10 月的 1~7 日是中国玩家的国庆日，不要在这段时间去挑衅攻击。没想到，国庆当天，美国玩家非要顶风作案，一枚“洲际导弹”发射过来并掠夺了大量资源。当时所有能上线的玩家全部上线，迅速组织起了当前可以反攻的全部力量，趁美国玩家得意忘形之际，同样用一发“洲际导弹”还以颜色，随后发动突袭闪电战瞬间撕裂了美国玩家的防线。坦克、飞机全部出动，在对方基地轰炸整整七天，美方玩家联盟被打成一个三流小盟，从此一蹶不振。我们不惹事，但也绝对不怕事，不要挑战中国玩家的底线。

主播茄子作为中国《CS: GO》的门面、TyLoo 战队曾经的狙击手兼指挥，曾带队伍拿下不少荣誉。就在一次直播中，他在与好友一起直播游戏时，5∶13 大比分落后。对方疑似一位开挂的韩国玩家公然打字嘲讽：茄子，换下你的 TyLoo 头像吧。这句话彻底触碰了茄子的底线，即便当时的比分已经是 7∶15，茄子还是收起笑容认真起来，连胜十一局。一位退役老兵打出了一场热血翻盘，只为了捍卫中国战队不可被玷污的荣耀。

2018 年英雄联盟 S8 世界总决赛，本来是 LPL（中国赛区）最有希望的一年，状态火热的 RNG 在四分之一的比赛中爆冷出局，一时间国内英雄联盟圈陷入沉默，谩骂、指责、哭声袭来，给每个队伍带来层层压力。坏消息再次传来，EDG 战队输给了欧洲赛区 FNC 战队，本以为四强会是三英战吕布，可没想到，仅剩的中国战队 IG 成了吕布。网友笑了，捡来的上单、租来的打野、白送的中单、淘来的路人射手加上射手拉来的辅助，也能指望他们拿世界冠军？临危受命，带着 LPL 赛区最后的希望，IG 战队以 3∶0 全力击败了韩国一号种子战队 KT，又以 3∶0 击败 G2 战队进入决赛。解说 Remember 说出了早已准备好的一句话：“翻过这座山，他们就会听到你的故事。”在决赛中，IG 同样以 3:0 的比分横扫了 FNC 战队，为 LPL 捧回了八年来第一个冠军奖杯。中国 LPL 赛区，就是最强的赛区。

像这样的实例其实还有很多。由于中国发展电竞的时间不长，我们在很多游戏中都处在被动地位，受到其他地方玩家的针对，但我们从来没有屃过，中国的电竞不容任何人的侮辱。对国家和集体的荣誉感，值得我们全力去维护。

山崖间的种子，终长成山百合，纤细而顽强，最后开出巍巍山崖间一朵最艳丽的红。在山谷中蜿蜒流淌的溪水，前方是几近垂直的悬崖峭壁，鼓足勇气，坚定信念，纵身飞跃，终会形成飞流直下、一泻千里的辉煌和壮美。

师评·智匠创作微论

“像这样的实例其实还有很多。由于中国发展电竞的时间不长，我们在很多游戏中都处在被动地位，受到其他地方玩家的针对，但我们从来没有屃过，中国的电竞不容任何人的侮辱。对国家和集体的荣誉感，值得我们全力去维护。”一种强烈的民族荣誉感充盈字里行间，这是一种对于电竞的理解和捍卫，更有着一种不服输的精神和气魄。这就是当代大学生的电竞精神。

“山崖间的种子，终长成山百合，纤细而顽强，最后开出巍巍山崖间一朵最艳丽的红。在山谷中蜿蜒流淌的溪水，前方是几近垂直的悬崖峭壁，鼓足勇气，坚定信念，纵身飞跃，终会形成飞流直下、一泻千里的辉煌和壮美。”奋斗着的身影如此美好。任何事物都是从一粒种子发芽。涓涓细流也会飞跃成瀑，一种精神和追求、坚持与执着，会带来希望和成功。

网络游戏中团队成员角色扮演提升大学生合作能力的研究

——以《命运 2》为例

法学 1801 班　王平原

2019 年 2 月 28 日，互联网络信息中心（CNNIC）发布的第 43 次《中国互联网络发展状况统计报告》数据显示，截至 2018 年 12 月，我国网民规模为 8.29 亿，全年新增网民 5653 万，互联网普及率达 59.6%。10 ~ 39 岁群体占整体网民的 67.8%，其中 20 ~ 29 岁年龄段的网民占比最高，达 26.8%。以 Steam 游戏平台官方提供的数据来看，仅 Steam 平台一家，日平均玩家在线就有 200 多万，其中大学生数量约占 80%。由以上数据可以看出，仅此一家网络游戏平台就已经广泛深入大学生群体，成为当代大学生社交生活中一项重要的娱乐活动、社交手段和话题，更别提当今时代流量之子手游了。因此，研究网络游戏对大学生各项能力的影响显得极为重要。本文将以 2018 年登陆 Steam 平台并在团队合作游戏方面掀起重要影响的《命运 2》为例，分析网络游戏中团队合作副本对大学生团队合作能力的影响。

为什么是《命运 2》?

首先，在此先确定一个前提，即现实中真正的团队不可能完全由互相熟识的好友组成，也很少存在团队中成员早已经过多年历练形成了完美无间的合作意识，同样不可能存在团队间成员知识水平、能力完全相当的情况。这样，能够用于研究团队合作的样本就已经过滤掉了大半，像《Overcooked》《Human: Fall Falt》《Sea of Thieves》等这样主打团队协作的游戏就已经失去了研究价值，因为这类游戏极为偏重团队合作，以至于游戏的入门门槛就是必须带上一两个现实好友（或是能玩得进去的好友）才能开始正常玩，而单人玩家几乎不可能在这类游戏中获得任何乐趣。换句话说，这类游戏并不是真正的团队合作游戏，而是个人已有社交在网络空间的延续。

其次，在真实的团队合作中，成员们应该是为完成一个目标而不懈努力的，并且应该具有一定的内容理解。如果以这个标准向下筛选，我们可以继续将一些“所谓”的团队合作游戏剔除出我们的研究名单，如《王者荣耀》《英雄联盟》《CS: GO》《绝地求生》等。在此，笔者并不是否定它们中的合作游戏部分对于大学生团队合作能力的正向影响，只是虽然这些竞技类游戏在入门门槛上极低，加上良好的宣传，能够吸引一大批玩家进入，但是这一大批玩家当中有绝大部分是由于游戏本身的社交属性（即在社交中找到了共同话题）而加入游戏的。出于这个目的，大部分玩家根本不能理解游戏本身，也就是没有游戏理解，而仅仅只是为了想要在现实社交中更为出众，并且能够抓住网络热点，显得自己并未落伍。从这个角度上来说，这类玩家更多倾向于现实社交功能，而非我们所谈论的网络游戏中的团队合作。此外，在游戏激励机制上，队友间良好的配合也至多带来一场游戏的胜利快感，这样的激励机制难以吸引大量玩家采取抱团、合作的方式进行团队游戏。团队本身也只是游戏固有的、必须的启动机制罢了。

而《命运 2》在单人游玩部分和团队合作部分上做到了较好的平衡。即使没有团队合作部分，游戏的单人游玩部分也足以吸引大批拥护者。无论是史诗般的剧情、优秀的音乐，还是各种巧妙的解谜成分、可以单人进行匹配的玩家对战、日常打击等，都能让单人玩家有“存活空间”。而作为《命运 2》游戏精华的团队合作副本，不仅能够满足玩家团队合作的游戏乐趣，作为终局游戏（End game）部分的团队副本，其通关奖励也能够提升游戏角色本身的战斗力。这一点完全区别于低门槛的竞技类游戏，使得团队合作、互相沟通变成一项玩家不得不学习的游戏技能，这已足够使玩家深刻体会团队合作的重要性。

此外，由于《命运 2》本身晦涩的新手引导、复杂抽象的游戏系统和大量繁杂且必须完成的武器任务，使得玩家如果想要体验团队合作部分，就不得不花上一定心思来研究装备搭配、团队配置，理解关卡运作，积累游戏理解。这样一个耗费心思和时间的游戏也使其成为一款小众游戏。但从另一方面来说，它以高门槛的方式成功阻绝了大众玩家的进入，只留下一小部分小众玩家，并利用高门槛将这部分小众玩家与现实好友隔离开来，能够在团队合作部分成功塑造出一个相对真实的社会合作环境，也满足了笔者在此前提出的两个团队成功合作的前提——团队成员为了达成一个目标和具有一定的游戏内容理解。

本文将突破传统研究团队合作的思维，不仅仅将其中成员作为团队中的一个附属地位角色来进行考虑，而是通过游戏关卡创设情境，将团队中成员按照普遍规律分成三种角色，研究这三种角色的任务、地位与应具备的能力，从而从中获得网络游戏中团队合作副本对大学生团队合作能力塑造的启示。

团队中各角色的扮演及应具备的能力

要完成一个分工极为明确，并且需要团队各成员各司其职，通力合作才能通关的游戏副本是需要每个成员扮演好自己的角色的。普遍来说，大部分副本攻略团队内部具有这样三种角色：指导者、辅助者、行动者。担任不同角色所需的能力不同，所发挥的作用同样不同，在团队中所处的地位也是不同，三者明确分工、各自发挥作用才能使团队向着通关的目标不断前进。

以《命运 2》中最能说明三种角色分工的“往日之苦”副本的第一关为例。

在本关卡中，玩家被分为两组——指挥组与行动组。

指挥组的两名玩家通过位于指挥部的全息地图获得整场关卡的所有信息，包括敌人刷新位置、行动组玩家位置、指定行动点等。而行动组的玩家则四散于关卡地图之中，必须听从指挥组玩家的命令，前往指定位置击杀敌人，捡起敌人被击杀后掉落的任务物，并将多个任务物按顺序交到指定行动点，从而通关。

在这个过程中，指挥组中的一名玩家则担任了指导者的角色。作为一名指导者，首先在表达能力上必须清晰明了。在指定敌人出现位置的报点上，作为统筹全局的指挥者，不能将指令以模糊的语言发送出去。例如，A敌人出现在了指挥部楼下，一名合格的指挥者应该告诉行动组玩家，A敌人出现在了指挥部楼下靠几号行动点方向的位置，而不是直接、模糊地告诉行动组玩家其出现在指挥部楼下。敌人并不是固定不动的，清楚且能够让其他玩家在脑中构筑出一个大概地图信息的表达是极其重要的，这不仅提高了队伍行动的效率，同时也能增加队伍面对意外情况时的应变能力。

此外，灵活的协调能力也是一名指导者应具备的素质。例如，当某名玩家的装备低于团队平均水平时，作为指导者应该将较弱的玩家分配到相对轻松的位置上，而不是一味地批判玩家的装备配置，再扯出许多于通关无用的所谓“人生道理”与“人生经历”。本身游戏副本难度就已经偏高，信息量的输出应该贴合队伍通关需求，过多的信息输出只会干扰正常的队伍通关进程，并造成嘈杂的合作环境，影响其他队员的信息接收。又或是当队伍遇到意外情况而损失人员时，指挥者应当灵活协调能力较强的玩家填补空缺位置，甚至指挥者自身就要做好灵活补位的准备。当一名玩家成为指挥者的那一刻，队伍的正常前进就应该成为这名玩家自身的一个重任了。

指挥组除了指导者以外，还应当由另一名玩家担任辅助者的角色。辅助者的能力一般与指导者相当，或弱于指导者。辅助者的任务主要在于：辅助指导者进行队伍指挥；纠正指导者的指挥错误；在指导者指令模糊时补全有效信息。

同样还是以“往日之苦”第一关为例，在开启全息地图开始指挥后，指挥部会刷新怪物，辅助者的首要任务是击杀干扰指挥的怪物，保证指导者能够专心指挥，提高指导者发送指令的效率。而指导者也并非全知全能，当指导者的指令模糊或者发生错误时，辅助者就应该担起指导者的部分职能，纠正错误或模糊的指令，在必要情况下，甚至可以夺过指导者位于队伍话语中心的地位。又或是因不可抗力情况，队伍损失人员时指导者亲自下场补位，这时辅助者就应该担起指导者的职能，接过指挥棒，保证团队继续有效运行。综上，辅助者在团队当中的地位更像是“次位指导者”，或者说是指导者的“约束者”。

除了指挥组的两名玩家外，行动组还有四名玩家，一般来说是一名辅助者、三名行动者。

行动组的辅助者在作用上来说，相当于行动组的指导者，可以说是“一线指导者”，任务是保证行动组的其他三名行动者不会跑偏，能够走在正确的道路上，并且能够将指导者的指令进一步转化到游戏实践中，使得行动者所获得的指令在语言与具体实践上取得有机结合。在应具备的能力上，行动组的辅助者与指挥组的辅助者一样，耐心、细心的聆听，必要时刻的决断力，一定的指挥水平是必须的。

从传统观点上来说，一个团队完全由行动者组成，行动者之间的相互配合才构成了一个有机的团队。实则不然，在现实情况中，行动者主要处于团队中的从属地位，在团队中主要承担接受命令、完成目标的任务。如果把指挥者比作大脑，辅助者比作关节，那么行动者就是最后伸出去的那只手。

依旧以前文所说的“往日之苦”第一关为例，整个关卡位于一张巨大的地图上，其上有四个固定的指定行动点和数个随机的敌人刷新点，整个地图的各个角落还有无数敌人潜藏。作为行动者，纯粹听从指导者的命令不一定能顺利完成关卡任务，这就需要行动者具有一定的关卡理解能力，放在这一关卡中的话可理解为“地图思维”。行动者需要记住四个固定的指定行动点，并以这四个点为定点，理解指挥部到四个行动点的相对距离，从而在脑中构筑起一个大概的地图，再结合指导者所发出的指令，在脑中所构筑的地图上找到自己应该到达的位置，从而一步一步完成关卡任务。

无论是指导者、辅助者，还是行动者，团队中每一个角色都有其应该固定的地位：指导者位于主导地位，辅助者位于辅助地位，行动者位于从属地位，团队中每个角色各司其职，各持其位，绝不越位，才保证了一个团队的命令发出上行下效，才能实现最终团队应该达到的目标。

对于大学生团队合作能力培养的启示

本文以游戏《命运2》中的团队副本为视角，解析了普遍团队中三种成员角色的地位、作用与应具备的能力，提出了一个较明确的团队角色理论，为大学生在团队合作活动中找准自身定位提供了一定参考。

师评·智匠创作微论

从为什么是《命运2》到我们应该以何种角度进行研究、团队中各角色的扮演及应具备的能力及其意义的探讨，《命运2》作为具有典型意义的游戏，对于大学生合作能力的培养作用可见一斑。游戏与现实，娱乐与工作，很多时候、很多事物是相通的，经典的网游，对于大学生能力的提升，会有诸多促进作用。

“要完成一个分工极为明确，并且需要团队各成员各司其职，通力合作才能通关的游戏副本是需要每个成员扮演好自己的角色的。”“担任不同角色所需的能力不同，所发挥的作用同样不同，在团队中所处的地位也是不同，三者明确分工、各自发挥作用才能使团队向着通关的目标不断前进。”玩中带着思考，思考带来认识和思想的提升，为这样的网游玩家赞叹！

经典网游对于大学生创新能力影响的探究

中文 191 班　刘炳良

电子游戏在诞生之初就与非议同行。人们将它称作精神鸦片，将它视作洪水猛兽。但是时间进入 21 世纪，全国网民数量日益增加，网络游戏也逐渐普及到我们生活中的方方面面。不可否认的是，游戏在诞生之时确实以娱乐为主要目的，但是随着它的内容越来越广泛，形式越来越丰富，它也被创作者赋予了更多的意义。本文的创作初衷便是由此出发，想要寻找众多存在于虚拟空间的网络游戏的现实意义和其对人的积极影响。同时，希望借此研究，改变一些对于游戏的极端看法，并且提出一些对于当下游戏行业有益的意见和建议。

扮演类游戏体验对于人们的感染

1. 关于《中国式家长》带来的关于亲情和家庭的换位思考

《中国式家长》是一款发布于 2018 年 9 月 29 日的模拟养成类游戏。在这款游戏中，玩家需要扮演爸爸和妈妈的角色，参与到自己的孩子从出生到高考这一阶段的人生中。《中国式家长》在 2018 年发布之初就异常火爆，不少网友在游戏的评测中留言：终于体会到了父母养育自己的不易，终于能够了解父母望子成龙、望女成凤的心情与期待，原来轮到我当父母时也会如此。

那么《中国式家长》是如何让这些正处在青春叛逆时期的年轻人产生这样的思考的呢?

首先在《中国式家长》中，玩家扮演的家长们需要从出生开始就参与到孩子的成长过程之中。小到散步、说话，大到应试、升学，一桩一件无不是当代青年学生曾经经历过的事情，只不过在这个游戏中，他们的角色从学生变成了家长，从接受者变成了决定者。游戏中的孩子如果没有达到相应的要求，便没有办法升入重点初中或高中。在电脑前身为父母的我们也会为自己没有为孩子提供更好的成长条件而自责，也可能会因为自己之前放纵孩子而感到后悔。这些游戏中的切实体验，比传统的说教更具有感染力和影响力，从而也能让他们更好地反思现在的家庭关系。

其次,《中国式家长》所有的性格系统和压力系统可以更好地让玩家体验到为人父母需要经历的考验和选择。游戏中的每一个选择都会提升或减少孩子的压力和心理阴影，而压力和心里阴影到达一定程度的时候就会影响孩子的性格。所以玩家在游戏中的每一个安排、每一个决定都需要经过具体的考量。但即使这样玩家也不免会犯错误，这个时候玩家就会产生一种“还好这是游戏”的感觉。如此，当他们失败的时候，才更能体会到现实生活的不易和家长在他们成长中所必须要做出的抉择的困难。

2. 关于《隐形守护者》带来的关于历史文化的感触与思考

与《中国式家长》不同，以互动影响作品作为主打的国产游戏《隐形守护者》采用了另外一种方法将玩家带入到他们所营造的游戏世界中去，在那个世界里更好地体验抗日战争时期上海滩的风云变幻。

从游戏内容和剧情上看,《隐形守护者》的剧本质量并不弱于一部优秀的影视作品，而且它与传统的影视作品不同的是，玩家可以自己做出选择，而不是只能遵循导演和编剧的步伐。玩家有的选择在当时就会影响主角的生死，而有的选择则影响深远，直到数章之后才能展现出它的影响。多支线和多结局的设计也让其比传统的影视剧更具有感染力，让游戏所呈现的世界更加丰富、立体，让玩家们体验到中国抗战的先烈们当初斗争的艰苦与不易。

策略游戏带来的战术选择和创新应变的能力

1. 关于《文明》中多种方法的胜利与选择

与传统的军事战略游戏不同，《文明》系列的游戏更加注重一个文明的发展和演变。也正因为如此，《文明》系列游戏形成了自己独特的胜利判定系统，即在传统军事胜利的基础上，增加了文化胜利、科技胜利和宗教胜利的标准。在《文明 6》中，玩家需要控制一个文明，自远古蛮荒时代，从无到有、从弱到强发展起来。而不同的文明国家有不同的优势时期和优势方面，同时也有其弱势方面。例如古代希腊文明拥有更高的文化值加成，可以更容易地建设文化区域；日本在中世纪时期拥有战斗力更高的兵种——武士；俄国拥有独特的修道院建筑，可以更快地增加信仰值以抢在其他文明之前创立宗教。这些设定使得《文明》系列的玩家需要更多地根据自己所控制的文明的优劣势来选择发展策略和获胜方式，在为数众多的发展道路中选择出最适合自己的那一种。这对于游戏玩家收集处理信息的能力、综合信息做出决策的能力是一种极大的考验。尤其是联机模式下的玩家，“必须慎重地决定扩张的进度，审时度势地制定前期策略”，在有限的时间里，选择是否结盟，是否宣战。过高的军事力量会引来其他文明的联手抗击，与比自己强大的文明联盟意味着永远屈居人下。除了熟悉自己手中的文明，在心中尽早定好发展策略之外，游戏当中即时的政策改变也是重中之重。

2. 关于《炉石传说》中的计算要求

卡牌游戏与传统的竞技性网络游戏不同，它们更多侧重于计算与决策。这就与传统的牌类游戏类似，进张的顺序和时机虽然对于场上的局势有所影响，但是一个优秀的游戏玩家完全可以凭借计算能力进行预留和计算。这也是为什么同样身为卡牌类游戏，我没有用《三国杀》这样的经典之作举例。《三国杀》的人物技能和阵营的组合让游戏增加了趣味性，但是卡牌的整体数量过多，人物角色的血量较少，让游戏充满了很大的不确定性，很有可能出现一个玩家开局啥也没干，就直接暴毙的情况。这也导致在《三国杀》这样的游戏中，虽然计算也起到一定作用，但是抽到的卡牌的功能、强度甚至花色这样具有极大随机性的事件在游戏中的决定作用更强。

而《炉石传说》则不同，三十张卡牌组成的牌组虽然在顺序上有一定的随机性，但是由于每一种类卡牌的限制数量和独特的法力值设定的关系，使得每个人的手牌以及牌库里的牌没有那么难以预测。相反的是，许多玩家在对战的时候，对自己和对手的牌组都有所了解，可以在打掉对方随从和压低敌方血量之间做出最优的选择。我们以《炉石传说》中最著名的一场比赛举例，来看一下顶尖玩家拥有怎样的计算能力。

在 2015 年《炉石传说》中美对抗赛的赛场上，中国选手朝神的奴隶战对阵美国选手 Tarei 的大王术。两人酣战至最后，下一回合 Tarei 的大王术就将斩杀朝神，而此时对面的场面上还有一张 7 血嘲讽、一张 3 血嘲讽、一张 6 血嘲讽，共计三张嘲讽随从和其他两张非嘲讽的随从和 22 点生命值（这里有必要简单讲述一下《炉石传说》的玩法——每个玩家角色拥有 30 点生命值，当这些生命值完全被打掉之后便判为失败，而玩家的随从必须先攻击具有嘲讽特性的随从，且进攻方每个随从一个回合只能攻击一次）。朝神在 3 秒钟之内算出了当时场面上唯一的正确解法，利用 AOE 同时完成了解场和斩杀，中间的步骤严丝合缝，没有出现一丁点儿问题。

《炉石传说》对于玩家计算能力的要求和锻炼，我想引用上方视频评论区里的一句话：很多情况看着命悬一线，实则胜券在握。除了场上的情况外，还需要时刻考虑牌库剩余的伤害来进行抉择。像朝神在游戏上这种基本的计算能力和排序习惯是每个玩家应该努力培养的基本素养。

本文研究的现实意义

最后，我想谈论的是这项研究的现实意义。时代在进步，游戏的玩法、内容和精神都已经发生了质的变化。九十年代在街机游戏厅盛行的《拳皇97》是游戏，世纪初风靡世界的《星际争霸》是游戏，如今火爆的《英雄联盟》《守望先锋》也是游戏。游戏的平台也变得越来越多样化，从最开始的街机游戏机，到个人电脑，再到如今的PS4、Switch和智能手机。游戏平台、作品形式多样化的同时带来的是内容、内涵的多样化。但是我们目前还依然缺少对于这些多样化游戏作品的多样化认识，我们依然停留在对于电子游戏就是“精神鸦片”的一刀切的判断之下，甚至连现在游戏的主要受众——学生群体都缺乏对于游戏的正确认识。打篮球并不是为了成为职业篮球运动员，踢足球也不是为了成为职业足球运动员，在这一点上，游戏与其他的运动并没有什么不同。足球篮球激发了我们的团队意识和交流能力，许多游戏也可以达到同样的效果，甚至在许多传统体育不能达到的层面上，电子游戏借助其独特的形式可以轻松地做到。希望在日后我们可以正视游戏的娱乐作用以及它对于玩家其他方面的影响，可以更客观地分析它们的作用，从而对它们进行更加详细细致的划分，针对每一个年龄段、每一个学习阶段，甚至针对不同的学科，找出适合的游戏从而进行规划或者建议。实行严肃的分类制度的同时也可以不断完善市场上的游戏库，从而更好地保护原创，尊重原创。优秀的游戏被尊重且起到了有益的作用，同时推动更多优秀的游戏生产和研发，从而形成一个良性循环。这样游戏行业才能更好、更健康地发展。

师评·智匠创作微论

扮演类游戏《中国式家长》《隐形守护者》与策略游戏《文明》《三国杀》《炉石传说》等锻炼了换位思考、战术选择、创新应变与计算能力等，这些能力均为现实生活中非常重要的能力与思维。经典的游戏不但娱乐身心，还可以增强创新能力，具有值得深入探讨和发掘的问题与价值，这也是网游玩家的真实感受。

“打篮球并不是为了成为职业篮球运动员，踢足球也不是为了成为职业足球运动员，在这一点上，游戏与其他的运动并没有什么不同。足球篮球激发了我们的团队意识和交流能力，许多游戏也可以达到同样的效果，甚至在许多传统体育不能达到的层面上，电子游戏借助其独特的形式可以轻松地做到。希望在日后我们可以正视游戏的娱乐作用以及它对于玩家其他方面的影响，可以更客观地分析它们的作用，从而对它们进行更加详细细致的划分，针对每一个年龄段、每一个学习阶段，甚至针对不同的学科，找出适合的游戏从而进行规划或者建议。”期待这样的思考能够引领当代的大学生，获得社会需要的更好的思维、认知和综合能力。

如何改变大众对网络游戏弊大于利的看法

中文 192 班　贾振宇

游戏一直贯穿着中华文明的整个历史。目前最知名的古代游戏是象棋和围棋。为什么象棋和围棋如此重要？因为它们包含的意义不仅仅是消磨时间和掠夺“社会生产力”那么肤浅。古代说围棋是“帝王艺术”，玩围棋的本质是军事、政治、土地兼并的演习。所以古代皇帝都爱戴和尊敬围棋，这是它经久不衰的基础。动物界也有游戏，两只小狮子一起扑动，也是对未来联合狩猎的演练。所以游戏只是传播文明的载体，和书、歌、画、电视剧、电影一样，承担着传播文化的责任。游戏是实时互动的，你走一步，我走一步，你来我往。和不同的人玩围棋，会有不同的情况，会获得不同的看法。围棋模拟的千变万化的“实时”战场环境，是古书难以描述的，通过互动学习，比单纯单方面接受书本、视频等学习资料更有效率。

在中国，谈到电子游戏对青少年的影响，无论是政府官员、传统媒体还是老师、家长，很多人都声称电子游戏对青少年的影响不好，会导致浪费时间、忽视学习。

电子游戏会让人上瘾的现象是存在的，但这并不意味着每个人都会上瘾。对会上瘾的人来说，真正的问题实际上不仅仅在于游戏本身。

我们生活在一个成功标准相对统一的社会。虽然我们有重视教育的传统，但很多人的根本目标是“升官发财”。在这种功利主义风气的影响下，对赚钱没有贡献的个人利益会被有些人贬为不道德的追求。

很多人一直到步入大学，甚至走上社会之后，都没有弄明白自己的人生方向，一直处于迷茫状态，失去了人生目标和动力，所以才会把本该用在学习和工作上的时间投入到了娱乐活动中去。

本文讨论的网络游戏的积极意义也是为了让更多的人明白，舆论对网络游戏的批评和批判并不是真正的问题。相反，优秀的网络游戏可以对我们有很多积极的意义。

师评·智匠创作微论

不足千字，却是一代青年人对游戏见解的代表。有志不在年高，有识也未必只在年高。互联网＋时代成长的年轻人，对于网络及网游有自己独特的理解和体验，因为他们是这个世界中的人，身处其中，更能体验和体味出其中的特质和真谛。

“很多人一直到步入大学，甚至走上社会之后，都没有弄明白自己的人生方向，一直处于迷茫状态，失去了人生目标和动力，所以才会把本该用在学习和工作上的时间投入到了娱乐活动中去。”虽是一家之言，但应该引起足够的重视和思考：一些当代大学生沉溺于游戏的根本原因在哪里？